KB272530

1600년대 후-1900년대 초
한글자료에 의한 일본어 연구

1600년대 후-1900년대 초
한글자료에 의한 일본어 연구

1600년대 후-1900년대 초
한글자료에 의한 일본어 연구

초판 인쇄 2013년 5월 16일
초판 발행 2013년 5월 24일

지 은 이   성희경
펴 낸 이   박찬익
편 집 장   김려생
책임편집   오유정

펴 낸 곳   도서출판 **박이정**
주   소   서울시 동대문구 용두동 129-162
전   화   02) 922-1192~3
팩   스   02) 928-4683
홈페이지   www.pjbook.com
이 메 일   pijbook@naver.com
온 라 인   국민 729-21-0137-159
등   록   1991년 3월 12일 제1-1182호

ISBN 978-89-6292-333-9 (93730)

* 책값은 뒤표지에 있습니다.

●1600년대 후-1900년대 초

한글자료에 의한 일본어 연구

성희경 저

도서
출판 박이정

한국과 일본은 지리적 근접에 따라 역사적으로 양국의 교류가 많았다. 한·일간의 교류가 문헌상으로 가장 빠른 기록은 현존하는 일본 最古의 역사서인『古事記』(712년)에 応神天皇 때 백제의 왕인박사(王仁, 和邇吉師)가『論語』10권,『千字文』1권을 가져왔다는 기록이다. 또한 역사서이면서 신화·전설·설화가 많이 기재된『日本書紀』(720년)에는 応神天皇16년(265년)에 백제의 왕인박사가 일본에 와서 太子에게 典籍을 가르쳤다는 기록이 보인다. 따라서 이러한 한자와 한문으로 된 서적이 조선반도로부터 전래되었다는 사실이 일찍이 전해진다.

이와 같이 고대 한국어와 고대 일본어의 언어학적 연관성을 추정하면서도 자료의 부족으로 인해 고대 한·일어의 접근성을 연구하는 데 많은 어려움이 있다. 그러나 최근 한·중·일에 角筆 등의 자료가 발견되는 것으로 보아 고대 한·중·일의 언어가 많이 교류했다는 사실이 입증되고 있다. 조선시대에는 사역원에서 발간한 이른바 일본에서 조선자료라는 명칭으로 사용되는 자료가 전해진다. 조선자료에는 일본어 가나(假名) 47문자를 기재하고 중세의 가나 문자의 발음을 한글로 적은『伊路波』(成宗23년, 1492), 중세에서 근세에 걸쳐 약 100여 년간의 일본어 어법·음운 등의 변천을 알 수 있는 당시의 구어체(회화체)를 수록한『捷解新語』의 原刊本(1676)·重刊本(1748)·改修本(1781), 근세 한국어·일본어 최초의 대역어휘집인『倭語類解』(1809년 前後 刊),『倭語類解』의 사본인『和語類解』(1837) 등이 전해진다. 또한『倭語類解』의 韓國語와 日本語의 發音을 로마字로 表記하고 그 意味를 英語로 飜譯한

最初의 辭典『朝鮮偉國字彙』(1835年刊)는 당시 유럽인들이 한국어와 일본어를 학습하기 위한 유일한 자료였다.

근대에는『倭語類解』를 간본으로 사용해서 발간한 근대 한·일어 대역 어휘집『日語類解』(1912)가 전해진다. 또한 기존의 천자문에 1000자의 한자를 실학자 다산 정약용에 의해 편찬된 조선시대 아동들의 한자 학습서『兒學編』(1804)이 있다. 이『兒學編』에 2000字의 標題語 漢字(單字) 우측에 韓國語 音과 訓을 記載하고 標題語 漢字의 우측과 좌측, 그리고 下段에 각각 中國語와 日本語, 英語를 記載하고 있는 增訂版『兒學編』(1908年刊)이 있다. 增訂版은 池錫永의 委囑에 의해 田龍圭라는 人物이 개정한 것으로 전해진다.

본 책은 1600년대 후반에서 1900년대 초까지의 한글자료인『捷解新語』·『倭語類解』·『和語類解』·『朝鮮偉國字彙』·『日語類解』·『兒學編』등의 한글자료에 관한 논문들을 이제까지 필자가 발표한 것을 정리하여 편찬한 것이다. 부디 이 자료가 후학의 학문 연구에 도움이 되었으면 한다.

끝으로 이 책의 편찬에 도움을 주신 박이정 출판사의 박찬익 사장님께 특별히 감사를 드린다.

2013년 4월
성 희경

내·용·요·지·

　제1장에서는 연구목적과 연구방법 및 연구 자료에 대해 논했다.

　제2장에서는 中世의 무로마찌(室町)時代에 口語用法으로 널리 使用된 否定中止法 接續助詞인「いで」를 朝鮮資料 중, 당시 口語를 상당히 많이 反映하고 있는 『捷解新語』(原刊本1676刊行. 改修本1747刊行. 重刊本1781刊行)의 原刊本·改修本·重刊本을 中心으로 해서 크리스탄 資料 및 日本 國內資料 등 當時의 資料를 綜合的으로 檢討하고 分析하여「いで」의 表記 및 發音과 用法을 糾明하고자 했다.

　제3장에서는『倭語類解』와 당시의 다른 유해서『譯語類解』·『同文類解』·『蒙語類解』의 표제어 한자를 비교하여『倭語類解』에 기재되어 있는 표제어 한자에 어떠한 영향을 주었으며 어떠한 관련이 있는지를 살펴보았다.

　제4장에서는『倭語類解』의 일본어와 일본한자음이 어떠한 경로에 의해 기재되었으며 어떠한 자료의 영향을 받았는지에 대해 일본 국내자료와 비교하여 그 출처 규명을 시도했다.

　제5장에서는『日語類解』에 기재된 일본어의 음운과 표기에 대하여 논하였고 제6장에서는『日語類解』에 기재되어 있는 일본어 어법에 대하여 논하였다.

　제7장에서는『日語類解』의 일본어의 기재방법을 저본인『倭語類解』의 그것과 비교하면서『日語類解』의 일본어의 기재방법의 특징을 규명하고자 했다.

　제8장에서는『日語類解』의 일본한자음의 기재방법과 어떠한 성격의 한자음인가를『倭語類解』등의 자료와 비교하면서 추정했다.

　제9장에서는 일본 큐슈의 나에시로가와(苗代川)사본『和語類解』의 일본어 표기를 사본의 간본으로 추정되는『倭語類解』의 일본어 표기와 비교하여『和語類解』의 일본어 표기의 오용에 대해 논하고 사본과 간본의 서지적인 관계에 대해서도 논하였다.

　　제10장에서는『兒學編』에 기재되어 있는 일본어와 일본한자음을 분석하여 어떠한 성격의 일본한자음이 기재되어 있는가를 검토했다.『兒學編』의 기재된 日本語와 單字레벨에서의 日本漢字音은 當時 韓國에 日本語가 어떻게 受容되었는가를 알 수 있는 重要한 資料로 생각된다.

　　제11장에서는 增訂版『兒學編』은 1908년에 編纂된 것이므로 近代 日本語를 反映한 것으로 보이나,『兒學編』의 日本語와 日本漢字音에는 당시의 日本語라고 보기 어려운 表記가 많이 보인다. 따라서『兒學編』에 보이는 日本語와 日本漢字音의 잘못된 表記를 同시기의 辭典類와 比較하여 그 表記가 어떠한 理由에 의해 誤記되었는가를 糾明하고자 했다.

　　제12장에서는『兒學編』과『日語類解』의 日本漢字音을『韻鏡』의 〈濁音字〉〈次淸音字〉〈淸音字〉〈淸濁音字〉에 屬하는 漢字로 分類하여 각각의 資料에 보이는 日本漢字音의 淸音과 濁音을 중심으로 比較해 보았다.『兒學編』(1908)과『日語類解』(1912)의 두 자료의 편찬시기가 거의 동시대 자료임에도 불구하고, 두 자료에는 청음과 탁음의 차이가 가장 두드러진다. 따라서 이러한 두 자료에 보이는 청탁음의 차이를 분석하여 어떠한 특징이 있는지를 밝히고자 했다. 또한 일본한자음의 표기 차이의 원인에 대해서도 규명하고자 했다.

　　제13장에서는『朝鮮偉國字彙』와『倭語類解』의 일본어와 일본한자음을 비교하였다. 그 결과『倭語類解』의 일본어·일본한자음이『朝鮮偉國字彙』에 누락된 부분과 日本語와 日本漢字音이 일치하지 않은 용례 등이 보인다. 그 원인과 이유에 대해 살펴보았다.

　　제14장에서는『兒學編』의 日本漢字音과『倭語類解』의 日本漢字音을『韻鏡』의 〈濁音字〉〈次淸音字〉〈淸音字〉〈淸濁音字〉에 속하는 漢字의 日本漢字音을 비교하여 각각의 讀書音으로 인정되는 한자음의 상태와 차이에 대해 규명했다.

　　제15장에서는 각 장의 결언에 해당되는 내용을 요약했다.

1장
序論

1. 연구목적

이제까지의 한글자료는 중세·근세를 중심으로 한 조선자료가 많이 연구되어 왔다. 그 중에서도 중세의 음성과 음운의 중요한 자료인『伊路波』(成宗23년. 1492)와 중세·근세 일본어의 구어체를 상당히 반영하고 중세와 근세 일본어의 변화 과정을 알 수 있는『捷解新語』(原刊本〈1676〉·重刊本〈1748〉·改修本〈1781〉)와, 최초의 한·일 대역사전인『倭語類解』(1809年 前後 刊行 推定) 등의 조선자료를 통한 연구가 많이 행해져 왔다[1]. 그러나『兒學編』(1908년)과『日語類解』(1912년) 등과 같은 근대의 한글자료를 이용한 연구는 많지 않다.

본 책에서는『捷解新語』의 당시의 부정 중지법인「いで」의 표기와 발음 및 용법을 일본 국내의 구어자료와 비교하여「いで」의 어법과 그 변천에 대해서 규명하고자 했다. 또한『倭語類解』의 표제어 한자는 당시 사역원에서 간행된 다른 유해서와 어떠한 영향과 관계가 있는지도 살펴보았다. 그리고 한일어대역자료인『倭語類解』의 일본어와 일본한자음이 어떠한 기준에 의해 기재되었는지를 당시 일본 국내의 어휘집과 비교하여 그 출처도 시도해 보았다. 이러한『捷解新語』와『倭語類解』의 연구는 일본어사 중, 중세·근세 일본어 변천사와도 상당히 관계가 있으며 한일어 교류 연구에도 많은 관련이 있을 것으로 생각된다. 그리고 이제까지 일본어 연구

---

1)『倭語類解』의 간행년대에 대해서는 大友信一(1959)「『桑韓筆語』による 國語音の研究」(『文藝研究』33) 에 의하면『倭語類解』의 卷末의 刊記에「書寫官 前參奉 丁樂升」의 이름이 적혀있는데,「丁樂升」의 이름이『朝鮮史』第6編 第1券에 보이고 純祖6년(1806년)에 조선통신사의 別差로써 활약한 인물과 동일 인물이라는 것을 근거로 해서『倭語類解』의 성립에 협력한 아메노모리호우슈(雨森芳洲)의 활약시기에서 100년 간격을 둔 1809년 전후를 간행시기로 추정하고 있다. 그러나『倭語類解』의 성립에 대해서는 中村榮孝(1961)「『捷解新語』の 成立 改修および『倭語類解』の 成立の時期について」(『朝鮮學報』19)에 의하면 編者인 洪舜明의 활약시기 즉 1701년 조선통신사로 대마도에 일본에 갔을 때, 혹은 1711년에 통신사의 上判事로 수행했을 때와『倭語類解』성립에 협력한 아메노모리호우슈(雨森芳洲)가 활약한 시기(1692-1755년)를 고려해서 두 사람이 만났을 가능성이 있는 시기인 18세기 初頭 십몇 년 간이『倭語類解』의 성립시기로 추정하고 있다.

에서 많이 다루지 않았던『日語類解』·『兒學編』의 일본어 음운과 어법 및 표기 등의 연구를 통해 한글자료에서 본 근대 일본어의 상태도 엿보고자 한다.

『日語類解』에 기재되어 있는 일본어와 일본한자음의 표기를『倭語類解』와 비교하여 근대 일본어의 음운과 어법 및 표기 등의 전반적인 특징을 규명하고자 했다. 그리고『日語類解』와 同시대에 편찬된 다른 자료와 일본한자음의 청·탁음을 비교하여『日語類解』에 기재되어 있는 일본한자음의 특징을 살펴본다. 또한 통시적인 연구 자료『倭語類解』와 차이가 있는 일본한자음이 기재되어 있는 원인과 그 이유에 대해서 논하였다.

근대의 또 다른 자료『兒學編』의 일본한자음을 분석하여 그 특징과『倭語類解』의 그것과 비교하는 통시적 연구와 同시대에 편찬된『日語類解』와 비교하는 공시적 연구를 통해 근대 한글자료에 의한 일본어 연구를 행하고자 했다.

또한『兒學編』의 일본어와 일본한자음의 오용표기 및 일본한자음의 성격 등도 아울러 연구한다.

그리고 19세기 서양인에게 알려진『朝鮮偉國字彙』(1835年刊)의 일본어와 일본한자음의 한글표기와 로마자표기를『倭語類解』와 비교하고 그 차이의 원인과 그 결손부분 등에 대해서도 살펴본다.

사본『和語類解』(1837)의 일본어와 일본한자음의 표기를 간본『倭語類解』와 비교하여『和語類解』의 일본어와 일본한자음의 誤記표기에 대해서도 규명하고자 한다.

이러한 연구를 통해 근세와 근대를 잇는 근대 일본어의 특징과 상태를 엿보고자 한다.

2. 연구방법

본 연구의 연구 방법으로는 통시적 연구 방법과 공시적 연구 방법을 아울러 행하고자 했다.

통시적 연구방법으로는 『捷解新語』의 원간본·개수본·중간개수본을 통하여 중세·근세의 일본어 부정 중지법 「いで」의 100여년간의 변천을 고찰한다. 또한 『倭語類解』의 일본어·일본한자음 연구 및 『倭語類解』의 표제어 한자 연구, 『倭語類解』의 일본어와 일본한자음의 한글표기와 로마자표기가 기재되어 있는 『朝鮮偉國字彙』(1835年刊), 『倭語類解』의 사본인 『和語類解』 및 근대의 『日語類解』와 『兒學編』(1908年刊)을 비교하여 일본어의 음운·표기·어법 등의 변화를 분석하고 원인을 밝히고자 한다.

공시적 연구방법으로는 『捷解新語』와 동시기의 일본의 크리스찬 자료와 당시의 일본 국내의 구어체 자료인 쿄우겐(狂言) 등을 비교하여 「いで」의 表記를 통해 濁音前鼻音의 發音과 文法的인 用法 등을 논한다. 『倭語類解』의 일본어와 일본한자음의 성격을 알기 위해 당시의 일본 국내자료인 『書言字考節用集』과 『倭玉篇』類의 여러 종류의 일본어를 비교하고 그 관련을 시도한다.

근대 일본어는 『日語類解』와 『兒學編』 등의 同時代 자료를 비교하고 다음과 같은 연구를 행하고자 한다.

· 근대 한글자료의 통시적 연구방법과 공시적 연구방법으로 일본한자음의 변화를 고찰하고 그 변화의 원인과 상태에 대해 알아본다.
· 근대 자료의 일본어 어법의 변화를 살펴본다.
· 근대 자료의 일본한자음과 同時代의 다른 자료와 비교하여 위상적인 차이에 대해 분석하고 그 원인을 알아본다.
· 표제어 한자에 대한 일본어와 일본한자음의 기재방법과 관련해서 위

상적인 구분 사용이 존재했는지를 살펴본다.

· 동일한 표제어 한자에 기재되어 있는 일본어와 일본한자음을 통시적·공시적으로 비교하고 그 오용표기에 대해 알아본다.

3. 연구자료

연구자료는 17·18세기에 간행된 구어체『捷解新語』, 근대에 간행된『兒學編』(1908年刊)과『日語類解』(1912年刊)의 공시적 자료와 근대 이전의 통시적 자료인『倭語類解』(1809년 전후 간행 추정)와『朝鮮偽國字彙』(1835年刊)·『和語類解』(1837년刊)를 사용했다.

〈한글자료의 통시적 연구 자료〉

『捷解新語』의 原刊本(1676)·重刊本(1748)·改修本(1781)

『捷解新語』는 全10卷으로 構成되어 있으나 10卷은 書簡文을, 1권에서 9권까지는 朝鮮과 日本 官僚들의 交涉 時의 對話와 朝鮮通信使가 訪日했을 때의 兩國人의 對話가 주된 內容이다. 이 자료는 通譯官들이 배워야 할 日本語 學習書였다는 点에서 當時의 日本語 口語를 잘 反映하고 있다고 할 수 있다. 『捷解新語』의 原刊本에는 日本語의 히라가나體로 記述하고 그 右側에는 히라가나 發音을 한글로 註하고 文章의 마지막 部分에 割注를 確保해서 日本語에 該當하는 韓國語로 對譯하고 있다. 改修本과 重刊本에서는 日本語의 히라가나 體로 記述하고 있고 그 右側에는 히라가나의 發音을 한글로 註하고, 左側에는 日本語에 該當하는 韓國語 對譯을 나타내고 있어 原刊本과 더불어 當時의 日本語와 韓國語 研究에 貴重한 資料라 할 수 있다. 『捷解新語』원간본의 「まるする」(「まらする」)가 중간본에는 「まする」로 개정되는 등 100여 년간의 일본어 변천을 알 수 있는 중요한 자료로 취급되고 있다.

『倭語類解』(1809년 前後 刊行 推定)

『倭語類解』는 最初의 韓國語 日本語 對譯辭典이다. 이 辭典은 譯科 充實을 위해서 使用된 當時의 日本語 語彙集이다. 『倭語類解』는 上下 2卷으로 構成되어 있으며 本文에는 天文·時候·干支·地理 등의 項目을 意味分類한 것으로, 標題語 漢字에 韓國語의 音과 訓, 그리고 日本語의 音과 訓을 記載하고 있다.

『倭語類解』의 編者는 洪舜明으로 알려져 있으며, 編者가 編纂하는 데에 있어서 日本人 儒學者 아메노모리 호우슈(雨森芳州)의 協力을 받았다는 사실이 記錄으로 전해진다.

『朝鮮偉國字彙』(1835年刊)

『朝鮮偉國字彙』(1835年 바타비아〈現 인도네시아의 자카르타〉에서 刊行)는『倭語類解』의 韓國語와 日本語 發音을 로마字로 表記하고 그 意味를 英語로 飜譯한 最初의 辭典이다. 이 辭典은 英國의 宣教師 Walter Henry Medhurst가 英譯해서 出版한 것으로 當時 西洋人들에게 韓國語와 日本語를 學習하는데 있어 唯一한 語彙集이며 西洋人에 의해 製作된 最初의 辭典이다.

『和語類解』(1837년刊 天保8년 朴伊圓書寫)

『倭語類解』의 사본으로 일본 가고시마현(鹿兒島縣) 사쯔마(薩摩)나에시로가와(苗代川)에 전해지고 있다. 나에시로가와 사본『和語類解』는 일본의 한국인 渡來人 사이에 행해졌던 한국어 학습서이다.

〈한글자료의 공시적 연구 자료〉

『兒學編』(1908年刊)

『兒學編』의 원문은 본래 朝鮮 末期 實學者인 茶山 丁若鏞에 의해 純祖 4

年(1804)에 朝鮮時代의 代表的인 漢字 學習書인 旣存의『千字文』에 1000자를 더 追加하여 그 缺點을 補完한 책으로 啓蒙을 目的으로 著述한 資料이다. 增訂版의 內容은 2000字의 標題語 漢字(單字) 우측에 韓國語 音과 訓을 記載하고 있으며 標題語 漢字의 우측과 좌측, 그리고 下段에 각각 中國語와 日本語, 英語를 記載하고 있다. 增訂版은 池錫永의 委囑에 의해 田龍圭라는 人物이 原本의『兒學編』을 바탕으로 해서 한글注는 漢字音과 함께 새로운 形으로 改訂하고, 原本에 없었던 華音(近代 中國語音), 篆文, 所屬 韻名 및 日本語(音과 訓), 英語가 한글 表記와 함께 追加되어 近代的 辭典으로 發展하게 되었다.

『日語類解』(1912年刊行)

최초의 한일대역사전인『倭語類解』를 底本으로 해서 일본인 언어학자 가나자와쇼우사부로(金澤庄三郎)에 의해 日本語와 日本漢字音 및 韓國語와 韓國漢字音을 修正·補訂된 자료이다.

이하에서의 일본한자음의 인정자료로는 다음의 자료를 사용했다. 오음의 인정 자료로는『法華經單字』(上下卷 1365-1370年 간행),『法華經音義』(1136年 書寫)에 바탕을 두었다2). 한음의 인정자료는『興福寺本大慈恩寺三藏法師傳古點』(11세기부터 전사됨),「長承本蒙求字音点」(『訓点語と訓点資料』第10·11·13) 등을 참조하여 사용했다.

이외에도 일본한자음 인정 자료로는『廣漢和辭典』(諸橋轍次編)과『大漢和辭典』(諸橋轍次)도 아울러 참조했다.

---

2) 『法華經音義』(古辭書音義集成第5卷)『法華經單字』『法華經單字假名索引』(古辭書索引叢刊 島田友啓編)
    을 사용했다.

2장
『捷解新語』의 부정중지법
「いで」의 表記와 發音 및 用法

1. 緒言

　朝鮮時代에 通信使가 往來하던 時期에 當時 外國語를 管掌하던 司譯院 附
屬의 「四學」(漢學, 蒙學, 女眞學〈後에 淸學으로 改稱됨〉, 倭學)에서 譯官들
의 日本語 學習을 위해 編纂된 「朝鮮資料」가 전해진다. 朝鮮資料는 當時의
日本語를 表音文字인 한글로 正確히 表記하고 있어 中世・近世의 日本語 音
聲・音韻 硏究에 貴重한 資料로 取扱되고 있다3).

　그 중에서 특히 『捷解新語』는 全10卷으로 構成되어 있으나 10卷 書簡文을
除外한 나머지 大部分은 朝鮮과 日本의 官僚들과 交涉하는 對話와 朝鮮通信使
가 訪日했을 때의 兩國人의 對話가 주된 內容이며 通譯官들이 배워야 할
日本語 學習書였다는 点에서 當時의 日本語 口語를 잘 反映하고 있다고 할
수 있다. 朝鮮資料 中, 中世・近世 日本語의 口語(會話體)資料인 『捷解新語』
의 原刊本에는 日本語 俗語가 많이 記載되어 있고 改修本・重刊本에는 武士語
가 많이 記載되어 있는 差異는 있지만, 當時 實際로 使用된 口語體라는 点에
서는 변함이 없다. 그러한 点에서 『捷解新語』는 資料로써 價値가 높다고
할 수 있다. 『捷解新語』의 原刊本에는 日本語의 히라가나體로 記述하고 그
右側에는 히라가나 發音을 한글로 註하고 文章의 마지막에 日本語의 韓國語
로 對譯하고 있다. 改修本과 重刊本에서는 日本語의 히라가나體로 記述하고
있고 그 右側에는 히라가나의 發音을 한글로 註하고, 左側에는 日本語의 韓國
語 對譯을 나타내고 있어 日本語와 韓國語 硏究에 貴重한 資料라 할 수 있다.

　본 장에서는 中世의 무로마찌(室町)時代에 口語의 用法으로 많이 使用된
不定中止法 接續助詞 「いで」를 朝鮮資料 中, 當時의 日本語 口語를 많이 反映

---

3) 朝鮮資料에 대해서는 小倉進平(1964)『增訂補注 朝鮮語學史』(日本 刀江書院)參照. 『捷解新語』는 日本
　京都大學 國語學國文學硏究室編((1956)『捷解新語』, 京都大學 國語學國文學硏究室編(1960)『改修 重刊
　捷解新語』, 京都大學 國語學國文學硏究室編((1973)『三本對照 捷解新語 本文篇』, 京都大學 國語學國文學硏
　究室編(1973)『三本對照 捷解新語 釋文・索引・解題篇』, 京都大學 國語學國文學硏究室編(1987)『改修捷
　解新語』, 鄭光・安田障(1991) 「改修 捷解新語」(太學社) 등을 調査했다

했다고 전해지는『捷解新語』의「いで」의 表記 및 發音과 用法을 糾明하고 朝鮮資料의 重要性을 提示하는데 그 目的이 있다.「いで」는 近世의 口語資料 性格이 강한 가부끼(歌舞伎)나 죠오루리(淨瑠璃), 고우와까마이교꾸(幸若舞曲) 등의 詞章에서도 많이 使用되는 用法으로 現代의 관사이(關西)地方 등에서도 一部 使用되고 있다. 특히 中世 무로마찌(室町)시대에 고산(五山)의 僧侶나 키요게(淸家)의 漢學者 등이 講義한 講義노트로 口語的 性格이 강한 쇼오모노(抄物)에서도 많이 使用되었다는 것은 文獻을 통해서도 알 수 있다. 이와 같이『捷解新語』의 原刊本, 改修本, 重刊本에「いで」가 많이 보이는 것은 當時의 日本語의 口語를 상당히 反映했기 때문으로 생각된다.

本 硏究에서는 朝鮮資料인『捷解新語』의 原刊本·改修本·重刊本에 보이는「いで」의 用例를 中心으로 濁音前鼻音의 表記 및 發音과 그 用法을 糾明하고자 한다[4]. 특히 表記와 發音은 原刊本에「いで」를 表記한 것으로 생각되는「いんて」를 中心으로 調査하고,『捷解新語』에 나타나는「いで」의 用法에 대해서는「いで」가 接續되는 形態的인 環境과 變遷을『捷解新語』의 3本을 통해 檢討하여 糾明하고자 한다. 또한「いで」에 對譯되어 있는 韓國語도『捷解新語』의 3本을 통해 檢討하여 그 變遷도 아울러 糾明하고자 한다.

2. 不定中止法「いで」의 先行硏究 및 硏究方法

中世 무로마찌(室町)時代에 活潑하게 使用된 不定中止法「いで」의 成立에 대해 이제까지의 硏究는 일찍이 오오쯔끼후미히꼬(大槻文彦)의『國語調査委員會 口語法別記』에서 最初로 言及하고 다음과 같이 論하고 있다[5].

---

4) 中世·近世의 濁音 앞의 鼻音的 要素에 대해서 鼻母音, 鼻濁音, 入れわたる音 등의 名稱이 있지만, 以下에서는 便宜上, 濁音前鼻音이라는 용어로 統一했다.
5) 文部省國語調査委員會編(1917)『口語法別記』參照.

「ぬ」の「い」と變わったものか、又は文語に「見ずて」「受けずて」「讀
まずて」を約めて「見で」「受けで」「讀まで」とも云うのを延べたもの
で、西國で…「火」「ひい」「目」「めえ」「酢」「すう」と云うと同じ例であろ
うか」

위의 記述에서 오오쯔끼는 「いで」의 成立에 대해 「いで」의 「い」가 「ぬ」의
音에서 변한 것인지, 아니면 「ずて」가 縮約한 「で」의 形態가 延音化 된 것
등 두 가지 說을 論하고 있다. 또한 도이타다오(土井忠生)는 그의 論文「近古
の國語」에서 오오쯔끼의 學說을 이어받아 中世의 「쇼오모노(抄物)」인 『史記
抄』의 例를 들어 다음과 같이 論하고 있다6).

「「えせい事」が「えせぬ事」の意であれば、「んで」が「いで」となった
との推定も有力となるであろう。然し又延音の類例も古來少くない。
ただ近畿地方に行はれる延音は,古今を通じて單音節語に限られて居
る。さうしてこの場合はイの音があらはれているのであるから、上
一段活用の單音節語が「で」に續く場合に「見いで」「射いで」「着いで」な
どと言ったのが他にも及んだと解すべきであらうか」

위에서 論한 도이는 오오쯔끼의 두 번째 學說인 「ずて」가 縮約한 「で」일
可能性을 示唆하고 있다. 그러나 하마다아쯔시(濱田敦)는 『國語の歷史』에
서 助動詞「ず」가 助詞「て」와 連結되어 「で」가 發生되어 이것이 카마꾸라
(鎌倉)時代에는 「で」 앞의 鼻母音(濁音前鼻音)이 表記되지 않았던 것이 후
에 「い」의 表記로 나타내어 最終的으로 「いで」가 成立된 것으로 다음에 나
타내는 記述에서 推定하고 있다7).

「「ず」が助詞「て」と熟合して「で」となったのは前代のことに屬する

---

6) 土井忠生(1938)「近古の國語」(『國語と國文學』15ノ10)參照.
7) 日本 國語學會編(1955)『改訂版 國語の歷史』(刀江書院)p.146 所收의 濱田敦의 第3篇 中世의 助動詞
   에 관한 記述 參照.

が、これが鎌倉時代には「いで」の形となり「行かいで」「爲いで」などと云はれた。これは「で」の前にあった鼻母音が表記されずにあったものが、獨立して「い」となったのではないかと思ふ。

　　그러나 하마다 아쯔시(濱田敦)는 그의 論文「撥音と濁音との相關性の問題」에서 나타내는 바와 같이 「い」의 表記가 撥音을 나타낸 것으로 推定하고 있다[8].

　　「(いで)のもととなった形は「書かずて」であるが、それが一度撥音化してka-Ka-n-nde」となる(中略)當時はむしろそれら三者の間(撥音・長音・促音)の間の音韻論的區別がはっきりしていなかった時代であるから「書かんで」は「書かーで」とも意識され、從って下二段やサ變に於いては「受けーで」「爲ーで」となる。而もこの場合は假名では「受けいで」「爲いで」の如く「い」で表記される。又上二段,上一段の場合も「起きーで」「見ーで」であり、これも若し書けば「起きいで」「見いで」と「い」で表記される筈であるが、唯この場合は語幹が母音iで終る爲に下の長音符號たる「い」を表記せずして「起で」「見で」と書かれた事が多いであらうと想像される。この樣な「い」の表記が、本來は「い」で表記するいはれのない四段、惑はか行變格にまで類推された形が「書かいで」「來いで」などではないかと思ふのである.

　　또한 이노우에아끼라(井上章)는 하마다説의 一部를 支持하고 다음과 같은 意見을 提示하고 있다[9].

　　このズテが間接的窮局的の源で、約った「デ」が「イデ」の直接的な源であろう…(鼻音)無表記のままでも「叶はずて」は「カナワンズテ)のように發音されるに至ったであろう。又　「テ」も上の「ズ」に影響されて

---

8)　濱田敦(1952)「發音と濁音との相關性の問題―古代語濁子音音價―」(京都大『國語國文』21ノ3)의註31參照.『日本語の史的研究』(臨川書院出版)所收.

9)　井上章(1968)『天草本伊曾保物語の研究』(風間書房)參照.

이노우에는 「で」에서 「いで」의 成立過程에서 「で」앞의 鼻母音(濁音前鼻音)이 「いで」의 成立에 直接的인 原因을 提供하고 있다고 主張하고 있다.

이와 같이 「いで」의 成立에 관해서는 여러 가지 說로 분분하지만, 「いで」의 發生徑路에 있어 대체로 「ずて」→「んて」→「で」→(濁音前鼻音의 影響으로)「いで」로 推定할 수 있다. 특히 하마다와 이노우에가 强調하고 있는 「で」에서 「いで」로 變化過程을 鼻濁音, 즉 濁音前鼻音의 影響이라는 点에 注目하고 싶다.

現在 『捷解新語』의 硏究는 國內外에서 活潑하게 硏究되고 있으나, 外國資料, 특히 朝鮮資料를 통한 「いで」의 硏究는 거의 행해지고 있지 않고 있다. 본 장에서는 「いで」의 成立과 發生徑路에 대해 諸說을 參照하면서 당시 口語를 상당히 많이 反映하고 있는 『捷解新語』의 原刊本·改修本·重刊本을 中心으로 해서 크리스탄 資料 및 日本 國內資料 등 當時의 資料를 綜合的으로 檢討하고 分析한다. 本 硏究에서는 「いで」와 같은 個別的 硏究를 『捷解新語』를 中心으로 하여 크리스탄 資料 및 日本 國內資料와의 比較를 통한 分析的 硏究를 행함으로 인해 當時의 日本語 「いで」의 表記와 發音 및 用法이 보다 明確히 糾明될 것으로 생각된다.

이를 위해 當時의 朝鮮資料 以外에 크리스탄(キリシタン)資料인 天草版『平家物語』·天草版『伊曾保物語』·로도리게스의 저서『日本大文典』과 코리야

드의 3部作인 『懺悔錄』·『日本文典』·『羅西日對譯辭書』 등과, 日本 國內資
料 중, 當時의 口語 性格이 강한 쿄우겐(狂言) 등의 資料를 比較하여 「いで」의
表記를 통한 濁音前鼻音의 發音과 文法的인 用法 및 接續 등에 대해 論하기로
한다.

3. 『捷解新語』에 있어서의 「いで」의 表記와 發音에 대하여

『捷解新語』의 原刊本·改修本·重刊本에서의 「いで」의 ひらがな 表記와
한글로 寫音한 音注를 보면 原刊本에서는 「いんて」의 ひらがな 表記와 「인데」
라는 한글音注로 發音을 나타내고 있다. 그러나 改修本과 重刊本에서는 「い
て」의 ひらがな 表記와 「이데」라는 한글音注로 發音을 표시하고 있다. 이것
은 原刊本의 表記 및 發音은 當時의 濁音前鼻音을 反映하고 있고 改修本과
重刊本의 表記에는 濁音前鼻音을 反映하지 않아 「いで」의 濁音前鼻音의 消滅
時期는 『捷解新語』의 原刊本과 重刊本 사이로 推定한 바 있다[10].
　우선 『捷解新語』에 보이는 「いで」의 用例를 보면 다음과 같다.

　　　たかいに御めにかかりまるせいんてのこりおお御さたに(당가이니
　　은메니가가리마루셰인데 노고리오오외사따니)
　　　서ᄅ 보옵디 몯ᄒ오니 섭섭ᄒ옵더니 (原3.1オ)

　　　たかいに御めにかかりませいてのこりおお御さつたに(당가이니 오
　　메니가가리마셰이데 노고리오오 외삳따니)
　　　서로 보옵지 몯ᄒ오니 섭섭ᄒ옵더니 (改3.1ウ)

---

10) 拙稿(1997)「『懺悔錄』에 있어서의 티르데 마크의 表記에 관하여」(『日本學報』第39輯)의 (註20)
　　參照.

たかいに御めにかかりませ<u>いて</u>御なつかしう御さつたに(당가이니

오메니가가리마쎄이데 오나즈까시구꼬삳다니)

서릭 보옵지 몯ᄒ오니 그리워 ᄒ옵더니(重3.1才)

改修本에도 唯一하게「いんて(인데)」의 用例가 다음과 같이 보인다[11].

しんちうにもうしたいこともえ申さ<u>いんて</u>(原刊本9-12, 改修本9-18)

신쥬우니<u>못</u>시다이고도모예<u>못</u>사인데

『捷解新語』의 原刊本에는 不定中止法 接續助詞「いで」의 日本語 表記가「いんて」로 表記되어 있고「いん」의 表記가 連字로 表記되어 있다. 그러나 改修本・重刊本에는 위의 1例를 除外하고 모두「いて」로 表記되어 있어 原刊本의 表記와 一致하지 않는다. 그리고 原刊本의 한글 音注는「인데」인 반면, 改修本・重刊本에는「이데」로 나타내어 있어 한글의 音注에도 差異가 보인다. 한글 音注에 대해서는 一般的으로 濁音前鼻音의 有無로 區分되지만 日本語 表記「いんて」는 어떠한 表記를 나타낸 것일까?

위에서 하마다가 言及하고 있는「いで」의 成立過程이 ずて→で→で앞의 濁音前鼻音의 影響 때문에「いで」로 成立되었다고 主張하고 있으나, 原刊本에 記載되어 있는「いんて」의「ん」表記는 어떠한 變化過程을 나타낸 것인

---

11) 改修本에 보이는 日本語의 用例는 原刊本의 用例와 差異가 전혀 보이지 않는다. 한글 對譯을 比較해 보아도 原刊本에서는「心中에 숨고져 ᄒᄂᆫ 일도 잘 숨 디 못 ᄒ고」로, 改修本에서는「心中에 숨고져 ᄒᄂᆫ 일도 잘 숨지 못 ᄒ고」로 記載되어 있어 原刊本과 改修本의 한글 對譯에서도「숨디(原刊本)」「숨지(改修本)」와 같이 口蓋音化의 表記 差異만 보인다. 改修本에서의 唯一한 表記인「いんて」의 한글 音注도 原刊本에서는 濁音前鼻音을 反映한「인데」와 同一한 音注로 記載되어 있어 原刊本에 보이는 19개의 용례의 音注와 同一하며, 改修本의 25개의 用例와 重刊本의 22개의 用例에 보이는「いて」의 音注「이데」와는 差異를 보이고 있다. 이와 같이 改修本의「いんて(인데)」의 表記는 原刊本의 日本語 表記「いんて」와 한글 對譯「心中에 숨고져 ᄒᄂᆫ 일도 잘 숨지 못ᄒ고」, 日本語의 한글 音注「인데」가 거의 그대로 表記하고 있어 改修本의 元來의 改修方針과는 一致하지 않은 것으로 생각된다

지 疑問이 남는다.

　이노우에(井上章)에 의하면,「いで」의 成立은 否定助動詞「で」의 濁音前鼻音(이노우에는 鼻母音이라는 用語를 使用하고 있지만, 동일한 음운현상을 가리킨다)「n」發音 影響으로「n」이라는 發音이 文字「イ」(「ン」→「イ」)로 변해서「いで」가 成立되었다는 것으로 推定하고 있다. 이와 같이「で」에서「いで」로까지의 成立過程을 살펴보면,『捷解新語』의 原刊本에「いで」로 보이는「いんて」의 表記와 發音을 糾明하는데 어느 程度 端緒가 될 것으로 보인다.

　中世·近世의 日本語의 口語를 相當히 反映하고 있는 日本 國內資料인 교유겐(狂言)과 쇼오모노(『抄物』)에 記載되어 있는 表記를 보면 다음과 같다12).

虎明本(1642)

　某がもどるまで待たせられひで, 何として良かろうぞ。(大藏虎明本 大名狂言 雁盜人、太郎冠者→大名169)

　身共がいふ事はもちいひで、山の神が云事はこはひといふか(大藏虎明本 女狂言之類 はなご 夫→太郎冠者211)

　はじめからさうおしゃらいで(大藏虎明本 出家座頭類 薩摩のかみ 出家→茶屋311)

虎淸本(1646)

　謠はせいでどこへいかしまつたぞ(大藏虎淸本翻字編6ウ 猿座頭 さるざとう→女)

　又措置がもたいでかなわぬほどに(大藏虎淸本翻字編35ウ 文荷 太郎→次郎)

---

12) 日本 國內資料인 狂言資料는 도라아끼라본 교우겐(虎明本 狂言)은 池田廣司·北原保雄著 (1972)『大藏虎明本 狂言集の研究 本文篇』(表現社), 도라끼요본 교우겐(虎淸本 狂言)은『近代語研究』第3集에 所收되어 있는 林田明「大藏流 虎淸狂言本 解題」과「虎淸本 狂言(飜字編)」을, 도라히로본 교우겐(虎寬本 狂言)은 笹野堅(1942-1945)『能狂言 上中下』(岩波文庫)를 參照했다.

虎寛本(1792)

ぬらいで叶はぬ物成らば、早うぬって呉れい(大藏虎寬本能狂言
［上］, 麻生　シテ→藤六嚴波文庫　109)

唯ししらいでお尋にやるか(大藏虎寬本能狂言［上］,　隱れ笠　賣手→
シテ　嚴波文庫　123)

申へこなたが御座らいでは私が迷惑致しまする(大藏虎寬本能狂言
［中］, ねぎ山伏　茶や→出家　嚴波文庫　471)

『抄物』

財寶ヲ失ナハイテハソ。寶ヲ失ノミナラス。家ニモエヲライテ九陵
ニノホルソ。(文明九年寫兩足院藏周易抄五51ウ)

工夫ヲツンテハ守ライテハソ。又工夫セイテハ守ラレマイソ。コ
ノニヲ兼イテハソ。(天文十九年二月寫龍大圖書館藏中庸抄20オ)

日本　國內資料에는 모두 「ひで」「いで」(虎明本), 「いで」(虎淸本・虎寬本),
「イテ」(『抄物』) 로 表記되어 있어 『捷解新語』의 原刊本에 보이는 「いんて」의
表記는 보이지 않는다[13].

또한 當時의 크리스탄 資料를 살펴보면 다음과 같다[14].

○天草本 『伊曾保物語』(1593)

411.07　monoyuく cotomo canauaide(ものゆう ことも かなわいで)

427.11　chicarani voyobaide banminno maayede connnichi yoriua

---

13) 虎明本의 「ひで」「いで」의 差異는 單純한 假名遣い의 問題로 推定된다.
14) 크리스탄資料는 龜井高孝・阪田雪子飜字(1966)『ハビヤン抄キリシタン版 平家物語』(吉川弘文館),
　　井上章(1964)『天草版 伊曾保物語』(風間書房), 大塚高信(1934)『コイヤ-ド著 日本大文典』(坂口書店),
　　大塚光信校注(1966)『コリャ-ド羅西日對譯辭書』(臨川書店), 大塚光信・小島幸枝校注(1985)『コリャ
　　-ド自筆 西日辭書』(臨川書店), 大塚光信(1985)『コリヤ-ド ざんげろく 私注』(臨川書店), 大塚光信校
　　注(1986)『コリャ-ド『懺悔錄』』(岩波文庫), 島正三編(1966)『コリャ-ド羅西日對譯辭書・同索引』(文
　　化書房書院), 土井忠生譯(1955)『ロドリゲス 日本大文典』(三省堂) 등의 資料를 使用했다.

Esoponi itomauo torasuruzoto iuareta.(ちからにをよばいで ばんみん
のまえでこんにちよりわエソボにいとまをとらするぞと云われた)

○ロドリゲスの『日本大文典』(1608)

Ageide canauanu(113 あげいでかなわぬ)

saquemo nomaide ichinitimo fataraqu monoka(272 酒も飲まいで一
日働くものか)

Mairade canauanu(397 參らで叶わぬ)

fana tomoni chiradeconohaua, nado nokoruran.(656花共に散らでこ
のはは、など殘るらん)

○『懺悔録』(1632)

motaxerareide(持たせられいで142)tamauaide(給わいで144)auaideua(逢
わいでは146)vochiide(落いで148)tcutomeide(!勸めいで148148)canavaide(か
なわいで148,166,172)tcucamatcuraide,gozaru(仕らいでござる
150)motaxerareide(持たせられいで142)tamauaide(給わいで144)auaideua(逢
わいでは146)vochiide(落いで148)tcutomeide(勸めいで148148)canavaide(か
なわいで148,166,172)tcucamatcuraide,gozaru(仕らいでござる150)uoiobaide
ca(及ばいでか150)modoaide(もどさいで152,180)itaximaraxeide(致しまらせ
いで152,166)modosaideva(もどさいでは152)tazzuneidaf)aide(出さいで
154)(以上 69 例)

○『日本文典』(1632)

zonnzeidegozaru(存ぜいでござるp.27)vochiide(mo)(落ちいでも
p.27.28)ageidemo(上げいでも p29〈2〉.p40〈2〉)tarauaide(足らはいで
p.36)nomaide(飲まいでp.39)iuaidemo(云わいでp.47)Xitagauai(隨がい
でp.48)mairaide(參いらいでp.48)iuaide(云わいでp.48)mosaide(申さい
でp.48)cacaide(書かいでp.48,p.62)

크리스탄資料의 大部分에는 不定接續助詞「いで」가「ide」로 表記되어 있

다. 그러나 코리야드의 『懺悔錄』・『日本文典』・『羅西日對譯辭書』에는 濁音前鼻音을 反映한 티르데 마크(~)를 로마字의 母音위에 表示해서 當時의 濁音前鼻音을 나타내고 있다. 그 中 코리야드의 『羅西日對譯辭書』에서는 濁音前鼻音을 티르데 마크인 「~」로 表示하는 것이 一般的이지만, 극히 少數의 濁音前鼻音 表記에 撥音表示인 「n」으로 表記된 用例가 例外的으로 다음과 같이 보인다[15].

　　「takafunda(高札)」「unde(腕15)」「inango(蝗75)」「quenanquena(けなげな119)」「vnangui(鰻151)」

　위에서와 같이 濁音前鼻音을 나타내는 表記에 當時의 撥音 表記인 「n」으로 表記하고 있는 것 등으로 보아 當時의 濁音前鼻音은 撥音과 거의 類似한 發音이었을 可能性을 示唆해주고 있다.
　또한 『捷解新語』의 原刊本에는 「いで」의 前段階로 보이는 「んで」의 表記로 생각되는 用例가 다음과 같이 보인다.

　　1.13 ウ 船のとうくもそろわんて
　　1.21 ウ またおしられんてもちよさい御さるまい そうさっしゃれ
　　　　　ませいご苦勞でござる
　　4.16 ウ ふんへつならんてかなわんことは
　　5.25 ウ かやうきつおしられんても
　　8.22 これまてまいためてたきいわいふるまいもうけさしられんて
　　8.31 ウ しんていのほわのはしまるせんてこそ御され

　위의 「んて」의 한글 音注는 「-ㄴ데」로 나타내고 있다. 이와 같이 『捷解新語』의 原刊本에서는 古形「んで」와 新形인 「いで」가 同時에 表記되어 있다.

---

15) 拙稿(1995)『コリャ-ド著『羅西日對譯辭書』のティルデ表記について』(日本 東北大學 言語學硏究會 『言語學論集』 第4集)參照.

일찍이 모리따 타께시(森田武)는 『捷解新語』의 原刊本에 보이는 「いんて」의 表記에 注目해서 다음과 같이 論하고 있다16).

　　これは(筆者註. 原刊本의「 いんて」의 用例를 지칭함), 打消의 助動詞「ぬ」の終止・連體形がすべて「ん」であるのに聯想した結果であろうと思う。また一つには、ハングルの表記に惹かれたということもあるであろう。

모리따는 否定助動詞「ぬ」에 注目해서 예리한 見解를 나타내고 있으나, 「いんて」의 推定過程 說明이 充分하지 않은 것 같다.

또한 『捷解新語』의 原刊本에 보이는 「いんて」의 表記와 關聯해서 요시다 카네히코(吉田金彦)의 見解는 「いで」의 「い」는 鼻濁音의 燒失에 의해 發生된 것으로 推定하고 있고, 『捷解新語』의 「いんて」의 表記에 대해서도 다음과 같이 論하고 있다17).

　　(前略)「いんて」という特異な假名表記は「て」の濁音を示す爲, 撥音にnを前の「い」にくっ付けた諺文特有の表記法に基因するものと解すべきであろう。打消中止の「んで」という形も「そろわんで」「うけさしられんで」等と同じ捷解新語中にあるのであるから、前の方は「いで」に相當しなければならない。

그러나 요시다가 言及하고 있는 바와 같이 『捷解新語』의 原刊本에 보이는 「いんて」의 表記가 濁音을 나타내기 위한 것이라면 한글 音注 「인데」의 表記는 說明하기 困難할 것으로 생각된다. 즉 濁音을 나타내기 위한 表記라면 原刊本에는 다른 濁音에 「-ㄴ데」의 音注 用例가 상당히 많이 보이고 있으나

---

16)　京都大學國文會刊(1973)『三本對照 捷解新語 釋文・索引・解題篇』(京都大學 國語國文研究室編)所收의 森田武의「捷解新語解題」參照.
17)　金田吉彦(1968)「「いで」の成立と用法」(『國語國文』35-5)參照.

濁音 表記에는「ん」의 表記가 거의 되어 있지 않고 유일하게「いで」에서만「ん」의 表記를 反映하고 있다. 이 現象은「ん」을 反映하게 하는 다른 要因이 있을 것으로 推定되며, 모리따의 指摘대로 否定助動詞「ん」의 存在와도 聯關이 있을 것으로 생각된다.

原刊本의「いんて」는 發音上의「nde→ide」의 變化過程에서「いで」의 濁音前鼻音과 類似한「n(ん)」의 發音에 의해, 不定助動詞「ん」의 形態를 類推하게 되어「いんて(인데)」로 表記되었을 것으로 推定된다.

따라서『捷解新語』의 原刊本에 보이는 日本語 假名「いんて」의「ん」의 表記는 濁音前鼻音의 發音이 文字로 反映되지 않은 當時에「いんて」의「ん」은 濁音前鼻音과 거의 類似한 發音([n])에 의해 不定助動詞「ん」을 類推하게 되어 濁音前鼻音이「ん」이라는 文字로까지 表記된 것으로 생각된다.

그러나 改修本과 重刊本에「いて(이데)」表記는 이미 濁音前鼻音이 消滅된 時期의 表記를 나타내고 있으며 한글 音注와 같은 發音으로 推定된다.

모리따의 單純한 한글 音注에 影響을 받아 日本語 히라가나「ん」을 表記하게 되었다고 하는 것은『捷解新語』의 原刊本에 보이는「ーほと(혼도)」「-なから(낭가라)」등 다른 濁音前鼻音 用例에 보이는 바와 같이 거의「ん」을 反映하고 있지 않다는 点에서 矛盾이 따른다. 모리따의 첫번째 언급한 부정조동사「ん」의 聯想과 關聯해서 當時「ん」이라는 文字의 發音과 類似한 濁音前鼻音의 發音[n]과, 濁音前鼻音과 類似한 發音을 가진 否定助動詞「ん」을 複合的으로 考慮해 보면, 原刊本의「いんて」表記는 濁音前鼻音이라는 거의 類似한 發音과 否定助動詞「ん」과 類似한 意味를 가진「いで」가 하나로 結合되면서「いんて」라는 表記로까지 反映한 것으로 보인다. 따라서「で」의 濁音前鼻音 發音이「いで」라는 文字로 나타나고 있는 現象과 같이『捷解新語』의 原刊本에 보이는「いんて」의 表記는 濁音前鼻音과 상당히 關聯이 있을 것으로 생각되며, 당시의 濁音前鼻音의 發音이 文字로까지 表記된 것으로 보인다.

4. 『捷解新語』의 原刊本 · 改修本 · 重刊本에 있어서의 「いで」의 用法

　日本語 否定 中止法 接續助詞 「いで」의　意味와 用法을 살펴보면 다음과 같다[18].

　　◎ 「いで」: (助詞)打消の接續助詞「で」の轉。活用語の未然形に付いて、否定の意を表わし、文を切らずに下へ續けるのに用いられる。
　　1)　―いで:　ある動作が實現されないことが、他の動作の行われる前提條件となる意を表す。~ないで、~ずに。
　　2)　―いでは: 打ち消しの假定順接條件を表わす。
　　3)　―いでも: 打ち消しの假定逆接條件を表わす。
　　4)　―いで(は)―かなわぬ(かなわん):「いで(は)」の次に「かなわぬ」と續けて、ある事態が必ず實現されなければならない意を強調して表わす。
　　―いでは―ならぬ(ゆかぬ):「いで(は)」の次に「ゆかぬ・ならぬ」などと續けて、ある事態が實現されなければならない意を、「かなわぬ」を用いたものよりは多少和らげて言い表わす。

(『時代別國語大辭典　室町時代編』三省堂)

4.1 『捷解新語』의 原刊本 · 改修本 · 重刊本의 「いで」의 分布

　『捷解新語』의 原刊本 · 改修本 · 重刊本의 各卷에 보이는 「いで」의 分布는 다음 表와 같다.

---

18)　室町時代語辭典編修委員會(1985)『時代別 國語大辭典 室町時代編』(三省堂)參照.

◎『捷解新語』에 있어서의 「いで」의 分布

	原刊本(いんて)	改修本(いて)	重刊本(いて)
卷1	1(いんてわ)	1(いても)	1(いても)
卷2	1	2	2
卷3	5	5	5
卷4	1	5(いてわ1)	5(いてわ)
卷5	4	6(いても1)	1(いても)
卷6	0	1(いても)	3(いても1)
卷7	1	1	1
卷8	3(いんてわ)	3(いてわ1)	2
卷9	3	1(いんて)	2
卷10	0	0	0
계	19	25	22

위의 표에서 10卷의 書簡文體에는 3本에서 用例가 보이지 않는다. 「いで」의 口語性 用法이라는 事實이 確認된다. 위의 表에서 「いで」의 用例가 原刊本과 改修本, 重刊本에서 全體的으로 用例 數가 若干의 差異를 보인다. 그러나 4卷, 5卷, 6卷에서 原刊本과 改修本, 重刊本에 보이는 用例가 각각 많은 差異를 나타낸다.

특히 原刊本의 4卷에서는 한 개의 用例가 보이나 改修本과 重刊本에서는 각각 5개로 增加되어 있다는 事實을 알 수 있다.

4券의 原刊本의 用例와 改修本・重刊本의 「いで」의 增加에 대해서 다음과 같이 說明하기로 한다.

우선 原刊本의 4.11의 用例의 改修本과 重刊本의 用例를 보면 다음과 같다.

　　4.11.オ.こしつそくいれたこうもくおみなひおいれて，いかかめそ
うとこころゑさしらるか(原)

4.16.ウ.こしつそくいれたこうもくおみなひおいれて、 うけとらし
やれませいて、なにとなされませうか(改)

4.15.ウこしつそくいれたこうもくおみなひおいれて、 うけとらし
やれませいて、なにとなされませうか(重)

위의 用例는 原刊本에 없는 「うけとらしやれませいて」의 用例를 改修本과
重刊本에 「いで」의 用例를 追加하고 있다. 다음은 原刊本의 4.15의 用例와
改修本·重刊本의 用例이다.

4.15.ウ.たいくわんしゅも御そんしなから、ついにかつてはかりお
もわしらることわ、そむやそむ(原)

4.22.オ.たいくわんしゅも御かつてんなされませいて、(改)

4.20.ウ.たいくわんしゅも御かつてんなされませいて、(重)

위의 用例는 原刊本에서는 「ばかり」의 限定表現을 使用하면서 肯定을 나
타내고 있으나, 改修本과 重刊本에서는 「いで」의 否定表現으로 改修하고
있다.

이외에도 4卷에서는 原刊本의 否定助動詞 「ず」가 改修本과 重刊本에서
「いで」로 改修되어 있기 때문에 原刊本의 1개의 用例가 改修本과 重刊本에
는 5개의 用例가 分布되어 있다.

또한 5卷에서도 原刊本의 4개의 用例와 改修本의 6개의 用例가 重刊本에
서는 1개의 用例만 보인다. 重刊本에 「いで」의 用例가 減少된 原因은 原刊
本과 改修本의 「いで」 用例가 重刊本에서는 原刊本에 對應하는 部分이 省略
되었기 때문이다. 이와 같은 現象은 改修本·重刊本의 改修方針, 또는 改修
方式 등과도 聯關이 있을 것으로 생각된다.

4.2. 『捷解新語』의 原刊本·改修本·重刊本의 用法 變化와 한글 對譯

『捷解新語』의 原刊本과 改修本·重刊本에 보이는 「いで」의 前接語가 어떠한 語彙로 接續되는가는 「いで」의 用法과 상당히 聯關이 있다고 생각된다. 따라서 「いで」의 形態的인 環境을 調査하기 위해 『捷解新語』의 3本을 통한 「いで」의 前接語를 나타내면 다음과 같다.

◎『捷解新語』에 있어서의 「いで」의 前接語

原刊本

サ變動詞(す1)

四段動詞(劣る、取る，知る(3)、急ぐ、荒す、祝う)

下一段(出る)

ござる(2)

申す(2)

まるする(3，おんめにかかりまるせいんて(2)、ようなりまるせいんて(1))

しらる(助動詞 2)

改修本

四段動詞(劣る、取る，知る(2)、上がる)

下二段(さばけ)

ござる(2)

申す(1)

まする(11。―存じませいて(2)，―申しませいて(1)，―お動詞の連用形(or名詞)なされませいて(3)，―あらしませいて(1)、―お目にかかりませいて(3)，―うけとらしえませいて(1))

なさる(3。―お動詞の連用形(or 名詞＋を)なされいて(3))

おおせらる(1)

さっしゃる(1)

重刊本

四段動詞(劣る、上がる)

下二段

(さばけ、揚げ)

ござる(3)

申す(1)

まする(9。一存じませいて(1),　一申しませいて(1),　一お動詞の連用

形(or名詞)なされませいて(3),　一あらしませいて(1)、一お目にかかり

ませいて(3))

　なさる(3。一お動詞の連用形(or　名詞＋を)なされいて(3))

　위의 『捷解新語』의 3本을 통한「いで」의 前接語를 보면 原刊本에는 動詞의 未然形이 接續되는 境遇가 많으나 改修本과 重刊本에는 動詞의 未然形이 接續되는 境遇가 減少하는 반면,「まする」「なさる」등의 敬語法의 語彙 接續 用例가 增加하고 있다는 것을 알 수 있다.

　以下에서는 『捷解新語』에 보이는「いで」가 原刊本・改修本・重刊本의 3本을 통하여 어떠한 變化를 하고 있으며, 原刊本의「いで」用法의 傾向과 改修本과 重刊本의「いで」의 用法 變化를 살펴보기 위해 그것과 關聯된 한글 對譯 및 改修方針 등을 考慮하면서 個別的으로 分析하기로 한다.

○原刊本(いで)-改修本(いで)-重刊本(いで)

7.10オ　あわしられ<u>いんて</u>かなわん→7.14ウ　御あいなされませ<u>いて</u>

かなわんことゆえ→7.7ウ　御あいなされませ<u>いて</u>

8.5ウ　とらしられ<u>いんて</u>かなわんしさいお申て→8.7オ　おうけなさ

れ<u>いて</u>かなわぬ→8.7オ　おうけなされ<u>いて</u>かなわぬ

위의 原刊本에서는 「いんて」앞에 接續되어 있는 尊敬의 助動詞 「しらる」는 「せらる」의 變形이지만, 當時의 口語資料인 도라아끼라본 쿄우겐(虎明本 狂言)에 (「こなたへとをらしられひといへ(古本能狂言集1。162)」「まつあれにふれとおしられひ(古本能狂言集 1。188)」)와 같이 「しらる」「おしらる」의 用例가 보이는 것으로 보아 當時에 使用되었을 것으로 생각된다.

『捷解新語』의 原刊本에서는 「しらる」의 用例가 138例가 보이나, 改修本에는 6例, 重刊本에는 用例가 보이지 않는다. 이와 같이 原刊本에 보이는 「いんて」앞에 接續되어 있는 尊敬의 助動詞 「しらる」는 改修本과 重刊本에는 「お＋動詞의 連用形＋なされ(ませ)いで」와 같이 修訂하고 있다. 이것으로 보아 原刊本에서는 「しらる」가 尊敬의 助動詞이지만, 俗語로 看做하여 改修本과 重刊本에서는 「なさる」로 修訂한 것으로 推定된다. 7.10用例의 韓國語對譯에서 「아니 보디 몯홀 일을」(原),「아니 보지 몯홀 일이기예」(改), 「아니 보시지 아니셔도 몯홀 일을」(重)과 같이 改修本과 重刊本에서는 口蓋音化를 反映하고 있고, 改修本에서는 日本語의 尊敬語「御あいなされ(ませいて)」를 한글對譯에서는 反映하지 않고 있으나 重刊本에서는 韓國語의 尊敬法의 先語末 語尾「시」를 反映하고 있어 日本語의 敬語를 한글對譯에도 充實히 記載하려는 意圖가 엿보인다[19].

8.5의 用例에서는 각각 「아니 밧디 못ᄒ실 仔細」(原), 「받디 아니치 몯홀 일을 仔細히」(改), 「받지 아니치 몯홀 일을 仔細히」(重)로 對譯하고 있다. 原刊本의 「아니＋用言」의 形을 改修本에서는 「-디 아니치」, 重刊本에서는 「-지 아니치」로 改修하고 있다. 原刊本에서는 尊敬의 助動詞「しらる」의 尊敬表現으로 對譯을 하고 있으나, 改修本과 重刊本에 보이는 「-なさる」의 尊敬表現은 한글 對譯을 反映하지 않고 있다[20].

---

19) 尊敬法의 先語末 語尾는 安秉禧・李珖鎬(1990)『中世國語文法論』(學硏社)參照.

20) 日本國立國語硏究所(1997)『日本語と外國語との對照硏究Ⅳ 日本語と朝鮮語 下卷 硏究論文編』(くろしお出版)所收의 辻星兒(1997)「『捷解新語』に見られる文法意識-對譯朝鮮語の配置を通して」에서 原刊本의 「아니＋用言」의 形을 改修本・重刊本에서는 「-디 아니치」의 形으로 日本語와 同一한

○原刊本(動詞의 未然形いで)→改修本((お)動詞의 連用形(をなされ)ませいで)→重刊本((お)動詞의 連用形(をなされ)ませいで)

    8.25　オいわわいんてかなわんやうに→8.37オ御いわいおなされい
てかなわぬやうに→8.21ウ御いわいおなされいてかなわぬやうに

    5.4ウ　しらいんて→5.6ウ　ぞんじませいて→(用例없음)

    5.19オ　あらさいんて→5.28オ　あらしませいて→(用例없음)

    9.7　オ　しらいんて→9.10ウ　そんしませいて→9.6ウ　そんしませい
て御さりまする

위의 用例에서도 原刊本의 「動詞의 未然形＋いんて」의 形이 「お＋動詞의 連用形をなされませいで」「動詞의 連用形ませいで」「謙讓語 連用形ませいで」形으로 修訂하고 있다.

以外에도 「1.7オ　もうさいんて→1.9ウ　もうしましょうか→1.8ウ　もうしましょうか」의 用例와 같이 原刊本에서는「動詞의 未然形＋いんて」形이 改修本・重刊本에서는 不定의 接續助詞「いで」를 省略하고 鄭重語로 反語的인 用法으로 改修한 것으로 생각된다.

그밖에 接頭語 「お」를 改修本에서 添加하여 尊敬表現으로 修訂한 用例도 다음과 같이 보인다.

    6.22 ウ　しんしゃくなされんすとも→6.33オ　おしんしゃくなされいても→6.29 オおしんしゃくなされいても

8.25의 한글 對譯에서는 「祝願아니튼 못홀 양으로」(原)「祝願 아니튼 몯홀 양으로」(改)「축원을 호시지 아니튼 몯홀 양으로」(重)로 改修되어 있다. 前述한 原刊本의 「아니＋用言」形을 改修本에서는 原刊本과 같이 「아니＋用

───────────────────────────

語順(辭順)으로 하려는 改修方針에 대해서 이미 詳細히 論한 바 있다.

言」을 그대로 使用하고 있으나, 重刊本에서는 「-ㅎ시지 아니튼」과 같이 「-지 아니치」로 改修하고 있다. 또한 重刊本에서는 改修本의 尊敬語 日本語 「なされ」의 對譯을 反映하지 않고 있으나 重刊本에서는 「-なされ-」의 對譯으로 充實하게 尊敬法 語尾「-시-」를 反映하고 있다.

6.22의 用例도 「〻양 아니하셔도」(原) 「〻양 아니ㅎ셔도」(改) 「〻양 ㅎ시지 아니셔도」(重)과 같이 原刊本과 改修本에는 「아니+用言」의 形을, 重刊本에서는 「-ㅎ시지 아니셔도」와 같이 「-지 아니치」로 改修하고 있다.

5.4의 한글 對譯에서는 原刊本과 改修本에 각각 「모로고」(原)「모로고」(改)로 되어 있고 重刊本에는 該當 用例가 보이지 않는다. 原刊本과 改修本의 한글 對譯에서는 差異를 보이지 않는다.

5.19의 用例의 「머흐디 아냐」(原), 「머흐지 아냐」(改), 重刊本에는 該當 用例가 없으나 原刊本의 對譯을 改修本에서는 口蓋音化의 表記로 改修되어 있다.

9.7의 用例는 각각 「〻셰 믈라」(原)「〻시 몰라」(改)「〻시 아지 몯ㅎ열ᄂ이다」(重)로 되어 있다.

原刊本의 「〻셰」는 改修本과 重刊本에서는 「〻시」로 改修되어 있다. 白斗鉉(1992)에 의하면, 韓國語의 母音變化 중, je〉e〉i 의 變化와 같이 當時 韓國의 여러 地域에서 이러한 音韻 變化가 있었다는 事實로 보아 原刊本과 改修本·重刊本은 韓國語의 이러한 變化過程을 反映한 것이며 方言과의 關聯도 있을 것으로 생각된다[21]. 또한 重刊本의 한글 對譯에 「〻시 아지 몯ㅎ열ᄂ이다」의 韓國語 恭遜法의 語尾「ᄂ이다」는 日本語 「御さりまする」를 對譯한 것으로 보여 日本語에 充實하게 對譯하려고 하는 흔적이 보인다.

○ 原刊本-改修本-重刊本(日本語 無變化)

3.1オ 御めにかかりまるせいんて→3.1ウ 御めにかかりませいて

---

21) 白斗鉉(1992)『國語學叢書19 嶺南 文獻語의 音韻史 硏究』(國語學會 太學社) p.p.144-152參照

→3.1ウ　御めにかかりませいて

　　3.2オ　御めにかかりまるせいんて→3.2ウ　御めにかかりませいて
→3.2ウ　御めにかかりませいて

　　3.7オ　御さらいんて→3.9ウ　御さらいて→3.9オ　御さらいて

　　3.12ウ　おとらいんて→3.16ウ　おとらいて→3.16ウ　おとらいて

　위의 用例는 原刊本에서의「いんて」表記가 改修本・重刊本에서는「いて」로 表記되어 있는 差異만 보일 뿐,「いんて」와「いて」의 前接語도 모두 一致하고 있다. 위의 用例 中, 3.12의 用例를 除外하면 原刊本에 보이는「いで」의 前接語가 謙讓語와 鄭重語인 경우에는 改修本・重刊本에서 修訂하지 않고 그대로 表記되어 있다.

　原刊本의 3.1의 用例(「보읍디 몯ᄒ오니(原)」,「보읍지 몯ᄒ오니(改)」,「보읍지 몯ᄒ오니(重)」)와 3.2의 용례 (「뵈읍디 몯ᄒ오니(原)」,「뵈읍지 몯ᄒ오와(改)」,「뵈읍지 몯ᄒ오와(重)」)의 用例는 原刊本의 對譯 表記가 改修本과 重刊本에서는 口蓋音化된 用例로 되어 있다. 또한 3.7의 用例는 原刊本・改修本・重刊本의 한글 對譯이 모두「업스와」로 同一하게 表記되어 있다.

　3.12의 用例는「뻐디디 아녀」(原),「쩌지디 아녀」(改),「떠지지 아녀」(重)의 한글 對譯은 韓國語의 子音變化 中, 原刊本의「ㅽ」이 改修本에서는「ㅾ」으로 重刊本에서는「ㄸ」으로 表記되어 있다. 白斗鉉(1992)에 의하면 原刊本의「ㅽ」의 表記는 17세기 中葉의 語錄解에 보이며, 改修本에 보이는「ㅾ」은 18世紀 以後에 보이는 것으로 보아 當時의 韓國語 子音 變化를 反映한 것으로 생각된다[22]. 그 후 重刊本에는「ㄸ」으로 변한 것으로 보여진다.

---

22)　前揭(註21)　p.p.289-292參照.

○原刊本(ん)-改修本(いで)-重刊本(いで)

2.2 オ いてんと→2.2ウ おいてなされませいて→2.8ウ おいでなされませいて

5.6 オ 御みまいももうしまるせん→5.8ウ 御みまいももうしませいて→5.7オ 御みまいももうしませいて

위의 用例 중, 原刊本의 2.2에서는 「いでんと」의 否定助動詞「ん」이 改修本과 重刊本에서는 尊敬語에 「いで」를 接續한 用法으로 改修되어 있다. 한글 對譯에서도 原刊本에서는 「(병 드러) 몯 난다 ᄒ니」로, 改修本과 重刊本에서는 「(병 드러)나디 몯ᄒ시니」로 尊敬法의 語尾「-시-」를 追加하고 對譯 順序도 日本語文의 順序를 그대로 反映하고 있다. 原刊本의 5.6의 用例에서도 原刊本・改修本에서는 「못ᄒ외」로 表記되어 있고 重刊本에서는 「몯ᄒ엳습ᄂᆡ」로 表記되어 있어 謙讓法 先語末 語尾「-습-」으로 表記하고 있어 日本語 原文의 對譯을 充實히 하려는 모습이 엿보인다. 原刊本의 5.6의 用例 (「보ᅇᆸ도 못ᄒ외(原)」, 「보ᅇᆸ도 몯ᄒ외(改)」, 「보ᅇᆸ도 몯ᄒ엳습ᄂᆡ(重)」)도 重刊本에서 謙讓法 先語末 語尾「-습-」으로 表記하고 있다.

2.2의 用例는 (「몯 난다ᄒ니(原)」, 「나디 몯ᄒ시니(改)」, 「나지 몯ᄒ시니(重)」)로 表記되어 있어, 原刊本의 「否定語(몯)＋난다」의 形을 改修本・重刊本에서는「나디(지)＋몯ᄒ시니」로 改修하고 있다.

○原刊本(ず)-改修本(いで)-重刊本(用例없음)

4.28ウ もうしふくめすは→4.40オ もうさいては→(用例없음)

5.27オ そのさはうわしらんす→5.39オ しらいて→(用例없음)

위의 用例는 原刊本에서는 否定助動詞「ず」가, 改修本에서 「動詞의 未然形＋いで」의 形으로 改修되어 重刊本에서는 用例를 削除하고 있다. 重刊本

에서의 削除는 「お+連用形+ なされ(ませ)+いで」 등의 尊敬語・謙讓語的인
表現이 아니어서 削除된 것으로 推定된다.

　原刊本 4.28의 한글 對譯은 「니르디 아니티 몯홀 새시모로」(原), 改修本
에서는 「니르지 아니치 몯홀 일이오니」(改)로 改修하고 있다. 「니르디〉니
르지」의 變化는, 改修本에서의 口蓋音化를 나타낸 表記이며 非語頭에서의
「-르-〉-르-」의 變化는 圓脣母音의 異化 現象으로 看做해야 할지 疑問이 남
는다.

　原刊本의 5.27의 한글對譯은 原刊本의 日本語「ず」를 改修本에서는 「いで」
로 改修하고 있으나 韓國語에서는 「作法은 모로고」(原), 「作法은 모로고」
(改)와 같이 同一하게 對譯하고 있다.

○原刊本(ず)-改修本(いで)-重刊本(いで)

4.23 ウ くうきのはかわいかす→
4.33 オ こうようわさはけいて→
4.29 ウ こうようわさはけいて

　위의 用例는 原刊本에서는 「ず」가 改修本과 重刊本에서는 「いで」로 改修
되어 있는 用例이다. 그러나 3本의 日本語文에 公儀の捗は行かず(原刊本),
公容は捌けいで(改修本), 公用は捌けいで(重刊本)과 같이 한글對譯에서도 原
刊本과 改修本, 重刊本이 公儀→公容→公用으로 되는 漢字語의 變化가 흥미
롭다. 한글대역에 있어서는 「公儀는 되디 아니코」(原刊本)→「公容은 되지
아니코」(改修本)→「公用은 되디 아니코」(重刊本)로 原刊本의 한글對譯이
改修本에서는 口蓋音化된 表記였던 것이 重刊本에서는 다시 原刊本의 表記
인 非口蓋音化 表記로 되어 있다.

○原刊本(ん)-改修本(ぬ)-重刊本(いで)

6.10 なちゃりめつらしことも御さらんに→

6.14 ウ なにのめつらしいことも御さらぬに→
6.12 なにそめつらしいしなも御さらいて

위의 用例에서도 原刊本의「ん」이 改修本에서는「ぬ」로 重刊本에서는「いで」로 改修되어 日本語에서의 三本의 變化가 보인다.

위의 6.10의 用例의 한글對譯은 다음과 같다.「아므란 귀흔 일도 업시」(原),「아모란 귀흔 일도 업시」(改),「아모란 貴흔 걷도 업고」(重).

原刊本의「아므란」이 改修本과 重刊本에는「아모란」으로 改修되어 있다.

白斗鉉(1992)에 의하면,『杜詩諺解』의 重刊本에 非頭音의 脣子音 뒤의「으〉오」의 母音變化가 存在했다는 事實을 알 수 있다. 이 現象은『捷解新語』의 原刊本과 改修本의 한글 對譯도「아므란〉아모란」의 韓國語의 變遷을 反映한 것으로 생각된다[23].

○原刊本(いで)-改修本(ぬ)-重刊本(用例 없음)

5.5オ いそかいんてかなわんことちやほとに→
5.7オ かないませぬいそきいたしますることて御さるほとに→
(用例 없음)

一般的으로『捷解新語』에서는 原刊本의「ず」「ぬ」「ん」이 改修本 또는 重刊本에서「いで」로 改修되는 傾向이 一般的이다. 그러나 위의 用例는 逆으로 原刊本의「いで」가 改修本에서「ぬ」로 改修된 用例이다. 또한 改修本에서「ぬ」로 改修된 用例는 重刊本에서는 該當되는 用例를 省略하고 있다.

原刊本의 5.5의 한글 對譯은「수이 이니티 몯홀 일이오니」(原)「마지 몯

---

23) 白斗鉉(1992)『國語學叢書19 嶺南 文獻語의 音韻史 研究』(國語學會 太學社)p.p.246-249에 의하면, 형태소 내부에서 '으'가 '오'로 원순화 된 것을 기이한 현상으로 다루고 있으며 重刊 杜詩諺解에서부터 나타난 원순모음화 '으〉오'는 후설 원순모음과 비원순모음간의 대립관계에서 원칙적으로 불가능하다는 것을 언급하고 있다. 또한 이 현상은 지금까지의 한국어 모음 체계의 역사적 변천 단계 중 어떤 체계와도 일치하지 않다고 논하고 있다.

ᄒᆞ여 수이 홀일이오니」(改) 原刊本의 日本語의「否定＋否定(いそかいんてか
なわん)」을, 改修本에서는 日本語의 語順대로 對譯하면서 全體的으로는 對
譯을 肯定文으로 나타내고 있다[24].

---

24) 以外에도『捷解新語』의 原刊本과 改修本・重刊本에 있어서의「いで」의 變化와 한글 對譯은
다음과 같은 것이 있다.
　○原刊本いで-改修本(用例**없음**)-重刊本(用例**없음**)
　2.9 オ ここわこしらいおゑいせいんてこうちやほとに(예ᄂᆞᆫ 달호기ᄂᆞᆯ 잘못ᄒᆞ여 이러ᄒᆞ
니)→
　2.12 ウ このはうわこしらゑやうかそそにしてかやうに御さるほとに(예ᄂᆞᆫ 草草이ᄒᆞ야 이러ᄒᆞ
니)→
　2.17 ウ このはうわこしらゑやうかそそうにしてかやうに御されとも(예ᄂᆞᆫ 草草이ᄒᆞ야 이
러ᄒᆞ니)
　○原刊本(**いんて**)→改修本(**いて**)→重刊本(**いて**)
　3.9 オ ようなりまるせいんて(잘못ᄒᆞ오와)→
　3.12 オ ようござらいて(잘못ᄒᆞ오와)→
　3.12 オ ようござらいて(잘못ᄒᆞ오와)
　4.16 オ はんふんもとらいんて(半分도 아니잡고)→4.22ウ はんふんもとらしゃれいて(半分
도 잡지 아니코)→4.21オ はんふんもどらしゃれいて(半分도 잡지 아니코)
　○原刊本(用例**없음**)→改修本(**いて**)-重刊本(**いて**)
　4.11オ ごじっそくいれたこうもくをみなひをいれて(五十束 드린 公木을 다나ᄆᆞ라고)→
　4.16ウ ごじっそくいれたこうもくをみなひをいれてうけとらしゃれませいて(五十束 드린
公木을 다나ᄆᆞ라고)→4.15ウ ごじっそくいれたこうもくをみなひをいれてうけとらしゃ
れませいて(五十束 드린 公木을 다나ᄆᆞ라ᄒᆞ여)
　4.15ウ たいくわんしゅもご存じながらついにかってばかりおもわしらぬことわ(代官네도
마ᄅᆞ시건마ᄂᆞᆫ)→4.22オ たいくわんゅはおかってんなされませいて(代官네ᄂᆞᆫ 맏당이 너기
지 아니ᄒᆞ고)→4.20ウ たいくわんゅはおかってんなされませいて(代官네ᄂᆞᆫ 맏당이 너기
디 아니ᄒᆞ고)
○原刊本(**いんて**)-改修本(**いて**)-重刊本(用例**없음**)
　5.23オ てうせんのかふうわしらいんて(朝鮮풍쇽은 아니못ᄒᆞ고)→5.34オ てうせんのかふ
うわしらいて(朝鮮家風은 아지 몯ᄒᆞ고)→(用例**없음**)
○原刊本(**ず**)-改修本(**ず**)-重刊本(**いて**)
　6.20ウ わけすにいかかか(中官以下란 올리디 말미 엇더ᄒᆞ올고)→6.29ウ わけすにおきまし
たらはいかか御さろうか(中官以下란 올리디 말미 얻디 ᄒᆞ올가)→6.26オ わけいてはいか
かてこさろうか(中官以下를 올니지 말면 얻더 ᄒᆞ올고)
○原刊本(**んて**)-改修本(**いて**)-重刊本(**おことわり**)(韓國語 對譯 變化)
　8.22オ ふるまいもうけさしられんて(振舞도 밧디 아니시고)→8.32ウ ふるまいもうけさっ
しゃれいて(振舞도 받지 아니시고)→8.21オ ふるまいのところわ御おことわり申たうそん
しますれとも(振舞홀바ᄂᆞᆫ 스졀ᄒᆞ고져 너겯더니 마ᄂᆞᆫ)
○原刊本(動詞의 未然形**いんて**)→改修本(動詞의 未然形**なされいんて**)→重刊本(動詞의 連用形

다음은 『捷解新語』의 原刊本에 보이는 「いで」의 前段階로 推定되는 「んで」의 用例가 改修本과 重刊本에는 어떤 用法으로 改修되었는가를 알기 위해 그 變化를 다음과 같이 表示했다.

1.13ウ ふねのとうくもそろわんて(비에 연장도 브딜ㅎ여)→1.19ウ ふねにとうくもそろわすして(비에 연장도 곧지 몯ㅎ여) →1.17ウ ふねにとおくもそろわすして(비에 연장도 곧지 몯ㅎ여)

1.21ウ またおしられんてもちよさい御さるまい(또 아니 니르셔도 얼현이 아니 ㅎ오리)→1.31ウ またおおせられすともおろかにそんしませす(또 아니 니르지 아니셔도 얼현이 는 아니 ㅎ오리)→1.25ウ そうきつしゃれませい御くろうて御さる(그리 ㅎ옵소 슈고 ㅎ옵시ᄂᆡ)

4.16ウ ふんへつならんてかなわんことは(분별 아니티 몯ㅎ실 일은)→4.24 ふんへつのならぬことわ(분별 아니치 몯홀 일은)→(用例없음)

5.25ウ かやうきつおしられんても(이대도록 세치 아니 니르시다)→5.37かやうにきつうおおせらいても(이대도록 세치 니르지 아니셔도)→(用例없음)

8.22ーふるまいもうけさしられんで(振舞도 밧디 아니시고)→8.32ウ ふるまいもうけさっしゃれいで(振舞도 받지 아니시고)→8.21ふるまいのところわ御おことわり申たうそんしますれとも(振舞홀 바는 ᄉ졀ㅎ고져 너겻더니 마는)

なされいて)
9.12ウ しんちうに申たいこともゑもうさいんて(心中에 숨고져 ㅎ는 일도 잘 숨디 못ㅎ고)→9.18オ しんちうに申たいこともゑもうさいんて(心中에 숨고져 ㅎ는일도 잘 숨지 못ㅎ고)→9.8ウ しんちうに申たいことも申ゑもうさいんてもうしえませいて (心中에 숨고져 ㅎ는일도 숨디못ㅎ고)

8.31ウ　しんていのほわのはしまるせんてこそ御され(心底대로는펴
디못ᄒᆞᆯ송이다)→8.46ウ　しんていのほと申つくされませぬ(心底대로 다
숣지 못ᄒᆞᄂ이다)→(用例없음)

「んで」의 用例로 推定되는 「んて」의 用例는 原刊本에 6例가 보이고 있으
나 改修本과 重刊本에는 用例가 보이지 않는다. 그러나 4.16ウ와 8.31ウ에
서는 原刊本의 「んて」를 改修本에서는 不定助動詞 「ぬ」로 修訂하고 있으나
重刊本에서는 對應用例가 보이지 않는다. 또한 5.25와 8.22의 用例는 原刊
本의 「んて」를 改修本에서는 「いて」로 修訂하고 있으나 重刊本에서는 對應
하는 用例가 보이지 않는다.

이것은 改修本과 重刊本의 時期에 原刊本의 「んで」의 形態가 이미 消滅
된 것을 나타낸 것으로 보이며 그 必要性에 따라 重刊本에서도 對應하는
用例를 削除한 것으로 推定된다.

『大藏虎明本 狂言集』(1642)에는 「いで」의 用例가 268用例가 보이나, 接
續되는 前接語 大部分이 動詞의 未然形이다. 그러나 『捷解新語』와 類似한
用法도 다음과 같이 보인다.

　　某がもどるまでまたせられひで,何としてよからふぞ(大名狂言 雁盗
　人 太郎冠者→大名 169)

　　出仕はなされひでかなはぬ事でござるに(大名狂言 麻生 藤六→あさ
　う 154)

　　おふるまひなされいで,かなはぬ事でござる(大名狂言 雁盗人 太郎冠
　者→大名 167)

　　御暇乞をなされひでかなわぬことでござる(大名狂言 すみぬり　太
　郎冠者→大名 173)

おいでなされいで, (智類山伏類 樽智 舅→何某 365)

とても御たいめんなされひでかなはぬことでござるほどに(智類山
伏類 二人袴 太郎冠者→親 392)

위의『大藏虎明本 狂言集』에 보이는「いで」의 前接語에 動詞의 未然形 以外
에도 助動詞「られる」「お動詞의 連用形なされいで」의 形과『捷解新語』에 보이
는「ぞんぜいで」「まいらいで」「ござらいで」等과 같이「謙讓語(鄭重語) 未然形
＋いで」의 形도 조금 보이는 것으로 보아 當時의「いで」의 用法을 反映한
것으로 推定된다.
　또한『捷解新語』에 많이 보이는「お動詞의 連用形なされませいで」「動詞의
連用形ませいで」「尊敬語 連用形ませいで」의 形態도 다음과 같이 보인다.

心のままになりまらせひで, 壹年壹年と久しうぶさた致てござる(智
類山伏類 こしいのり 山伏→祖父 408)

得まらせいでおそなはりまらしたといへ(鬼類小名類 なまぐさ物 主
→太郎冠者 129)

또한 코리야드의 3部作 중, 특히『懺悔錄』에도「いで」의 前接語가 動詞의
未然形이 가장 많이 보이지만,「(せ)られ＋いで」「まらせ＋いで」「つかまつら＋
いで」「いたさ＋いで」「たまわいで」等의 前接語도 다음과 같이 보여진다.

motaxerareide(持たせられいで142)tamauaide(給わいで
144)tçucamatçuraide,gozaru(仕らいでござる150)itaximaraxeide(致しま
らせいで152,166)iameɾaxemaraxeide(止めさせまらせいで
156)vomoiitaɾaide(思い致さいで156)yemodoqimaraxeide(えもどきまら
せいで162)coraierareide(堪えられいで164)iarimaraxeidegozaru(遣りま
らせいでござる168)ɾuguimaraxeide(過ぎまらせいで

168)vochimaraxeide(落ちまらせいで170)itaɾaxemaraxeidegozatta(致させまらせいでごっざった174)hataɾaxemaraxeide(果させまらせいで174)gozaraide(ござらいで142,152,154,162,166,168(2),172,176(3)iameide(止めいで176)naximaraxeidegozatte(濟しまらせいでござって180)uqerareide(受けられいで184)tamochimaraxeide(保ちまらせいで188)fomeaguerareideva(褒めあげられいでは194)

『懺悔錄』에서는 全體的으로는「動詞의 未然形＋いで」의 形이 많이 보이나「ませいで」「られいで」「なされいで」의 形도 많이 보인다. 이는「動詞의 未然形＋いで」의 形態와「ませいで」「られいで」「なされいで」의 形態가『捷解新語』의 原刊本과 改修本・重刊本에 보이는 現象과 같이「動詞의 未然形＋いで」의 形이「ませいで」「られいで」「なされいで」의 形으로 一時的으로 변한 것이 아니다. 이 現象은 同時代에 存在했던 것이『捷解新語』의 原刊本에는 俗語가 많이 記載되었기 때문으로 理解할 수 있으며, 改修本과 重刊本에는 謙讓語・尊敬語・鄭重語와 같은 敬語가 많이 포함되었기 때문으로 생각된다.

이와 같이『捷解新語』에 보이는「いで」는 原刊本에서는 單純한 動詞의 未然形에 接續되는 것이 大部分이나, 改修本・重刊本에는「まする」「なさる」「ござる」등과 같은 尊敬語, 謙讓語, 鄭重語가 接續되는 語形이 增加되고 있다는 事實을 알 수 있다. 同時에『大藏虎明本 狂言集』에 비해「-まする」등이「いで」에 많이 接續되고 있다는 것으로 보아,『捷解新語』의 改修本・重刊本의 編纂意圖를 짐작할 수 있다.

5. 結語

以上,『捷解新語』에 보이는「いで」의 表記와 發音 및 用法에 대해 調查해 보았다.「いで」의 表記와 發音에 대해서는 原刊本의「いんて」의 かな表記 및

한글音注「인데」와 改修本과 重刊本의 「いて」表記 및 한글音注「이데」는 당시의 「いで」의 發音을 反映한 것으로 推定된다. 그러나 原刊本에 보이는 「いんて」의 「ん」表記는 原刊本에 많아 보이는 다른 濁音前鼻音의 大部分의 用例에 濁音前鼻音의 發音을 文字로써 表記하지 않은 点으로 보아 當時의 濁音前鼻音은 文字化되지 않은 것으로 생각된다. 따라서 原刊本에 보이는 「いんて」의 「ん」表記는 濁音前鼻音을 나타낸 表記가 아니고, 當時의 「いで」의 濁音前鼻音이 撥音과 거의 類似한 發音이었다는 것으로 인해 같은 不定(打ち消し)의 意味를 가진 不定(打ち消し)助動詞「ん」을 類推하게 되어 「いんて」로 表記된 것으로 推定된다.

「いで」의 用法에 대해서는 原刊本에 보이는 「いで」의 前接語와 改修本・重刊本에 보이는 前接語에 많은 差異를 보이고 있다. 즉 原刊本에서는 動詞의 未然形에 接續되는 것이 많고, 「まるせいんて」와 같은 「まるする」가 接續되는 用例가 3例밖에 보이지 않으나, 改修本・重刊本에서는 動詞의 未然形에 接續되는 用例는 減少하는 대신에 「ます る」「なさる」「ござる」등과 같은 尊敬語, 謙讓語, 鄭重語가 接續되는 用例가 많이 增加되는 것으로 보아 改修本과 重刊本의 鄭重化를 엿볼 수 있다고 생각된다.

「いで」의 한글 對譯에서는 原刊本의 「아니+用言」의 形을 改修本・重刊本의 양쪽에, 또는 重刊本에서만 「-디(지) 아니」의 形으로 改修하고 있다. 이것은 『捷解新語』의 改修本과 重刊本에서의 日本語文 語順으로 對譯하여 대역에 充實하려고 하는 改修方針을 엿 볼 수 있다. 그리고 尊敬法과 謙讓法에 대한 한글의 對譯의 有無 등의 差異가 3本을 통해서 볼 수 있었다. 또한 原刊本의 한글 對譯을 改修本과 重刊本에서 口蓋音化된 表記 등이 많이 보여 全體的으로 당시의 韓國語의 變遷을 많이 反映하고 있다는 事實을 알 수 있다.

특히 『捷解新語』의 原刊本과 改修本・重刊本의 3本을 통한 否定中止法 接續助詞「いで」의 用法의 變遷은 日本語의 原刊本의 俗語體系, 改修本과 重

刊本에서의 敬語體系 등이 당시의 日本 國內文獻과 크리스탄 文獻과 比較해 본 結果, 당시의 日本語를 상당히 잘 反映하고 있다. 또한 한글 對譯에서도 原刊本과 改修本·重刊本의 對譯을 比較해 본 結果, 口蓋音化 現象, 母音의 變化, 子音의 變化 등의 音韻體系와 文法의 變化 등은 당시의 韓國語의 狀態와 變遷을 잘 나타내고 있는 것으로 생각된다.

3장
類解書의 標題語 漢字 比較

1. 緖言

朝鮮의 司譯院에서 編纂된 最初의 韓·日 對譯辭典인『倭語類解』(1809년 전후 刊行)가 전해진다. 이 類解書는 當時 司譯院의 外國語 擔當 部署인「四學」(漢學·女眞學〈淸學〉·蒙學·倭學)의「倭學」에서 出版된 것이다.

『倭語類解』와 같은 性格이고 他 外國語 類解書인 中國 漢語의『譯語類解』(1690), 滿洲語의『同文類解』(1748), 蒙古語의『蒙語類解』(1768) 에도 標題語 漢字가 보이고 있으며 標題語 漢字를 媒介로 該當 言語의 單語를 對譯하고 있다. 이와 같이『倭語類解』의 標題語 漢字는 他 類解書와 같은 性格이므로『倭語類解』에 記載되어 있는 標題語 漢字는 他 類解書와 관련이 있을 것으로 推定된다. 또한『倭語類解』의 標題語 漢字가 他 類解書에 보이지 않는 것도 많이 있어 그것에 대해서도 糾明하고자 한다.

본 장에서는『倭語類解』의 標題語 漢字가 他 外國語의 類解書와의 관련이 어느 정도인지를 알기 위해『倭語類解』의 標題語 漢字를 中心으로 他 類解書의 해당 標題語를 比較 檢討하기로 한다.

이와 같이『倭語類解』에 記載되어 있는 標題語 漢字의 出處를 糾明함으로서 이제까지의 司譯院의 倭學書의 編纂過程과 譯官들의 日本語 敎育 및 學習書 등의 性格을 把握할 수 있을 것으로 推定된다.

또한『倭語類解』의 標題語인 漢字語의 出處도 糾明함과 동시에 韓國語 內의 漢字語 變遷 또는 韓·日 漢字語의 交涉 등 當時의 韓·日 言語 交流 研究에도 매우 進展이 있을 것으로 期待된다.

2. 연구방법

『倭語類解』의 標題語 漢字의 性格을 糾明하기 위해서는 司譯院의 外國語

擔當 部署인 「四學」에서 出版된 譯學書 중, 『倭語類解』(1809년 간행)와 같은 性格인 他 外國語 類解書인 『譯語類解』(1690), 『同文類解』(1748), 『蒙語類解』(1768)의 標題語 漢字와 語彙의 分類方法 등을 『倭語類解』의 그것과 比較하여 標題語 漢字의 性格 및 語彙 分類 등의 類似性과 差異点을 分析한다. 또한 『倭語類解』의 標題語 漢字와 다른 外國語 類解書의 標題語 漢字가 一致하지 않을 경우에는 日本 國內資料의 標題語 漢字와도 比較하여 標題語 漢字의 一致 與否를 確認하고 그 出處를 推定한다.

『倭語類解』와 他 外國語 類解書 『譯語類解』와 『同文類解』, 『蒙語類解』의 「昆蟲」部의 標題語 漢字를 比較하여 그 一致・不一致의 여부를 보면 다음과 같다.

　　1-1). 『倭語類解』와 『譯語類解』의 標題語 漢字가 一致하는 것 ---- 蝗蟲 蝌蚪 蟾蜍 蚯蚓 蜈蚣 臭蟲 등

　　1-2). 『倭語類解』와 『譯語類解』의 標題語 漢字가 一致하지 않은 것 ---- 蟋蟀 蛄 蛭 蠹 蜂 등의 單字로 構成된 標題語가 『譯語類解』와 一致하지 않는 것이 많다.

　　2-1). 『倭語類解』와 『同文類解』의 標題語 漢字가 一致하는 것 ----- 蜈蚣 螳螂 臭蟲 蝗蟲 蟒 등

　　2-1). 『倭語類解』와 『同文類解』의 標題語 漢字가 一致하지 않은 것 ----- 蚯蚓 蛇 螢 蠱 蜂 蟬 蟻 등 單字로 構成된 標題語가 『同文類解』의 標題語와 一致하지 않는 것이 많이 보인다.

　　3-1). 『倭語類解』와 『蒙語類解』의 標題語 漢字가 一致하는 것 --- 蟒 螳螂 蚯蚓 蜈蚣 등

　　3-2). 『倭語類解』와 『蒙語類解』의 標題語 漢字가 一致하지 않은 것 ----

蛄 蛭 蛛 蚤 虱 蛙 등의 單字로 구성된 標題語가『蒙語類解』의 標題語와
一致하지 않는 것이 많이 보인다.

『倭語類解』에 記載되어 있는 標題語 漢字와『譯語類解』·『同文類解』·『蒙
語類解』의 標題語와 一致·不一致를「昆蟲」部만을 샘플 調査한 結果, 標題語가
『倭語類解』와 一致하는 것도 보이나 一致하지 않는 것도 상당히 많이 보인다.
『倭語類解』와 他 類解書의 標題語 漢字가 一致하는 것은『倭語類解』의 標題語
漢字 成立과 他 類解書가 聯關이 있을 것으로 생각된다. 標題語가 一致하지
않는 것은『倭語類解』에 單字의 標題語에 相當히 많이 集中되어 있다는 것을
알 수 있다. 他 類解書와 一致하지 않은『倭語類解』의 單字의 標題語 漢字는
當時 日本에 널리 流布된 漢和辭典『倭玉篇』類(『享祿5年寫(1532) 玉篇略(倭玉
篇)』)의 標題語 漢字와 一致하는 경우가 많이 보이고 있다. 또한 單字의 標題語
에 記載되어 있는 日本語와 日本漢字音이『倭語類解』의 그것과 同一한 表記가
많이 보이는 것으로 보아 日本 國內 資料와의 聯關이 豫想된다.
　다음은『倭語類解』와『享祿5年寫 玉篇略(倭玉篇)』(1532)에 記載되어 있
는 標題語 漢字와 그 標題語에 記載되어 있는 日本語와 日本漢字音이 完全
히 一致하고 있는 用例를 보면 다음과 같다.

　蟲(チウ ムシ)蛄(コ ケラ)蛭(テツ ヒル)虱(シツ シラミ)蟋蟀(シツソ
ツ キリギリス)蟾蜍(センジョ ヒキカイル)

　이러한『倭語類解』의 日本語와 日本漢字音이 完全히 一致하는 用例가 日
本 國內資料인『享祿5年寫 玉篇略(倭玉篇)』에 많이 보여『倭語類解』의 標題
語 漢字의 出處는 日本 國內 語彙資料와도 關聯이 있을 것으로 생각된다[25].

---

[25]『享祿5年寫 玉篇略(倭玉篇)』은 川瀨一馬著『古辭書槪說』에 記載되어 있는「虫部」의 寫眞版을 參照
　　한 것이다. 『享祿5年寫 玉篇略(倭玉篇)』은 故人이 된 川瀨一馬의 私藏으로 되어 있어 全體的으
　　로는 管見할 機會를 갖지 못했다. 그러나 이 本과 類似本의 筆寫本으로 알려진 東京大學校 所
　　藏本을 參照했다.

이와 같이 『倭語類解』의 한자 標題語는 다른 外國語 類解書의 體制와 標題語 漢字의 影響을 상당히 받았을 것으로 推定되나, 他 類解書에 보이지 않는 것도 記載되어 있어 當時의 日本 國內資料의 語彙集의 影響도 排除할 수 없을 것으로 推定된다.

3. 『倭語類解』와 他 類解書의 標題語 漢字 比較

본 장에서는 『倭語類解』에 記載되어 있는 標題語 漢字가 어떤 性格의 標題語 漢字인지 알기 위해 『倭語類解』의 標題語 漢字와 當時의 他 外國語 類解書인 『譯語類解』·『同文類解』·『蒙語類解』의 標題語 漢字와 比較하기로 한다. 그리고 각 類解書의 標題語 漢字의 差異点을 糾明하여 『倭語類解』의 標題語 漢字의 成立 過程을 살펴본다

以下에서는 『倭語類解』의 標題語 漢字를 中心으로 하여 『譯語類解』·『同文類解』·『蒙語類解』의 그것과 각각 比較하고 『倭語類解』의 標題語 漢字와의 一致 與否를 論하기로 한다[26].
우선 『倭語類解』의 첫 部分에 該當되는 〈天文〉〈時候〉部에 記載되어 있는 標題語 漢字와 他 外國語의 類解書가 一致하는 것과 一致하지 않는 것을 比較하면 다음과 같다[27].

---

26) 類解書의 用例를 나타낼 때는 便宜上, 『譯語類解』·『同文類解』·『蒙語類解』·『倭語類解』를 각각 『譯』·『同』·『蒙』·『倭』로 略稱한다.
27) 『倭語類解』에서는 〈天文〉〈時候〉〈干支〉 등 53개의 部로 意味 分類한 것이 旣存의 『同文類解』와 『蒙語類解』의 部와 많이 一致하고 있다. 그러나 『同文類解』와 『蒙語類解』에서의 地理부가 『倭語類解』에서는 〈地理〉〈江湖〉〈方位〉로 細分한 것 등 약간의 差異가 보인다.

〈天文〉

○『倭』에만 記載되어 있는 標題語 漢字- 天 旱 牽牛星 織女星 東風 西風 南風 東南風 西南風 東北風 西北風 順風 逆風 旋風 暴風 急雨 雹 霢 霰 祈雨 曀 晴 虹 瑞氣

○『譯』과 『倭』에 共通으로 보이는 標題語 漢字- 霹靂 銀河

○『倭』와 『譯 補』에 共通으로 보이는 標題語 漢字- 飄風

○『倭』와 『蒙 補』에 共通으로 보이는 標題語 漢字- 老人星

○『倭』와 『同』에 共通으로 보이는 標題語 漢字- 月蝕 月暈 三台星 霜

○『譯』『蒙』『同』『倭』에 共通으로 보이는 標題語 漢字- 驟雨 霖雨

○『倭』『蒙』『同』에 共通으로 보이는 標題語 漢字- 日暈 日蝕 七星 參星 星 細雨 雲 霞 霧 電 雷 雪[28]

〈時候〉[29]

○『倭』에만 記載되어 있는 標題語 漢字- 翌年 來年 周年 歲 月 三月 四月 五月 六月 七月 八月 九月 十月 今月 當月 去月 來月 晦 朔 名日 百種 秋夕 卽日 再昨日 明後日 頃日 何日 幾日 短咎 達夜 平日 曉 暮 早 晚 月夜 更點 罷漏 昨夕 今夕 其時 此時 何時 時 陰 陽 明 朗 昏 暗 溫 暄 和 暑 冷 凉 寒 日影 照 暎 曝 朝 夕(『同』-朝夕)

○『譯』과 『倭』에 共通으로 보이는 標題語- 寒食 七夕　重陽 臘日

○『倭』와 『蒙』에 共通으로 보이는 標題語 漢字- 晝 夜

○『倭』와 『同』에 共通으로 보이는 標題語 漢字- 十一月 十二月 處暑 日 翌日 人定

○『譯』『同』『倭』에 共通으로 보이는 標題語 漢字- 端午 初伏 中伏 末伏 冬至 燠熱

○『譯』『蒙』『同』『倭』에 共通으로 보이는 標題語 漢字--春 夏 秋 冬 今年 明年 上弦 下弦 除夕 今日 昨日 明日 夕陽

○『倭』『蒙』『同』에 共通으로 보이는 標題語- 昨日 當年 去年 朞年 豊年

---

28) 『譯語類解』에는 雲- 雲開了 霞- 晚霞 霧- 下霧 電- 電住了 雷- 雷打了 雪 -雪住了 등과 같이 『倭語類解』의 單字를 포함한 複合語의 標題語 漢字가 많이 보이고 있다.

29) 『譯語類解』와 『同文類解』, 『蒙語類解』에서는 〈時令〉으로 分類되어 있다.

凶年 年 正月 二月　閏月 時節 立春 終日 時

　위의『倭語類解』의 〈天文〉〈時候〉의 用例 中,『倭語類解』에서만 記載되어 있는 標題語 漢字는 같은 意味의 標題語 漢字가 다른 類解書에도 많이 보이고 있지만, 同一한 標題語 漢字는 아니다. 그 외에『倭』·『蒙』·『同』에 共通으로 보이는 標題語 漢字가 있고,『倭』와『同』에 共通으로 보이는 標題語 漢字,『譯』과『倭』에 共通으로 보이는 標題語 漢字 등 他 類解書와 一致되는 標題語 漢字도 一部 보인다. 이와 같이『倭語類解』의 標題語 漢字는『倭語類解』에 獨自的으로 보이는 것과 他 類解書와 一致되는 標題語 漢字가 同時에 收錄되어 있다.

　全體的으로는『倭語類解』에만 記載되어 있고 다른 類解書에는 보이지 않는 獨自的인 標題語 漢字가 壓倒的으로 많이 보인다30). 그러나 一部 他 外國語 類解書와 一致하는 標題語 漢字도 보이고 있다.『倭語類解』와 다른 類解書의 標題語가 一致하는 資料는『譯』·『同』·『蒙』이 모두 一致하는 標題語와『譯』과『倭』가 一致하는 標題語 등이 보이지만, 全體的으로는『同』·『蒙』·『倭』의 標題語가 서로 一致하는 例가 가장 많이 보인다.

　또한『倭語類解』에만 記載되어 있고 다른 類解書에는 보이지 않는 獨自的인 標題語 漢字로 분류되는 것을 他 類解書에서는『倭語類解』의 單字 標題語를 包含한 2字類의 標題語 漢字가 많이 보인다.『倭語類解』의 〈天文〉에 分類된 標題語 漢字「天」은『同文類解』·『蒙語類解』에서는「하날」에 해당되는「天道」의 標題語 漢字로 표기되어 있다. 이와 같이『倭語類解』의 單字 標題語 漢字가 他 類解書에서는 똑같은 意味의 2字 以上의 標題語 漢字로 되어 있는 것이 상당히 많이 보인다. 따라서『倭語類解』의 單字 標題語 漢字의 採擇過程과 聯關이 있을 것으로 생각된다. 또한『倭語類解』의 標

---

30) 연규동(1996)『근대 국어 어휘집 연구-유해류 역학서를 중심으로-』(서울대학교 박사학위 논문)에 의하면『倭語類解』와 다른 司譯院의 類解類 文獻과의 比較에서 書誌 形態와 部類, 標題語 漢字가 서로 다른 方式을 취하고 있다는 것을 論하고 있다.

題語 漢字「旱」에 該當되는 標題語가『譯語類解』에서는「天旱」(가므다)으로,『倭語類解』의「旋風」에 該當되는 標題語가『同文類解』와『蒙語類解』에서는「旋」과「風」과 같이 각 單字 標題語로,『倭語類解』의「晴」에 該當되는 標題語는『同文類解』에서는「晴了」로 각기 다른 漢字로 表記되어 있다. 이러한 用例는『譯語類解』·『同文類解』·『蒙語類解』에 散在되어 있어『倭語類解』의 標題語 漢字의 採擇時 旣存의 類解書를 參照했을 可能性이 많다고 할 수 있다.

다음은『倭語類解』의 單字의 標題語 漢字를 包含한 2字 以上의 標題語 漢字가 他 類解書에 많이 보이는 〈身體〉〈性情〉〈珍寶〉部의 用例를 보면 다음과 같다.

〈身體〉

○『倭』에만 記載되어 있는 標題語 漢字 - 身(『譯』『蒙』『同』身子) 頂(『譯』-頭頂) 顔 鬢 眉 目(『譯』『同』『蒙』-眼) 白晴(『譯』-眼晴) 瞳(『譯』『同』『蒙』- 眼瞳) 眸 耳(『譯』『同』『蒙』-耳朶) 鼻(『譯』『同』『蒙』-鼻子) 鼻孔 脣 舌(『譯』『同』『蒙』-舌頭) 齦 門齒(『譯』-門牙) 奧齒 齠齔 勒鬚 髮 項 肩(『譯』『同』『蒙』-肩膀) 肘 腋 掌(『譯』『同』『蒙』-手掌) 指(『同』『蒙』-手指,『譯』-手指頭) 爪 拳(『譯』『同』『蒙』-拳頭) 胸(『譯』『同』『蒙』-胸膛) 乳 腹 臍 腰(『譯』『同』『蒙』-腰身) 臀(『同』-臀子) 陰囊 腿(『同』『蒙』-腿子) 膝(『譯』-曲膝) 脛 足(『蒙』『同』-脚,『譯』-脚子) 足背(『譯』『同』『蒙』-脚背) 足掌(『譯』『同』『蒙』-脚掌) 跟(『同』『蒙』-脚跟) 骨(『同』『蒙』-骨頭) 皮(『同』『蒙』-皮子) 肌(『同』『蒙』-肌膚) 肝(『譯』『同』『蒙』-肝花) 肺(『譯』『同』『蒙』-肺子) 腎 腸(『同』-腸子,『譯』-大腸子, 小腸子) 膽 膀胱 三膲 屎 糞 牙 齒(『譯』『蒙』『同』-牙齒 하나의 標題語) 脊 背(『譯』『蒙』『同』-脊背 하나의 標題語) 陽物 陰門 額 顱(『譯』『蒙』『同』- 額顱 하나의 標題語) 腮 頰(『譯』『蒙』『同』- 腮頰 하나의 標題語) 五臟 六腑

○『譯』『倭』에 共通으로 보이는 標題語 漢字- 瞼 鼻樑 人中 鬚 髥

○『同』『倭』에 共通으로 보이는 標題語 漢字- 白髮

○『譯』『同』『蒙』『倭』에 共通으로 보이는 標題語 漢字- 頭 口 咽喉 手背 拇指 指人指 長指 無名指 小指 背 心 屎

○『同』『蒙』『倭』에 共通으로 보이는 標題語 漢字- 譬 手 手腕(『譯』-手腕子) 脚(『譯』-脚子) 骨髓 筋 脾 胃 血 脉

〈性情〉

○『倭』에만 記載되어 있는 標題語 漢字 - 性(『蒙』『同』- 天性) 情 志 意(『蒙』『同』-意思) 聖 賢 禮 德 行(『蒙』『同』-行孝) 敬 愼 猛 謀 慧 純直 端正 小心 和(『同』『蒙』-雍和,『同』-和同) 順(『蒙』『同』-順啊) 寬 柔(『蒙』『同』-軟柔) 剛 敏(『同』『蒙』-敏捷) 詳 察 樂(『蒙』『同』-樂了) 愛(『同』『蒙』-愛疼) 憎 慾 吝(『同』-性吝,『蒙』-慳吝) 惜(『蒙』『同』-愛惜) 善(『同』-善啊) 惡(『蒙』『同』-性惡,『同』-惡啊) 健 儉(『同』-儉朴了,『蒙』-儉素) 奢(『蒙』-奢侈) 誠款 確實 木强 倨慢(『同』『蒙』-倨傲) 迂濶(『蒙』『同』-手濶) 唐突 汎濫 確實(『同』-眞實) 殘忍 姦惡(『同』-姦慝,『蒙』-姦猾) 公正 勤 愚(『蒙』『同』-愚蠢) 拙 迷 惑(『蒙』『同』-疑惑) 躁(『同』『蒙』-性躁) 鈍 術 恣 姦 慢 癡 虛 悖惡(『同』-悖逆)

○『同』『倭』에 共通으로 보이는 標題語 漢字- 貞 聰明(『蒙』-聰) 純朴 貪(『蒙』-使黑心) 哀(『同』에서〈容貌〉에 分類됨) 固執 懶(『蒙』-懶惰) 巧 淫亂

○『同』『蒙』『倭』에 共通으로 보이는 標題語 漢字- 仁 義 智 忠 孝 誠 信 才 能 勇 穎悟 喜 怒 壯 强 弱(『蒙』『同』에는〈容貌〉에 分類됨) 偏僻

〈珍寶〉

○『倭』에만 記載되어 있는 標題語 漢字- 寶(『譯』『蒙』-寶貝) 金(『譯』『蒙』『同』-金子) 泥金 銀(『蒙』『譯』『同』-銀子) 珠(『譯』-珠子) 無孔珠 貝 銅(『譯』『蒙』『同』-紅銅) 鍮(『蒙』『同』-鍮鐵) 鑞(『譯』『蒙』『同』-錫鑞) 烏銅 生銅 熟銅(『同』-熟鐵) 尺銅 含錫 鑄 鎔 鍊(『同』-鍊鐵) 蠟(『譯』-蜜蠟珠,『蒙』『同』-蜜蠟,『蒙』『同』-黃蠟) 白蠟 阿膠

○『譯』『倭』에 共通으로 보이는 標題語 漢字-一 螺鈿(『譯』-鈿螺) 犀角 磁石(『譯』-磁石 指南石)

○『蒙』『倭』에 共通으로 보이는 標題語 漢字- 錫

○『同』『倭』에 共通으로 보이는 標題語 漢字- 鉛(『譯』『蒙』-黑鉛)

○『譯』『同』『蒙』『倭』에 共通으로 보이는 標題語 漢字-水銀 珠(『蒙』『同』-東珠) 玉 琥珀 珊瑚 瑪瑙 蜜蠟(『蒙』『同』-蜜蠟,『譯』-蜜蠟珠) 玳瑁 琉璃 水晶

象牙

　　○『同』『蒙』『倭』에 共通으로 보이는 標題語 漢字-錢 鐵 朱砂 硼砂 白礬
砒霜 焰焲,

　위의 『倭語類解』의 〈身體〉부의 標題語 「身」(『譯』・『同』・『蒙』-「身子」),
「頂」(『譯』-「頭頂」)을 보면 『譯』・『同』・『蒙』에서는 「身子」, 『譯』에서는
「頭頂」과 같이 記載되어 있어 『倭』의 單字의 標題語 漢字를 包含한 「身子」
「頭頂」로 되어 있다. 또한 〈性情〉〈珍寶〉部에서도 『倭』의 單字의 標題語
漢字가 『譯』・『同』・『蒙』에서는 『倭』의 單字의 標題語 漢字를 包含한　2字
以上의 標題語로 構成이 되어 있는 것이 많이 보이고 있다.

　『倭』의 單字의 標題語 漢字가 「跟」(『同』・『蒙』-脚跟), 「骨」(『同』・『蒙』-
骨頭) 「皮」(『同』・『蒙』-皮子), 「肌」(『同』・『蒙』-肌膚)와 같이 『同』・『蒙』에
는 『倭』의 單字의 標題語 漢字를 包含한 2字 以上의 標題語로 構成이 되어
있는 것도 많이 보이고 있다.

　다음은 『倭語類解』에만 記載되어 있는 標題語 漢字가 『同』과 『蒙』에 類
似한 標題語가 많이 보이는 〈文學〉部를 살펴보면 다음과 같다.

〈文學〉31)

　　○『倭』에만 記載되어 있는 標題語 漢字- 文(『蒙』『同』-文書) 學(『同』『蒙』-
學了) 敎(『同』『蒙』-敎他) 訓 誦 習 講(『同』『蒙』『譯』〈學敎분류〉-講書) 讀(『蒙』
『同』-讀書) 吟(『蒙』『同』-吟咏) 題(『蒙』『同』-題目) 風月 次韻 篆(『同』-篆字寫)
寫(『同』『蒙』『譯』〈學敎분류〉-寫字) 正書(『蒙』『同』-正字寫), 草書(『蒙』『同』
-草字寫) 半行 能筆 法帖 記草(『蒙』『同』-草稿) 日記 諺文 劃(『同』-劃了) 水墨
冊(『蒙』『同』-本子) 卷 紋紙 色紙 硯箱 硯滴 書案 書鎭
　　○『倭』와 『蒙』에 共通으로 보이는 標題語 漢字- 曆書(『同』-皇曆)
　　○『倭』『蒙』『同』에 共通으로 보이는 標題語- 工夫 註 點 畵 紙 筆 墨 硯

---

31) 『譯語類解』에서는 「公式」「學敎」「科擧」로 分類하고 있다.

위의 『倭』에만 記載되어 있는 標題語 漢字 중, 「文」「學」「敎」 등은 각각 『同』·『蒙』에서 『倭』의 標題語 漢字「文」「學」「敎」를 포함한 「文書」「學了」 「敎他」의 標題語 漢字가 記載되어 있다. 『倭』에 記載되어 있는 이러한 單字 의 標題語 漢字는 『同』·『蒙』의 標題語 漢字와 無關하지 않고 그 成立에 聯關이 있을 것으로 생각된다.

다음은 『倭語類解』에만 記載되어 있는 標題語 漢字가 『譯』에 類似한 標 題語가 많이 보이는 다음의 〈婚娶〉부를 살펴보면 다음과 같다.

〈婚娶〉32)

　　○『倭』에만 記載되어 있는 標題語 漢字- 中媒(『譯』-媒人 듕매〈婚娶분류〉) 處女(『譯』-黃花女 未嫁女〈婚娶분류〉) 八字 配(『譯』-配耦 配匹〈婚娶분류〉) 嫁(『譯』-嫁與人〈婚娶분류〉) 娶(『譯』-娶娘子〈婚娶분류〉) 孕 胎(『蒙』『譯』-胎 胞〈孕産분류〉) 生(『譯』-生下〈孕産분류〉) 産(『蒙』『同』『譯』-分娩〈孕産분 류〉) 經水 男 女
　　○『倭』『蒙』『同』에 共通으로 보이는 標題語- 婚姻(『蒙』『同』〈禮度분 류〉, 『譯』-主婚) 襁褓(『譯』〈孕産분류〉)

위의 『倭』에만 記載되어 있는 標題語 漢字 중, 「中媒」「嫁」「生」 등은 각 각 『譯』의 標題語 漢字「媒人 듕매」「嫁與人」「生下」와 類似한 것이 보이는 것으로 보아 『倭』의 標題語 漢字가 『譯』의 그것과 無關하지 않다. 위의 이 러한 用例는 『譯』의 標題語 漢字와 相當히 類似한 것이라 할 수 있다.

다음은 『倭語類解』의 標題語 漢字와 『同』·『蒙』의 標題語 漢字와 一致하 는 것이 다음의 〈干支〉〈國號〉〈江湖〉部에 많이 보인다.

---

32) 『譯語類解』에서는 「婚娶」82, 「孕産」74.로 分類하고 있고, 『同文類解』와 『蒙語類解』에서는 「禮度」 「孕産」로 分類하고 있다.

〈干支〉33)

○『倭』『蒙』『同』에 共通으로 보이는 標題語- 甲 乙 丙 丁 戊 己 庚 辛 壬 癸 子 丑 寅 卯 辰 巳 午 未 申 酉 戌 亥

〈國號〉34)

○『倭』에만 記載되어 있는 標題語 漢字- 淸 杞 許 薛 虢 三韓 新羅 百濟 遼 金 日本(『蒙』『同』-倭子) 安南 琉球 南蠻 北狄 胡
○『蒙』『同』에 共通으로 보이는 標題語 - 滿洲 野人
○『倭』『蒙』『同』에 共通으로 보이는 標題語- 虞 夏 殷 周 秦 漢 蜀 晉 隨 唐 宋 元 明 魯 衛 鄭 曹 陳 蔡 吳 越 楚 齊 燕 韓 魏 趙 勝 朝鮮 高麗 蒙古 獞子

〈江湖〉35)

○『倭』에만 記載되어 있는 標題語 漢字 - 河(『譯』-河水) 島(『蒙』『同』『譯』- 海島子) 絶島 澤 源(『蒙』『同』- 水源) 灘(『蒙』『同』-灘裏, 『譯』-灘裡) 淵 池(『蒙』『同』『譯』-池塘) 汀 洲 濱 渚 灣 派(『同』-水) 磵 津(『譯』『蒙』『同』-津頭) 渠(『譯』-溝子, 『蒙』『同』-溝) 溫井 潦 水鈴 水宗 汐水 逆水(『蒙』『同』『譯』-潮上) 順水 (『蒙』『同』『譯』-潮退) 流(『同』『蒙』- 水流) 波(『譯』-波浪, 『蒙』『同』-水波浪) 潰 溢(『蒙』『同』-水溢) 湧(『蒙』『同』-湧出) 泡(『蒙』『同』-水泡) 涵 溺 漏 滴 灑 淘 滋 濕 注 汲 澌(『同』-結澌) 凝 凍(『同』『蒙』-氷凍) 消 滑(『同』-滑了, 『蒙』-滑啊) 瘴
○『倭』『蒙』『同』에 共通으로 보이는 標題語 漢字- 江 海 湖 川 泉 瀑布 潭(譯-龍潭) 浦 溪 井 水 潮水 清濁 沈 淺 浮 沈 氷(譯-氷牌 등)

위의 〈干支〉는 『倭語類解』에서는 하나의 部로 分類하고 있지만, 『譯』에서는 보이지 않고 『蒙』·『同』에서는 〈時候〉에 모두 記載되어 있다. 이러한 점으로 보아 『倭語類解』의 〈干支〉의 標題語 漢字는 『蒙』·『同』의 22개의

---

33) 『譯語類解』에는 보이지 않고 있으나 『同文類解』와 『蒙語類解』에는 〈時候〉에 包含되어 있다.
34) 『同文類解』와 『蒙語類解』에서는 〈國號〉部를 下卷에 分類하고 있다.
35) 『譯』·『同』·『蒙』에서는 〈地理〉部로 分類하고 있다.

標題語 漢字와 완전히 一致하고 있어 그 聯關性을 엿볼 수 있다. 〈國號〉에서도 『蒙』・『同』과 완전히 一致하는 標題語 漢字가 많이 보이고 있고 〈江湖〉部에서도 『倭語類解』의 標題語 漢字와 『同文類解』와 『蒙語類解』와 完全히 一致하는 標題語 漢字가 많이 보인다. 『倭語類解』의 標題語 漢字와 『同文類解』・『蒙語類解』의 標題語 漢字가 一致하는 것은 四學의 類解書의 標題語 漢字를 比較한 全體的인 傾向이라고 할 수 있다. 따라서 『倭語類解』의 標題語 漢字는 『同文類解』와 『蒙語類解』와 關係가 깊을 것으로 判斷된다.

다음은 『倭語類解』의 標題語 漢字와 『譯』・『同』・『蒙』의 標題語 漢字와 一致하는 것이 다음의 〈飮食〉部에 많이 보인다.

〈飮食〉36)

○『倭』에만 記載되어 있는 標題語 漢字- 午飯(『譯』-상飯99) 夕飯(『譯』-晚飯저녁밥) 熟水(『譯』-熟肉, 『同』-熟了) 羹(『譯』-粉羹) 饌(『同』『蒙』-飯菜) 肴 麴(『譯』-麴子, 『蒙』『同』-酒麴) 釀(『譯』『蒙』-釀酒) 漉 滓 膾(『蒙』『同』-鱠 〈通稱회〉) 饅(『譯』『蒙』『同』-饅頭) 駝酪(『譯』-酪타락) 甘醬 醢(『譯』-魚鮓) 屑 蜜(『譯』『同』-蜂蜜) 蜜果 飴糖 雪糖 氷糖 五花糖 橘餅 葛粉 烹 蒸(『蒙』『同』-蒸了, 『譯』-蒸餅) 炙 煮(『蒙』『同』-煮了, 『譯』-煮肉) 煎 爛 凝 淸 生(『譯』-生肉, 『蒙』『同』-生的) 熟(『蒙』『同』-熟了〈通稱닉다〉, 『譯』-熟肉) 盛 嘗(『蒙』『同』-嘗嘗, 『譯』-嘗味) 食(『蒙』『同』- 喫了) 餇(『蒙』『同』-給他喫) 甘(『蒙』『同』『譯』-甛) 焄(『蒙』『同』『譯』-香) 羶(『蒙』『同』『譯』-臊氣) 腐(『蒙』『同』『譯』-爛了) 腐臭 尿臭 嗅 吞(『蒙』『同』『譯』-吞下) 舐(『譯』-舔喫, 『蒙』『同』-舔) 齕(『譯』-齦, 『蒙』『同』-齦了) 嚼(『譯』-嚼, 『蒙』『同』-嚼了, 『譯』-含者一云嚙) 含(『譯』『同』『蒙』-含下) 匝口 嗦 咽塞 喉乾 嗜(『譯』-好喫) 飽(『譯』『同』-飽了) 餕 厭 飢 渴 炭(『譯』-煤炭, 『同』-煤火, 『譯』『同』-石炭) 焚(『蒙』『同』-火燒) 爨 燒(『蒙』『同』-燒了) 炊 烟 烟鎖 熄

○『譯』과 『倭』에 共通으로 보이는 標題語- 早飯 酒 淸酒 餅(『同』-燒餅

---

36) 『譯語類解』에서는 「食餌」로 分類하고 있다.

薄餠, 『蒙』-燒餠)) 麵 橙丁 臭 吐(『同』『蒙』-吐哺)

　　○『同』과 『倭』에 共通으로 보이는 標題語 漢字- 濁酒(『譯』『蒙』- 渾酒 濁酒)

　　○『譯』『同』『蒙』『倭』에 共通으로 보이는 標題語 漢字- 燒酒 肉 豆腐 淸 醬 醋 砂糖 苦 辛 酸 鹹 淡 腥 葷

　　○『倭』『蒙』『同』에 共通으로 보이는 標題語- 飯 粥 鹽 油(『譯』-油骨) 炒 (『譯』-炒肉) 湯 味 吮 火

　위의 〈飮食〉部에서는 『倭』·『譯』·『同』·『蒙』의 모든 資料에 標題語가 모두 一致하는 用例가 많이 보인다. 또한 『倭』와 『譯』의 標題語 漢字가 一致하는 用例와 『倭』·『同』·『蒙』의 標題語 漢字가 一致하는 用例가 보이는 것으로 보아 『倭語類解』의 標題語 漢字 成立에 他 外國語 類解書인 『譯』·『同』·『蒙』의 標題語 漢字와 聯關이 있을 것으로 생각된다.

　다음은 『倭語類解』와 『譯語類解』의 標題語가 一致하는 다음과 같은 〈水族〉部도 보인다.

〈水族〉

　　○『倭』에만 記載되어 있는 標題語 漢字- 鰡魚, 銀口魚 鮒魚 廣魚 鮪魚 鱣魚 松魚 鮛魚 鏡魚 石魚 鰍魚 乾古魚 鱗 鰾 龜 鼈 螺 蛤 紅蛤 生鰒 熟鰒 全鰒 蟹, 石花, 鰕(새오하 譯-蝦兒새오), 魚餌

　　○『譯』과 『倭』에 共通으로 보이는 標題語 漢字- 民魚 家鷄魚 洪魚 芒魚 鰷魚, 烏賊魚 古道魚 小八梢 鯖魚 倒蟲 蟶腸

　　○『同』과 『倭』에 共通으로 보이는 標題語 漢字-蛟龍,

　　○『譯』『同』『蒙』『倭』에 共通으로 보이는 標題語 漢字- 鯉魚 鯊魚 鰱魚 魴魚 鱸魚 八稍魚 大口魚 河魨 鮎魚 海蔘

　　○『同』『蒙』『倭』에 共通으로 보이는 標題語 漢字- 龍 魚 鯨

　위의 〈水族〉部는 『倭語類解』와 『譯語類解』의 標題語 漢字가 一致하는

것이 많이 보이는 部이다. 앞에서 논한 바와 같이 一般的으로 『倭語類解』
의 標題語 漢字는 『同文類解』와 『蒙語類解』의 標題語 漢字가 一致하는 傾向
이 강하나, 이 〈水族〉部에서는 『譯語類解』의 標題語 漢字와 많이 一致한
다. 따라서 『倭語類解』의 標題語 漢字는 『譯語類解』의 그것과 깊은 聯關이
있을 것으로 判斷된다.

다음에 나타내는 『倭語類解』의 標題語 漢字는 他 類解書와 一致하지는 않지
만, 그 標題語 漢字와 聯關性이 있는 것도 많이 보인다. 예를 들면 『譯語類解』
(亞細亞文化社 影印本1974) p216의 〈水族〉部에 分類된 「秋生魚」 標題語 下段
에 「은구어」라는 한글로 記載되어 있어, 『倭語類解』의 標題語 「銀口魚」와
關聯이 있을 것으로 생각된다.

또한 『倭語類解』의 〈水族〉部에 分類된 「鮒魚」 標題語도 『譯』·『同』·『蒙』
에는 標題語 漢字 「鯽魚」가 보이고 있고 그 下段에 『譯』(p216)에는 「붕어」로,
『同』(p211)과 『蒙』(p171)에는 「부어」라는 한글로 각각 記載되어 있다. 이러
한 점으로 보아 『倭語類解』의 編纂時, 他 外國語 類解書의 한글의 意味 部分을
參考했을 것으로 判斷된다. 이외에도 旣存의 他 外國語 類解書에 보이는 標題語
漢字의 下段에 그 意味를 한글로 記載한 것을 『倭語類解』에서 그대로 標題語
漢字로 記載된 〈水族〉의 用例를 들면 다음과 같다. 『倭語類解』의 「紅蛤」 標題語
도 『譯語類解』(p218)와 『同文類解』(p213)에서 標題語 漢字 「淡菜」 下段에 『倭
語類解』의 標題語 漢字와 同一한 「홍합」이 그 下段에 記載되어 있고 『蒙語類解』
(p172)에는 다른 標題語 漢字 「海紅」의 下段에 역시 「홍합」이 한글로 記載되어
있다. 이러한 사실로 보아 『倭語類解』의 標題語 漢字는 일부 他 類解書를
參考했을 것으로 判斷된다.

또한 『倭語類解』의 〈水族〉부의 「鏡魚」와 「石魚」에 該當되는 標題語 漢
字에 『譯語類解』에는 「鏡子魚(p217)」 「石首魚(p216)」가 記載되어 있어 『倭
語類解』의 標題語 漢字의 採擇過程과 關聯이 있을 것으로 생각된다.

다음은 『倭語類解』의 標題語 漢字와 同一하지는 않지만 標題語 漢字의 한글 訓과 一致하는 用例가 다음과 같이 많이 보인다.

『倭語類解』〈水族〉部의 標題語 漢字「鱗」의 右側 下段에 標題語 漢字에 대한 한글 訓과 音에「비늘린」으로 記載되어 있고『同』과『蒙』(p172)에는 標題語 漢字「魚鱗」의 下段에 우리말「비늘」로 記載되어 있어 訓에 該當되는 漢字「鱗」을『倭語類解』에서 採擇한 것으로 생각된다. 이외에도『倭語類解』의 한글 訓과 一致하는〈水族〉의 用例는 다음과 같다.

「鰾」(부레표『倭』)「魚鰾」(블에『譯』p218・「魚鰾」(부레『同』 p107『蒙』 p172)
「龜」(거복귀『倭』)「烏龜」(거복『同』p212『蒙』p172)
「鼈」(쟈라별『倭』「王八」(쟈라『譯』p216『同』p212『蒙』p172)
「螺」(쇼라라『倭』)「螺蛳」(쇼라『譯』p218『同』p212『蒙』p172)
「蟹」(게히『倭』)「螃蟹」(게『譯』p217),
「鰕」(새오하『倭』「蝦兒」(새오『譯』p217)

『倭語類解』와 日本 國內資料『慶長15年版 倭玉篇』(1610)의 關聯에 대해서 다음과 같은 것이 보인다.

『倭語類解』에만 記載되어 있는「鯔魚」는『慶長15年版 倭玉篇』에는「鯔」으로 記載되어 있고『倭語類解』에 記載되어 있는 日本漢字音「し」와 日本語訓「いせごい」가『倭玉篇』과 거의 一致하고 있다[37].

또한『倭語類解』에만 記載되어 있는 標題語 漢字「鱗」도『倭玉篇』에 同一한 標題語 漢字「鱗」으로 記載되어 있으며 日本漢字音「りん」과 日本語「うろくづ」「うろこ」가 모두 一致하고 있다.

---

37) 일본 교오또대학(京都大)의 에이헤이지(永平寺)본『倭語類解』에는「いせご」까지 記載되어 있으나, 한국 국립도서관본에는「いせごい」로 기재되어 있어「いせごい」의 脫字로 생각된다.

『譯』・『同』・『蒙』・『倭』에 共通으로 보이는 標題語 漢字 「鯉魚」「鱸魚」도 『倭玉篇』에는 「鯉」「鱸」로 記載되어 있으며 각각의 日本漢字音「り」,「ろ」와 日本語「こい」,「すずき」가 一致하고 있다.

『倭語類解』의 部 중, 標題語 漢字가 單字이면서 다른 類解書에 보이지 않고 『倭語類解』에 單獨으로 많이 보이는 〈飛禽〉과 〈昆蟲〉〈樹木〉部를 보면 다음과 같다.

〈飛禽〉

○『倭』에만 記載되어 있는 標題語 漢字- 鳥 鸞(『蒙』『同』-鸞鳳) 鶴(『譯』『蒙』『同』-仙鶴) 鵬(『同』『蒙』-雀兒) 鷲 白鷺(『蒙』『同』-鸎鸎백노) 鵠 鷊 鸛 鸕鷀 鷰(『譯』-鷰老鳥) 鷗(『譯』『蒙』『同』-江鷹) 鸝 鶺 鳶 鵁 鵲鴣 鸎(『譯』-黃鳥, 『蒙』『同』-黃鸝) 鷿(『譯』『同』-水札子) 鸊 鶍(『蒙』『同』-可鴣) 梟 鷦(『譯』-拙鷦, 『蒙』『同』-拙燕) 鴷(『譯』-啄木官, 『蒙』『同』-啄木官) 雉(『蒙』『同』『譯』-野鷄) 鷄(『蒙』『同』『譯』-家鷄) 鳩(『譯』『蒙』『同』-鴿子)38) 烏(『蒙』『同』-老鴉) 鵲(『譯』『蒙』『同』-喜鵲) 鶉(『蒙』『同』『譯』-鷓鶉) 雀(『譯』『蒙』『同』-麻雀) 雀噪 羽(『譯』-鷄翎, 『同』-翎兒) 翼(『譯』-鷄翅膀, 『蒙』『同』-翅膀) 卵(『蒙』『同』-蛋, 『譯』-鷄鳴) 刷羽 飛(『蒙』『同』-飛了) 鳴 啄(『蒙』『同』-啄喫) 攫(『譯』-啄鳴) 巢 棲 鳥餌(『蒙』『同』-鳥食)鳳 凰39)

○『譯』과 『倭』에 共通으로 보이는 標題語 漢字- 雁(『蒙』『同』-隨陽鳥) 鶬鶊 鵝(『蒙』『同』-鵝子) 胡鷰(『譯』-胡鷰, 『蒙』『同』-巧燕) 鴨(『譯』『蒙』『同』-鴨子)

○『譯』『同』『蒙』『倭』에 共通으로 보이는 標題語 漢字- 孔雀 鴛鴦 鸚鵡 鵯鶋 杜鵑 鶬鶊 蝙蝠

○『同』『蒙』『倭』에 共通으로 보이는 標題語 漢字- 翡翠(『譯』-翠雀) 鷹(『譯』-秋鷹) 鷦鴿 雛(『譯』-鵝雛),嘴 踞

---

38) 한글表記는 『倭語類解』와 『同文類解』가 「비들기」로 一致하고 있다.
39) 『蒙』・『同』・『譯』에서는 2字類 「鳳凰」으로 標題語를 提示하고 있다.

〈昆蟲〉

○『倭』에만 記載되어 있는 標題語 漢字- 蟲 蛇 毒蛇 蝘 蝶 螢 蠹 蜂 蟬 蜓 蚱 蜉蝣 蟋蟀 蛋 蛄 蠅 蚊 螶 蝸 蛭 蟻 蚚蠖 蛛 蚤 虱 蟣 蠱 蝦蟆 蟾 蛙 蜺 蛆 蟒 蠢 蚑 蟠 蟲損

○『譯』과『倭』에 共通으로 보이는 標題語 漢字- 蟾蜍 蝌蚪

○『譯』『同』『蒙』『倭』에 共通으로 보이는 標題語 漢字- 蝗蟲 蚯蚓 蜈蚣 臭蟲

○『同』『蒙』『倭』에 共通으로 보이는 標題語 漢字- 蟒 螳螂(『譯』-蟷蜋)

〈樹木〉

○『倭』에만 記載되어 있는 標題語 漢字- 桂(『譯』-桂樹) 松(『譯』『同』『蒙』-松樹) 栢(『譯』-栢松) 桑(『譯』『同』『蒙』-桑樹) 杉(『譯』『同』『蒙』-杉木) 棕櫚 杜冲 柳(『譯』『同』『蒙』-柳樹) 檜(『譯』『同』-檜松) 楡(『譯』-栢楡樹.『同』『蒙』-栢楡樹) 楸 橡 楮 槐(『譯』『同』『蒙』-槐樹) 椵(『譯』『同』『蒙』-椵木) 檀 樺(『譯』『同』-樺皮木) 楓 檢 藤(『同』〈花草〉분류- 藤子) 枳 杻 荊 松子(『譯』-松塔子) 丹楓40) 株 根(『同』『蒙』- 木根化) 枝(『同』『蒙』-枝條) 梢 藁 板(『同』『蒙』-板子) 材 朽 楂 藪 薪 柴木

○『同』『倭』에 共通으로 보이는 標題語 漢字- 寄生(『同』〈花草〉분류-寄生草)

○『譯』『同』『蒙』『倭』에 共通으로 보이는 標題語 漢字- 梧桐『(譯』-梧桐樹) 蘇木

○『同』『蒙』『倭』에 共通으로 보이는 標題語 漢字- 樹 竹 葉 林

위의 〈飛禽〉部와 〈樹木〉部, 〈昆蟲〉部의 標題語에는『倭語類解』에만 記載되어 있고 다른 類解書에는 보이지 않으며 특히 그 標題語가 單字인 標題語 漢字가 많이 보인다. 前述한 바와 같이『倭語類解』에 記載되어 있는 標題語 漢字의 特徵은 他 外國語 類解書보다 單字(1字)의 標題語 漢字가 壓

---

40)『譯』·『同』·『蒙』에 標題語 漢字「秋景」의 하단에『倭語類解』의 標題語와 동일한「丹楓」이 보인다.

倒的으로 많이 보인다는 점이다.

『倭語類解』의 本文에는 53개의 意味分類에 標題語 漢字의 數는 3234개이다. 이 標題語 漢字의 語形은 1字(單字, 한 音節)의 漢字와 2字(2音節)以上의 標題語 漢字로 크게 分類할 수 있다. 이중, 『倭語類解』에 보이는 1音節 漢字語는 1929개이고 2音節以上의 漢字語는 1305개이다. 1音節 漢字語가 다른 類解書와 比較하면 월등히 많은 比率을 나타내고 있다.

單字의 標題語와 關聯해서 當時 日本 國內資料 중, 거의 大部分이 單字의 標題語 漢字로 記載되어 있으며 『倭語類解』의 日本語와 日本漢字音 記載方法과 類似한 『倭玉篇』이라는 資料가 전해진다.

『倭玉篇』은 漢字의 部首別로 用例가 分類되어 있는 一種의 漢和辭典으로 本文에는 標題語 漢字가 있고 그 右側에 日本漢字音이 記載되어 있으며(例外的으로 左側에도 또 다른 漢字音이 記載되는 경우도 있음) 標題語 漢字의 下段에 標題語 漢字의 日本語 訓이 모두 카타까나로 記載되어 있다[41]. 이 資料는 當時 日本에서 많이 使用된 것으로 標題語 漢字語가 大部分 單字(극히 一部에 2字로 된 標題語도 存在한다)로 構成되어 있는 것이 特徵이다[42]. 위의 〈飛禽〉部와 〈樹木〉部, 〈昆蟲〉部의 標題語 중, 『倭語類解』에만 보이는 標題語 漢字와 『慶長 15年本(1610) 倭玉篇』의 그것을 比較해 본 結果, 單字의 大部分의 標題語가 다음에 나타내는 것과 같이 一致하는 標題語가 많이 보인다[43].

實際로 『倭語類解』의 單字의 標題語 漢字 중, 他 外國語 類解書에는 보이지 않고 〈飛禽〉〈樹木〉〈昆蟲〉部 등 部首別로 分類된 單字 標題語와 一部 複

---

41) 크리스탄資料인 『落葉集』은 히라가나로 記載되어 있다.
42) 『倭玉篇』중, 東京大學國語國文學硏究室 所藏本인 『長亨3年本(1489) 影寫本 倭玉篇』과 東京大學所藏本 『伊勢家本 古寫本 倭玉篇』, 『弘治2년본倭玉篇(1556)』, 靑嘉堂文庫所藏 『倭玉篇』등에서는 一部 2字 以上의 複合語 標題語 漢字도 보인다.
43) 慶長15年本은 日本 內閣文庫藏本을 影印한 古辭書大系 中田祝夫・北恭昭共編(1981) 『倭玉篇慶長十五年版研究並びに索引 影印篇索引篇』(勉誠社刊)을 주로 使用했다.

合語에『慶長 15年本(1610) 倭玉篇』과 一致하는 標題語가 다음과 같이 많이 보인다.

〈飛禽〉

○『倭』에만 記載되어 있는 標題語와『倭玉篇』(慶長15年本)의 標題語가 一致하는 것- 鳥 鵬 鷲 白鷺 鸜 梟 鵝 鸛 鴿 鴦 鳶 鷦 雉 鶴 鸝 鷰 鷄 鷗 鷹 鸚鵡 雁 鳳 凰

〈昆蟲〉

○『倭』에만 記載되어 있는 標題語와『倭玉篇』(慶長15年本)의 標題語가 一致하는 것- 蟲 蛇 蝘 蝶 螢 蠶 蜂 蟬 蜓 蚱 蜉蝣 蟋蟀 蛋 蛄 蠅 蚊 蝱 蝸 蛭 蛛 蚤 虱 蠹 蝦蟆 蛙 蜆 蛆 蠐 蠢 蚑 蟠

〈樹木〉

○『倭』에만 記載되어 있는 標題語와『慶長15年本 倭玉篇』의 標題語가 一致하는 것-桂 松 栢 桑 杉 棕櫚 柳 檜 楡 楸 橡 楮 槐 檀 樺 楓 檢 藤 枳 株 根 枝 梢 材 朽 楂 藪 薪

위의『倭語類解』의 〈飛禽〉〈樹木〉〈昆蟲〉部의 單字 및 複合語의 標題語 漢字가 他 類解書에 보이지 않는 것이 日本 國內資料인『倭玉篇』과 一致하는 것이 많이 보이는 것으로 보아『倭語類解』의 標題語 漢字 採擇過程에『倭玉篇』類의 資料와 聯關이 있을 것으로 推定된다. 특히 〈飛禽〉〈樹木〉〈昆蟲〉部와 같이 동일한 部首別로 列擧하고 있는 部에서 특히『倭玉篇』과 一致하는 傾向이 강하다. 물론『倭語類解』의 全體的인 標題語 漢字가『倭玉篇』類의 標題語 漢字의 影響을 받았다고는 볼 수 없으나 部首別로 分類한 部分에서는 그 一致度가 높다고 할 수 있다.

따라서 일부『倭語類解』의 標題語 漢字의 單字 標題語 漢字는『倭玉篇』類의 標題語 漢字와 聯關이 있을 것으로 判斷된다.

특히 〈飛禽〉部에 分類된 標題語 漢字 중,『倭語類解』의 標題語 漢字가 他 類解書의 比較에서 獨自的으로 보이는 標題語 漢字「鳥」「鵬」「鷲」「白鷺」「鸇」「梟」「鸛」「鴿」「鷰」「鳶」「鶻」「雉」「鶴」「鸜鵒」「鷄」「鷗」「鷹」「鳳」「凰」 등이『倭玉篇』과 完全히 一致하는 標題語 漢字가 보인다. 또한 〈昆蟲〉部에 分類된 標題語 漢字 중,『倭語類解』의 標題語 漢字가 他 類解書의 比較에서 獨自的으로 보이는 標題語 漢字「蟲」「蛇」「蝘」「蝶」「螢」「蠶」「蜂」「蟬」「蜓」「蚱」「蜉蝣」「蟋蟀」「蜑」「蛄」「蠅」「蚊」「蝱」「蝸」「蛭」「蛛」「蚤」「虱」「蠱」「蝦蟆」「蛙」「蜋」「蛆」「蠐」「蠢」「蚑」「蟠」 등이『倭玉篇』의 標題語 漢字도 完全히 一致하고 있다.

〈樹木〉部에 分類된 標題語 漢字에서도『倭語類解』의 標題語 漢字가 他 類解書의 比較에서 獨自的으로 보이는 標題語 漢字「桂」「松」「栢」「桑」「杉」「棕櫚」「柳」「檜」「楡」「楸」「橡」「楮」「槐」「檀」「樺」「楓」「檢」「藤」「枳」「株」「根」「枝」「梢」「材」「朽」「楂」「藪」「薪」 등도『倭玉篇』의 標題語 漢字와 完全히 一致하고 있다.

위의『倭語類解』의 〈飛禽〉〈樹木〉〈昆蟲〉部의 分類된 他 類解書에 보이지 않는 標題語 漢字가『倭玉篇』과 一致하는 標題語 漢字는 單字(1音節)의 漢字가 大部分이다. 그러나『倭玉篇』에는 單字의 標題語 漢字가 原則的으로 記載되어 있으나 극히 一部에 2字類의 標題語 漢字語도 보인다.

『倭玉篇』에 2字類의 標題語 漢字가 극히 一部가 記載되어 있음에도 불구하고 〈飛禽〉部의「白鷺」「鸜鵒」는『慶長 15年本(1610) 倭玉篇』의 標題語 漢字와 完全히 一致하고 있다. 〈昆蟲〉部의「蜉蝣」「蟋蟀」「蝦蟆」과 〈樹木〉部의「棕櫚」도『慶長 15年本(1610) 倭玉篇』의 標題語 漢字와 完全히 一致하고 있다. 이러한 〈飛禽〉〈樹木〉〈昆蟲〉部에 分類된 2字類의 標題語 漢字는『倭玉篇』에서도 그다지 보이지 않는 標題語 漢字이다. 그러나 이러한 2字類의 標題語 漢字도『倭語類解』와『倭玉篇』의 標題語 漢字가 一致하고 있어『倭語類解』의 標題語 漢字 成立에『倭玉篇』類의 文獻의 影響이 있었을 것으로 推定된다.

4. 結語

　以上과 같이『倭語類解』의 標題語 漢字가 他 類解書에는 보이지 않고 獨自的으로 보이는 標題語 漢字가 壓倒的으로 많이 보이고 있다. 그러나 一部『倭語類解』와『譯』·『蒙』·『同』에 共通으로 보이는 標題語 漢字(『倭』의 〈天文〉에 分類된 標題語 漢字- 驟雨 霖雨),『倭語類解』와『蒙』·『同』에 共通으로 보이는 標題語 漢字(『倭』의 〈天文〉에 分類된 標題語 漢字- 日暈 日蝕 七星 參星 星 細雨 雲 霞 霧 電 雷 雪) 등 他 類解書와 一致하는 標題語 漢字도 많이 보이므로 一部는 他 類解書를 參照했을 可能性이 있는 것으로 判斷된다.

　또한『倭語類解』의 標題語 漢字는 다른 四學의 類解書에 보이는 標題語 漢字와 음절수는 差異를 나타내고 있으나 一部 共通되는 標題語 漢字도 보인다. 예를 들면『譯』·『蒙』·『同』의 2字 以上의 標題語 漢字가『倭』에서는『譯』·『蒙』·『同』의 一部의 單字의 標題語 漢字가 많이 기재되어 있다(『倭』의 〈身體〉에 分類된 標題語 漢字-『倭』「身」,『譯』·『蒙』·『同』에는 「身子」로 分類).

　『蒙』·『同』에 보이는 標題語 漢字와『倭』의 標題語 漢字는 一致하지 않지만,『同』·『蒙』에서『倭』의 標題語 漢字「文」「學」「敎」를 包含한 「文書」「學了」「敎他」의 標題語 漢字가 記載되어 있다.

　『倭』에 記載되어 있는 이러한 單字의 標題語 漢字는『同』·『蒙』의 標題語 漢字와 無關하지 않고 그 成立에 聯關이 있을 것으로 생각된다.

　『譯』·『蒙』·『同』에 보이는 標題語 漢字와『倭』의 標題語 漢字와는 一致하지 않지만,『譯』·『蒙』·『同』의 標題語 漢字의 下段에 表示되어 있는 한글의 意味를『倭』에서는 漢字로 바꾸어서 標題語 漢字로 提示된 것도 많이 보인다(『譯語類解』의 〈水族〉部에 分類된 「秋生魚」標題語 下段에 「은구어」와『倭語類解』의 標題語 「銀口魚」와 一致된다.『倭語類解』의 〈水族〉部에 分類된 「鮒魚」標題語도『譯』·『同』·『蒙』에는 標題語 漢字 「鯽魚」 그 下段에『譯』에는 「붕어」로,『同』·『蒙』에는 「부어」라는 한글과 一致된다).

이와 같이 『倭語類解』의 標題語 漢字는 『蒙語類解』와 『同文類解』의 標題語 漢字와 많이 一致하고 있고 類似한 標題語 漢字도 많이 보이고 있다는 事實을 알았다. 또한 一部 『倭』의 標題語 漢字 중, 『蒙』과 『同』에 보이지 않고 『譯』의 標題語 漢字와 一致하는 것도 조금 보이고 있어 『倭語類解』의 標題語 漢字는 『譯』과 『蒙』·『同』의 標題語 漢字 및 한글을 많이 參照한 것으로 判斷된다. 四學의 類解書 중 한 개의 類解書를 模倣한 것이 아니고 旣存類의 類解書를 參照했을 가능성이 있다고 생각된다.

또한 『倭語類解』의 標題語 漢字 중, 漢字의 部首別로 分類된 〈飛禽〉部와 〈樹木〉部, 〈昆蟲〉部의 標題語 중, 다른 類解書에는 보이지 않는 『倭語類解』에만 記載되어 있는 標題語가 當時 日本 國內에 널리 使用된 『倭玉篇』에 보이는 單字의 標題語 漢字와 一致하는 것이 많이 보이고 있고 一部 複合語인 2字類의 標題語 漢字와도 一致하는 것으로 보아 『倭語類解』의 一部 標題語 漢字 成立에 『倭玉篇』類의 文獻으로부터 影響을 받았을 可能性을 示唆해 준다.

4장
『倭語類解』의 日本語와 日本漢字音의 出處 試圖

1. 緖言

「朝鮮資料」에는 日本 中世의 音韻現象을 잘 反映하고 있는 『伊路波』(1492년 刊行)와, 中世·近世 日本語의 口語(會話體)資料인 『捷解新語』(原刊本1676刊行. 改修本1747刊行. 重刊改修本1781刊行), 日本語 語彙集 『倭語類解』(1809年 前後 刊行) 등이 전해진다[44]. 이 중에서 특히 『倭語類解』는 韓國에서 最初로 編纂된 韓國語와 日本語의 對譯辭典이다.

이 辭典은 朝鮮時代의 司譯院에서 當時의 譯科 充實을 위해 使用된 日本語 語彙集이다. 『倭語類解』의 本文 體制는 上·下 2권으로 構成되어 있고 〈天文〉〈時候〉〈干支〉〈地理〉 등의 項目을 意味分類하고 있으며 標題語 漢字에 韓國語의 音과 訓, 그리고 日本語의 音과 訓을 記載하고 있다.

『倭語類解』의 編者는 洪舜明으로 일컬어지고 있으며, 編者가 編纂하는 데에 있어 日本人 儒學者 아메노모리호우슈(雨森芳洲)의 協力을 받았다는 事實이 『通文館志』 第7卷에 기록되어 있다. 따라서 이 資料에 나타나고 있는 日本語와 日本漢字音은 아메노모리호우슈의 至大한 影響을 받았을 것으로 推測된다. 그러나 『倭語類解』에 記載되어 있는 日本語와 日本漢字音은 當時의 어떠한 資料에 의해 記載되었는지 日本語 語彙의 出處에 대해서는 전혀 糾明되지 않고 있는 實情이다.

본 장에서는 韓國의 最初의 日本語 語彙集인 『倭語類解』에 記載되어 있는 日本語와 日本漢字音이 어떠한 經路로 編纂되었으며 日本語 語彙 出處는 어떠한 資料에 影響받았는지를 糾明하고자 한다. 그러기 위해서는 『倭語類解』가 標題語 漢字를 媒介로 하여 韓國語와 日本語가 記載되어 있으므로 標題語 漢字의 性格을 把握한 후, 『倭語類解』에 記載되어 있는 日本語·日本漢字音과 當時 日本 國內 語彙資料 등을 比較·分析하여 『倭語類解』의 日本

---

44) 『倭語類解』의 刊行時期에 대해서는 大友信一(1959)「『桑韓筆語』による國語音の硏究」(『文藝硏究』 33)參照.

語 語彙의 出處를 밝히고자 한다.

　이와 같이『倭語類解』의 日本語와 日本漢字音이 어떻게 記載되었는지 그 出處에 대해 糾明함으로써 앞으로 다른 倭學書에 記載되어 있는 日本語의 出處 硏究에도 相當히 進展이 있을 것으로 생각된다. 이러한 연구를 통하여 日本語史 중,「朝鮮資料」즉 한글자료의 重要性을 認識시키며 朝鮮資料를 통한 日本語 硏究와 韓·日語 言語文化 交流 硏究에도 도움이 될 것으로 생각된다.

2.『倭語類解』와 他 類解書의 標題語 漢字 比較

　『倭語類解』에는 當時의 日本語의 日常 語彙가 많이 收錄되어 있고, 譯官의 敎科書로 쓰여졌다는 점에서 資料性이 높다고 할 수 있다. 특히 이 책은 當時의 日本語 發音을 表音文字인 한글로 註하고 韓國語로 對譯하고 있어 當時의 日本語 音韻과 語彙硏究에도 貴重한 資料라 할 수 있다.

　우선『倭語類解』에 記載되어 있는 日本語와 日本漢字音을 알기 위해서는 『倭語類解』의 本文體裁가 標題語를 媒介로 하여 日本語와 日本漢字音이 記載되어 있기때문에 標題語 漢字의 性格을 把握하고『倭語類解』의 日本語와 日本漢字音의 出處에 接近하는 것이 順序라고 생각된다[45].

　따라서 標題語 漢字의 性格을 糾明하기 위해서는 當時 司譯院의 外國語 擔當 部署인「四學」(漢學·女眞學〈淸學〉·蒙學·倭學)에서 出版된 譯學書 중,『倭語類解』(1809년 刊行)와 같은 性格인 中國 漢語의『譯語類解』

---

45)『倭語類解』는 日本 京都大學文學部國語學國文學研究室編『倭語類解 本文, 國語, 漢字索引』(京都大學 國文學會)와 鄭光(1988)『諸本集成 倭語類解 [解說·國語索引·本文影印]』을 並行해서 使用했다. 各各의 用例의 페이지는 便宜 上,『倭語類解』의 用例는 京都大 影印本의 페이지로 나타낸다.『倭語類解』의 한글의 假名表記는 表記는 濱田敦·土井洋一·安田章(1959)「倭語類解考」(『國語國文』)에 記載되어 있는「國語表記諺文假名對照表記」에 의해 나타냈다.

(1690), 滿洲語의『同文類解』(1748), 蒙古語의『蒙語類解』(1768) 등의 標題語 漢字의 類似性과 差異点을 分析한다[46]. 또한『倭語類解』의 標題語 漢字와 다른 外國語 類解書의 標題語 漢字가 一致되지 않을 경우에는 日本 國內 資料의 標題語 漢字와도 比較하여 標題語 漢字의 一致 與否를 確認하고 그 出處를 推定하고자 한다.

『倭語類解』에 記載되어 있는 日本語와 日本漢字音은 한글로 表記되어 있지만, 이러한 日本語와 日本漢字音은 當時의 日本에 存在한 日本語 資料와 直接的인 關聯이 있을 것으로 보이며 또한 그러한 資料로부터 日本語의 語彙를 採取했을 것으로 보인다.

따라서『倭語類解』에 보이는 日本語 語彙의 出處를 밝히기 위해『倭語類解』가 編纂된 當時와 그 以前에 日本 國內에 使用된 語彙集 및 辭典類 資料와 比較하여『倭語類解』의 日本語(訓)와 日本漢字音의 出處를 밝히고자 한다.

우선 〈地理〉부의 표제어 한자는 四學의 타 유해서와 비교하면 다음과 같다.

〈地理〉

○『倭』에만 記載되어 있는 標題語 漢字- 地 平地 地震 禿山 山麓 峯 嶺 峴 巖 石壁 絶壁 丘 原 岸 野 郊 洞 谷 路 街 經路 陸路 水路 石 怪石 礫 磧 細沙 灰 泥 坎 陷 塡 窖 穴 崎嶇 凸 凹 嵐

○『譯』과『倭』에 共通으로 보이는 標題語 漢字- 彎路 斜路

○『倭』『蒙』『同』에 共通으로 보이는 標題語--山 壑 土,沙 塵 埃 泥濘 窟

위의 〈地理〉부의 표제어 한자의 四學 유해서의 비교에서『倭語類解』에만 기재되어 있는 標題語 漢字가 상당히 많이 보인다. 그러나 일부『倭語

---

46) 『譯語類解』는 서울大學校 中央圖書館 所藏 古圖書本의 影印本 亞細亞文化社(1974)를,『同文類解』는 서울大學校 奎章閣本의 影印本 연세大學校 東方學研究所(1956)를,『蒙語類解』는 奎章閣本의 影印本 서울大學校 古典叢書(1971)를 각각 使用했다.

類解』와 『譯』·『同』·『蒙』의 표제어 한자와 일치하는 것도 보인다.

다음은 『倭語類解』의 標題語 漢字가 다른 類解書의 標題語와 一致하지 않는 用例가 많이 보이는 〈人倫〉〈官職〉部를 列擧하면 다음과 같다.

〈人倫〉47)

○『倭』에만 記載되어 있는 標題語 漢字 -父(『譯』·『同』『蒙』-父親),母(『譯』『同』『蒙』-母親) 考妣 養母 舅 姑 外舅(『同』『蒙』-母舅) 夫 妻 夫婦 兄 弟 兄嫂(『蒙』『同』『譯』-「嫂子」『同』·『蒙』-형의 쳐. 『譯』-형제의 쳐) 弟嫂 姉 妹(『同』『蒙』-妹子아ٶ누이『譯』-姉妹) 子(『譯』『同』『蒙』-兒子) 婦 女息(『同』『蒙』-女兒) 婿(『譯』『同』『蒙』-女婿) 姪(『譯』『同』『蒙』-姪兒) 甥 孫(『譯』『同』『蒙』-孫子) 從兄弟 再從 妻娚48) 嫡室 庶孼 妾 孽子 親 戚(『蒙』『同』-親戚 하나의 標題語) 一家 一族 同官 親舊 孩兒(『蒙』『同』-孩子) 幼兒 名(『同』『蒙』-名子) 字(『同』『蒙』-表字) 氏 兄 弟(『譯』-親兄弟. 『同』『蒙』-兄弟 하나의 標題語)

○『譯』과 『倭』에 共通으로 보이는 標題語 漢字- 養子 姪女

○『譯』『同』『倭』에 共通으로 보이는 標題語 漢字- 妯娌

○『譯』『同』『蒙』『倭』에 共通으로 보이는 標題語 漢字- 叔父 妹夫

○『同』『蒙』『倭』에 共通으로 보이는 標題語 漢字- 曾祖父 曾祖母 祖父 祖母 親 養父 曾孫 乳母 婚家 朋友 叔母 姓 別號

〈官職〉49)

○『倭』에만 記載되어 있는 標題語 漢字 -太子(『譯』『同』『蒙』-皇太子.『譯』의 〈尊卑〉分類) 東宮 君(『譯』〈尊卑〉-君王) 大君 大將(『蒙』『同』-將軍) 府使 守令 信使 接慰官 問慰官 堂上官 訓導 別差 差備官 籌員 醫員 畵員 錄事 職 仕 位 品(『同』『蒙』-品級品) 掌 任 政 令 功名 祿(『同』『蒙』-俸祿)

○『譯』과 『倭』에 共通으로 보이는 標題語 漢字- 駙馬50)

---

47) 『倭語類解』의 〈人倫〉部를 『譯語類解』에서는 前卷 後半部의 〈親族〉部로 分類되어 있다.
48) 『譯語類解』의 標題語 漢字「舅子」下段에 『倭語類解』의 標題語 漢字와 同一한 「妻娚」의 漢字가 記載되어 있어 關聯이 엿보인다. 『同文類解』와 『蒙語類解』에도 標題語 漢字「大舅子」(믇쳐남)과 , 「小舅子」(아ٶ쳐남)의 下段에 각각 「쳐남」이라는 한글로 記載되어 있다.
49) 『譯語類解』에서는 〈官職〉과 〈尊卑〉로 分類되어 있다.
50) 『同文類解』와 『蒙語類解』에는 標題語 漢字가 「額駙」로 『倭語類解』의 標題語와 一致하지 않지만

○『蒙』『倭』에 共通으로 보이는 標題語 漢字- 王

○『同』『倭』에 共通으로 보이는 標題語 漢字-勅使 褒貶(『同』〈文學〉分類)

○『譯』『同』『蒙』『倭』에 共通으로 보이는 標題語 漢字-朝廷(『譯』-〈尊卑〉分類) 丞相(『譯』-〈尊卑〉分類) 宰相(『譯』-〈尊卑〉分類)

○『同』『蒙』『倭』에 共通으로 보이는 標題語 漢字- 皇帝 皇后 世子 諸侯 宗室 公主 臣 監司51) 御使 使臣 官員 軍官 通史 書吏(『譯』〈尊卑〉分類) 薦擧(『蒙』『同』〈文學〉分類)

위의 〈人倫〉〈官職〉部에서 『倭』와 『譯』・『蒙』・『同』의 標題語 漢字를 比較해 본 結果, 서로 標題語가 一致하지 않고 『倭語類解』에 獨自的으로 보이는 標題語 漢字가 壓倒的으로 많이 보인다. 또한 『倭語類解』의 〈人倫〉에 보이는 標題語 漢字와 다른 外國語 類解書의 標題語 漢字를 比較해 보면, 『倭』에는 單字(1音節)의 標題語 漢字「父」「母」등의 標題語 漢字가 많이 보이고 있으나 『譯』・『蒙』・『同』에서는 「父親」「母親」등과 같은 複合語의 標題語 漢字語가 많이 보인다는 것을 알 수 있다. 이와 같이 제3장에서도 살펴본 바와 같이, 旣存의 類解書 『譯』・『蒙』・『同』에 보이는 2字 以上의 標題語 漢字 중, 『倭語類解』에 單字의 標題語로 記載되어 있는 것이 위의 〈人倫〉〈官職〉部에도 많이 보이고 있다. 더욱이 『倭』・『蒙』・『同』의 標題語 漢字가 『倭語類解』의 標題語 漢字와 完全히 同一한 것도 많이 보이고 있어 『倭語類解』의 標題語 漢字는 旣存의 他 外國語 類解書의 標題語 漢字와 聯關이 있을 것으로 推定된다. 實際 四學의 類解書의 標題語와 關聯해서 연동규(1996)의 調査에 의하면, 『倭語類解』의 全體 標題語 漢字 3234개 중, 다른 類解書와 一致되는 標題語 用例數 調査에서 『譯語類解』와 一致하는 標題語 漢字가 262개, 『同文類解』와 一致하는 標題語 漢字가 749개, 『蒙語類解』와 一致되는 標題語 漢字가 681개로 나타나고 있다52). 따라서 『倭語類

「額駙」下段에 同一한 標題語 「駙馬」가 보인다.

51) 『同文類解』와 『蒙語類解』의 標題語 漢字는 「布政司」이지만 그 下段에 『倭語類解』의 標題語와 同一한 「監司」가 보여진다.

解』의 標題語 漢字는『同文類解』와『蒙語類解』의 標題語 漢字와 相當히 關聯이 있으며『倭語類解』의 標題語 漢字의 採擇過程에 旣存의 他 外國語 類解書를 參考했을 것으로 推定된다.

그러나『倭語類解』의 標題語가 全體的으로는 他 外國語 類解書와 一致하지 않는 標題語가 많은 것은 他 外國語 類解書와 相當히 差異가 있다는 것을 意味한다. 따라서『倭語類解』의 編纂過程은 一部 標題語는 旣存의 他 外國語 類解書를 참고로 하여 記載했을 가능성이 있고, 그 외의 표제어 한자는 다른 方法으로 記載한 것으로 推定된다.

『倭語類解』와 기존의『倭』・『蒙』・『同』의 標題語 漢字가 一致하지 않는 것 中, 두드러지게 差異가 나는 것은 單字(1音節)의 漢字語가 標題語로 많이 記載되어 있는 것이다. 전술한 제 3장의 타 유해서와 비교한 조사에서 나타난『倭語類解』의 53개의 意味分類 中, 標題語 漢字의 總數는 3234개이다. 單字의 漢字語는 1929개이고 2音節以上의 複合語 漢字語는 1305개이다. 1音節 漢字語가 다른 類解書와 比較하면 압도적으로 많은 용례 수를 차지하고 있다.

제 3장에서 살펴본 것 中,『倭語類解』의 標題語 漢字가 單字이면서 다른 類解書에 보이지 않고『倭語類解』에 單獨的으로 보이는 標題語 漢字가 많은 〈樹木〉과 〈昆蟲〉部를 보면 다음과 같다.

---

52) 연규동(1996)『근대 국어 어휘집 연구-유해류 역학서를 중심으로-』(서울대학교 박사학위 논문)參照.

〈昆蟲〉

○『倭』에만 記載되어 있는 標題語 漢字- 蟲 蛇 毒蛇 蝘 蝶 螢 蠶 蜂 蟬 蜓 蚱 蜉蝣 蟋蟀 蛩 蛄 蠅 蚊 蝱 蝸 蛭 蟻 蚓蠖 蛛 蚤 虱 蟣 蠹 蝦蟆 蟾 蛙 蜫 蛆 蟒 蠢 蚑 蟠 蟲損

○『譯』과 『倭』에 共通으로 보이는 標題語 漢字- 蟾蜍 蝌蚪

○『譯』『同』『蒙』『倭』에 共通으로 보이는 標題語 漢字- 蝗蟲 蚯蚓 蜈蚣 臭蟲

○『同』『蒙』『倭』에 共通으로 보이는 標題語 漢字- 蟒 螳螂(『譯』-螗蜋)

〈樹木〉

○『倭』에만 記載되어 있는 標題語 漢字- 桂(『譯』-桂樹) 松(『譯』『同』『蒙』-松樹) 栢(『譯』-栢松) 桑(『譯』『同』『蒙』-桑樹) 杉(『譯』『同』『蒙』-杉木) 棕櫚 杜冲 柳(『譯』『同』『蒙』-柳樹) 檜(『譯』『同』-檜松) 楡(『譯』-栢楡樹.『同』『蒙』-栢楡樹) 楸 橡 楮 槐(『譯』『同』『蒙』-槐樹) 椵(『譯』『同』『蒙』-椵木) 檀 樺(『譯』『同』-樺皮木) 楓 檢 藤(『同』〈花草〉분류- 藤子) 枳 杻 荊 松子(『譯』-松塔子) 丹楓53) 株 根(『同』『蒙』-木根化) 枝(『同』『蒙』-枝條) 梢 蘗 板(『同』『蒙』- 板子) 材 朽 楂 藪 薪 柴木

○『同』『倭』에 共通으로 보이는 標題語 漢字- 寄生(『同』〈花草〉분류-寄生草)

○『譯』『同』『蒙』『倭』에 共通으로 보이는 標題語 漢字- 梧桐『譯』-梧桐樹) 蘇木

○『同』『蒙』『倭』에 共通으로 보이는 標題語 漢字- 樹 竹 葉 林

위의 〈樹木〉部와 〈昆蟲〉部의 標題語 중, 『倭語類解』에만 記載되어 있고 다른 類解書에는 보이지 않는 單字의 標題語 漢字가 많이 보인다. 이러한 單字의 標題語는 일본어 어휘자료인 『慶長 15年本(1610) 倭玉篇』의 표제 어 한자와 상당히 일치하고 있어, 『倭語類解』의 일본어와 일본한자음의 출처 규명을 알 수 있는 가능성을 제시하고 있다.

『倭語類解』의 〈樹木〉部와 다른 유해서의 비교에서는 「桂」(『譯』-桂樹),

---

53) 『譯』・『同』・『蒙』에 標題語 漢字「秋景」의 하단에 『倭語類解』의 標題語와 동일한 「丹楓」이 보인다.

「松」(『譯』·『同』·『蒙』-松樹),「栢」(『譯』-栢松), 桑(『譯』·『同』·『蒙』-桑樹), 杉(『譯』·『同』·『蒙』-杉木) 등『倭語類解』의 標題語 漢字에는 單字(1音節)의 漢字가 記載되어 있으나『譯』·『蒙』·『同』에는 大部分『倭語類解』에 記載되어 있는 單字(1音節)와 同一한 漢字를 包含한 2字의 標題語가 많이 記載되어 있다는 것을 알 수 있다. 또한『倭語類解』의 標題語 漢字「棕櫚」는 다른『譯』·『蒙』· 『同』의 3卷에는 보이지 않고 있으나『東京大學國語國文學研究室所藏 長亨3年本 (1489) 影寫本 倭玉篇』에는 單字의 標題語가 大部分임에도 불구하고「棕櫚」의 標題語가 보이고 있어『倭語類解』의 標題語 漢字와의 聯關性을 示唆하고 있다.

『倭語類解』의 〈昆蟲〉部와 다른 유해서의 비교에서는『倭語類解』에만 보이 는 標題語 漢字「蜉蝣」「蟋蟀」등은 다른 類解書에는 보이지 않는 標題語 漢字이 다. 그러나『東京大學國語國文學研究室所藏 長亨3年(1489) 影寫本 倭玉篇』과 『玉篇要略集』(大東急記念文庫藏 大永4年 1524寫)에는 다른 類解書에도 보이 지 않는 〈昆蟲〉部의「蟋蟀」(左シツソツ 右キリキリス),「蜉蝣」(左フユウ 音만 記載됨)와 같이『倭語類解』의 標題語 漢字와 同一한 2字 標題語 漢字가 一致하 고 있다. 이러한 一部『倭語類解』에 單獨的으로 보이는 標題語 漢字가 日本의 『倭玉篇』類의 文獻에 나오는 標題語와 一致하고 있는 것으로 보아『倭語類解』 에 보이는 일부 標題語 漢字는『倭玉篇』類의 文獻으로부터 記載했을 可能性이 높다고 할 수 있다. 일찍이『倭語類解』의 標題語 漢字는 四學의 다른 類解書의 標題語 漢字와는 그 性格이 差異가 있다고 指摘되어 왔다.

이상『倭語類解』의 標題語 漢字와 四學의 다른 類解書인『譯語類解』·『蒙 語類解』·『同文類解』에 보이는 標題語 漢字를 比較해 보았다. 그 結果,『倭語 類解』의 標題語 漢字가 다른 類解書에는 보이지 않는 標題語 漢字가 壓倒的으 로 많이 보이고 있다. 그중,『倭語類解』에는 다른 類解書에는 많이 보이지 않는 單字(1音節)의 標題語 漢字가 많이 包含되어 있다.『倭語類解』의 單字 標題語 漢字는 다른 類解書에『倭語類解』의 單字 標題語를 包含한 2字類의

標題語 漢字가 상당히 포함되어 있고,『倭語類解』의 標題語 漢字와 다른 四學의 類解書와 一致하는 標題語도 보이고 있어『倭語類解』의 標題語 漢字의 成立에 旣存의 다른 類解書를 參考했을 可能性이 높다고 할 수 있다. 또한 다른 類解書에는 보이지 않는 單字(1音節)의 標題語 漢字와『倭語類解』에 獨自的으로 보이는 標題語 漢字 중, 當時의 日本 文獻인『慶長15년본 倭玉篇』類의 標題語 漢字와 一致하는 것이 많은 것으로 보아『倭語類解』의 標題語 漢字의 成立에 日本 文獻과의 關聯도 있을 것으로 推定된다.『倭語類解』에 보이는 標題語 漢字와 다른 類解書에 보이는 標題語 漢字와의 比較에 나타난 가장 큰 差異는『倭語類解』의 標題語 漢字에는 單字(1音節)의 標題語 漢字가 상당히 많이 보인다. 日本의『倭玉篇』도 여러 種類가 있지만, 그 대부분이 『倭語類解』에 많이 보이는 것과 같이 標題語 漢字가 單字로 構成된 것이 많다.『長亨3年本(1489) 影寫本 倭玉篇』과 같은 文獻에 극히 一部 2字類의 標題語 漢字도 보인다.

3. 『倭玉篇』과 『倭語類解』에 記載되어 있는 日本漢字音과 日本語 比較

『倭語類解』의 標題語 漢字에 記載되어 있는 日本漢字音과 日本語는 당시 日常生活에 많이 使用되는 日本語가 많이 記載되어 있다. 이하에서는『倭語類解』의 標題語 漢字와 相當히 一致하는『倭玉篇』의 標題語 漢字에 記載되어 있는 日本語와 日本漢字音을 比較하기로 한다.

『倭語類解』의 本文에는 標題語 漢字가 있고, 標題語 漢字에 該當하는 日本漢字音의 原則的인 記載方法은 標題語 漢字의 左側 下段에 標題語 漢字의 日本漢字音이 한 개 明示되어 있고, 그 밑의 ○表示의 下段에 標題語 漢字에 해당되는 訓(日本語)이 記載되어 있는 것이 가장 一般的이다. 그러나『倭語類解』

의 本文에는 標題語 漢字의 左側 下段에 標題語 漢字의 日本漢字音이 한 개 明示되어 있고(上의 漢字音), 原則的으로 訓(日本語)이 記載되어야 할 ㅇ表示 下段에 또 다른 漢字音(下의 漢字音)이 한 개 더 記載되어 있어 都合 두 개의 日本漢字音이 記載되어 있는 體裁가 보인다.

또 다른 例外的인 體裁는 標題語 漢字에 대한 日本漢字音이 原則的인 記 載位置(「上의 漢字音」)에는 記載되어 있지 않고 ㅇ表示 下段에 日本語 訓 대신에 日本漢字音이 記載되어 있는 體裁이다[54].

『倭語類解』의 日本漢字音의 性格에 관해서는 筆者가 이미 拙稿(1993a,1993b) 에서 논한 바 있다. 즉『倭語類解』의 日本漢字音을 當時의 日本 國內資料와 크리스탄資料에 보이는 漢字音과 比較하여 一部 漢字音이 相當히 差異가 있다는 事實을 言及하고 當時의 漢學에서의 使用된 漢字音과의 一致를 例로 들어『倭語類 解』에는 一部 讀書音이 記載되었으며 記載位置에 따라 讀書音을 區分하여 記載했 다고 추정한바 있다[55].

『倭玉篇』은 日本의 漢字 字書의 한 種類로 中世의『下學集』・『節用集』과 함께 3대 辭典 중 하나이다. 이 資料는 部首 分類体 字形찾기로 되어 있는 漢和字書이다. 中世에서 近世에 걸쳐 刊行된 寫本과 版本의 수가 많이 남아 있으며 表記 形式도 多樣하다고 할 수 있다. 部首數와 部首의 配列, 各部의 所收字數도 一定하지 않다[56]. 本文의 體裁는 大部分 標題語 漢字가 單字로

---

54) 『倭語類解』의 本文 體裁에 대해서는 日本京都大學文學部編(1958)『倭語類解 本文, 國語, 漢字索引』(日本 京都大學文學部語學國文學硏究室編)所收의 「倭語類解解說」과 拙稿(1991)「『倭語類解』の刊本と寫本 の體裁比較-苗代川寫本『和語類解』の原本復元の試みから-」(日本『東北大學文學部日本語學科論集』第 1集)參照.

55) 拙稿(1993a)「『倭語類解』における日本漢字音の性格」(日本 東北大學『言語學論集』 第2集)과. 拙稿 (1993b)「『倭語類解』の日本漢字音とその記載方法との關聯について」(日本 岡山大學『岡大國文論 考』21號)를 參照.

56) 『倭玉篇』의 여러 本을 部首의 分類와 配列의 差異에 따라 川瀬一馬는『古辭書の研究』(1955, 講 談社)에서 古寫本・古版本을 8種類로 分類하고 있고 中田祝夫는『倭玉篇研究竝びに索引』(1966, 風間書房)의 「解說」에서 5種으로 分類하고 있다. 물론 川瀬一馬와 中田祝夫의 分類에 따라『倭 玉篇』의 寫本과 版本까지 考慮해서 分類하는 것이 바람직하나 部首의 分類와 配列의 差異에

構成되어 있는 것이 大部分이지만, 『弘治2년본(1556)』과『長亨3年本(1489)의 影寫本』등에는 複合語의 標題語 漢字(主로 2字)가 조금 보인다[57]. 그 標題語 漢字의 右側에는 日本漢字音이, 標題語 漢字의 下段에는 標題語 漢字의 和訓(日本語의 훈 읽기)이 모두 카타카나로 表記되어 있는 것이 大部分이다.

以下에서는『倭語類解』에 記載되어 있는 日本語와 日本漢字音과 가장 類似하게 보이는『倭玉篇』의 日本語와 日本漢字音을 比較하기로 한다.『倭玉篇』은 前述한 바와 같이 中世에서 近世에 이르기까지 상당히 많이 使用된 資料이고 그 種類도 多樣하여 여러 本의『倭玉篇』이 存在하고 있으나 그중 日本語와 日本漢字音의 淸音과 濁音이 區分되어 있는『慶長15年本(1610) 倭玉篇』의 標題語 漢字와 그것에 記載되어 있는 日本語와 日本漢字音을 比較하기로 한다.

便宜上,『慶長15년본 倭玉篇』의 上卷(上卷의 部首數 131部) 一 부에서 中卷 弓부까지(中卷部首數 149부중 110부) 1페이지-274페이지 分量과『倭玉篇』과『倭語類解』의 標題語 漢字가 一致하는 漢字의 日本語와 日本漢字音을 調査對象으로 했다. 그 結果『倭語類解』와『慶長 15年本 倭玉篇』의 日本語와 日本漢字音이 모두 一致하는 用例와, 두 資料의 日本漢字音은 一致하지만, 日本語가 一致하지 않는 用例, 또한 두 資料의 日本語는 一致하지만, 日本漢字音은 一致하지 않는 用例 등 여러 形態로 分類되었다. 두 資料의 比較 結果의 項目과 그 項目에 속하는 用例는 다음과 같다[58].

의한 分類임으로 이번 調査에서는 便宜上,『倭玉篇』의 몇 개의 寫本과 版本을 選定해서『倭語類解』의 標題語 漢字와 日本語, 日本漢字音의 語彙 一致與否만을 調査했다.

57)『長亨3年本(1489) 影寫本 倭玉篇』은 關東大震災때 燒失되었으나 日本 東京大學國語國文學研究室, 에 影寫本이 所藏되어 있다. 본 장에서는 이 東京大學國語國文學所藏本 長亨三年本(1489) 影寫本 (川瀨一馬의 分類에 의하면 제4類(ㅁ)種本에 속함)을 使用했다.

58) 以下의 두 資料에 보이는 用例의 페이지는 다음의 資料에 의한 것이다. 괄호 안의 앞의 페이지는 京都大學에서 影印한『倭語類解』의 페이지를 나타낸 것이며 괄호 안의 後尾 페이지는 慶長15年本의 影印本인 中田祝夫・北恭昭共編(1981)『倭玉篇慶長十五年版研究並びに索引 影印篇索

社 (68シャ、ヤシロ、 7) 天(1テン、 アメ、ソラ 5)上(22シヤウ、
ウエ、カミ5)凡(52ハン、ヲヨソ8)福(178フク、サイワイ8)土(15ト、
ツチ15)墓(104ボ、ハカ、ツカ。ボ、ハカ、ツカ19)疊(184テウ。カサ
ナリ。テウ、タタミ、カサヌル27)畏(41イ、オソレ。イ、ヲヅル、
ヲソル27)異(179イ、コトナル。イ、コトナリ27)京(66キョウ、ミヤ
コ。〈右〉ケイ、〈左〉キヤウ、ミヤコ28)隣(68リン、トナリ29)邑(67イ
ウ、サト。〈右〉ユウ、〈左〉サト29)都(56ト、スベテ29)郡(67グン、コ
オリ。グン、コヲリ30)優(179 イウ ユタカナル。 ユウ、ユタカナリ
34)企(192キ、クワダツ。キ、クワタツル34)保(111 ホウ、タモツ35)
但(53 タン、タダシ35)仰(57キョウ アオグ。キャウ、アヲグ35)件
(189ケン、クダン35)位(71イ、クライ36)僞(179ギ、イツワリ)弔(104
テウ、トムライ。 テウ、トブライ40)健(46ケン、スコヤカ43)作(191
サク、ツクル。サク(左)、ツクル43)借(111シャ(右)、カル。シヤ、カ
ル43)價(110カ、アタイ44)伏(61フク、フシ。フク、フス44)免(193メ
ン、マヌカレ。メン、マヌカル47)臨(193リン、ノゾミ、リン、ノゾ
ム 48)男(83 ナン、オトコ。ナン(左)ヲトコ48)舅(23キュウ、シュウト
ウ。キウ、シウト48)臥(61グワ、フセ。グワ、フス)夫(24フ、オッ
ト。フ、ヲット48)兄(24ケイ、アニ。ケイ(右、キヤウ左)、アニ50)女
(83 ジョ、オンナ。ヂョ、ヲンナ50)姸(37ケン、カオヨシ。ケン(左
セン)、カヲヨシ53)如(194 ジョ、ゴトク。ジョ(ニョ右)ゴトシ53)妬
(181ト、ネタム55)嬌(38キョウ、コビ。ケウ、コビタリ56)婦(25フ
ウ、ヨメ56)嫌(181ケン、キロウ。ケン、キラウ56)姿(37シ、スガタ
57)安(178アン、ヤスイ。アン、ヤスシ57)頽(184タイ、クズレ。タ
イ、クヅルル 58、60クヅル)顔(31ガン、カオ。右ゲン左ーガン、カ
ヲバセ。オモテ、カンバセ58)顚(58テン、タオレフシ。テン、タヲ
レフス58)頭(31トウ、コウベ、カミ。右トウ、左ーヅ、カウベ、カ

引篇』(勉誠社刊)의 페이지로 나타냈다.

ミ58)項(33コウ、クビ。カウ、クビ58)　顯(190ケン、アラワレ。ケン、アラワス、アラワニ59)預(192　ヨ、アヅカル。ヨ、アヅカル59)顧(58コ、カエリミル、コ、カヘリミル59)賴(193ライ、コウムル。ライ、カウムル60)額(31カク、ヒタイ59)類(197　ルイ、タグイ。ルイ、タグヒ60)面(37メン、オモテ。メン、ヲモテ、61)色(135ショク、イロ。우ーショク、좌ーシキ、イロ62)　鼻(32ビ、ハナ62)鼾(40カン、イビキ62)自(53ジ、ミヅカラ。ジ、ミヅカラ63)目(31モク、メ。우ーモク좌ーボク、メ63)明(11メイ、アキラカ65)眠(61メン、ネムリ66)瞬(59シュン、メタタキ。우ーシュン,좌ージュン,マタタキ69)瞳(31トウ、ヒトミ70)眉(31ビ、マユ。우ーミ、좌ービ、マユ72)親(23シン、オヤ。73)覺(187カク、サメ。カク、サムル、サマス73)蔑視(204ベツシ、ナイガシロ。蔑ベツ、ナイガシロ75)耳(32ジ、ミミ。우ージ、좌ーニ、ミミ76)聞(48ブン、キカセ。187ブン、キク。우ーモン좌ーブン、キク、キキ、キコシメス、キコユル76)聲(40セイ、コエ。우ーセイ좌ーシヤウ、コエ76)　聖(43セイ、ヒンジリ。우ーセイ좌ージヤウ、ヒジリ76)吹(86スイ、フク78)呼(40コ、ヨブ78)各(56カク、オノオノ。カク、ヲノヲノ)喧(41ケン、カマビスシ。ケン、カマビスシ79)噴(97フン、ハク81)嘯(86ショウ、ウソフク。セウ、ウソブク81)和(45クワ、ヤワラグ。우ーワ좌ークワ、ヤワラグ81)唾(40タ、ツバキハク。タ、ツバキ、ハク81)59)唱(84ショウ、ウトウ。シャウ、ウタ、ウタウ81)命(39メイ、イノチ81)叱(51シツ、シカル82)吉(178キツ、ヨシ82)啞(102　ア、オシ、ア、ヲシ83)味(96ビ、アジワイ。우ーミ좌ービ、アヂワイ84)問(49ブン、トウ。우ーブン、좌ーモン、トウ85)哭(104,コク、ナク85)舌(32ゼツ、シタ86)齒(32シ、ハ86)齦(32ギン、ハグキ87)茱萸(170シュユ、グミ。萸ユ、グミ、ハジカミ216)竿(142,カン、ツリソオ、サオ。カン、サヲ、ツリザヲ227)彫(196,88)形(37,88)彩(133,88)影(39,88)弱(46,88)文(73,89)鬚(33,89)鬢(31,90)聟(87,90)蠶(159,90)指(59,91)拱(60,91)扣(59,91)撲(188,92)掘(187,64)拔(78,93)折(187,93)攪

---

59)『倭語類解』에는「ツバキハク」라는 한 單語로 記載되어 있으나『慶長本 15년본 倭玉篇에는「ツバキ」와「ハク」가 두 개의 單語로 나뉘어 記載되어 있다.

(155,94)摘(196,94)擲(188,94)拭(60,94)揖(58,94)撐(60,96)探(187,96)擔(59,96)持(59,97)推(60,97)携(59,98)拳(34,98)捲(60,98)挾(188,99)兵(76,99)登(58,99)奉(177,99)棄(182,100)與(55,100)爪(34,100)爲[60](54,101)圖(151,101)卑(176,101)又(53,101)取(182,102)右(21,102)足(195,102)路(15,103)蹶(61,103)躍(61,104)跡(39,104)蹄(159,105)跪(61,106)鶻(153,111)骨(35,109)脾(36,112)肌(35,112)肥(38,112)臍(34,112)胡(116,112)唇(32,112)腰(34,113)肩(33,113)肝(36,113)腥(96,113)腿(35,114)腎(30,114)腹(34,115)脫(92,116)朔(7,116)朦朧[61](198,116)力(39,119)勤(47,119)加(175,119)劣(179,120)心(36,122)懷(42,123)憐(41,123)情(43,124)悉(185,125)惡(46,125)忽(56,125)息(39,125)急(180,125)海(42,127)快(41,128)怪(182,128)恨(41,128)惜(46,130)愚(47,131)恩(178,131)懸(176,131)忘(42,131)愁(41,131)恥(42,131)怒(45,131)志(43,132)忌(181,132)惡(46,132)思(42,134)言(48,134)誰(177,145)與(50,135)諛(51,135)詳(45,136)誠(44,136)謀(44,137)謙(44,137)許(183,137)諫(49,139)讀(74,140)設(194,140)可(55,142)麤(184,142)云(55,142)音(40,143)竟(54,143)響(40,143)哭(104,143)品(71,143)器(135,144)商船(147,144)歎(40,145)歌(84,145)次(196,145)欺(181,146)姿(37,147)食(96,148)飢(98,148)餘(175,148)饅(93,148)飯(92,149)餞(84,149)飽(97,149)餠(93,149)養(178,149)飲(84,149)甘(96,153)甚(192,153)羨(181,153)彼(177,155)待(188,155)後(21,155)得(53,179・156)行(190,158)街(15,158)憂(41,159)夏(4,159)致(190,159)走(57,160)舞(84,160)起(86,160)遲(180,163)通(195,163)遺(189,163)違(182,163)邊(22,164)還(57,164)逃(186,164)逐(58,165)適(55,165)進(57,165)迎(83.167)遊(84,167)近(175,167)送(85,168)避(186,168)退(57,168)遠(175,168)迸(194,168)速(180,168)登(58,169)步(57,169)止(192,169)立(57,170)此(55,172)正(191,172)是(55,172)家(62,179)容(190,179)安(178,179)寶(126,180)守(78,180)害(181,180)宋(113,

---

60) 『倭語類解』에 單字의 標題語가 2번 나오는 用例가 있다. 例를 들면 「爲」의 標題語 漢字는 「할위」는 「ナル」(54)로 對譯되어 있고, 「위할위」에는 「タメ」(191)로 對譯되어 있어 標題語 漢字의 한글 訓에 따라 對譯이 다른 경우가 많이 보인다.
61) 『倭語類解』에는 標題語 漢字가 「朦朧」(モウロウ、モボロ119)으로 記載되어 있으나 『慶長15년본 倭玉篇』에는 單字로 「朦」(モウ、モボロ116)。「朧」(ロウ、モボロ116)으로 記載되어 있다.

國名180)開(171,182)宮(62,182)門(63.182)閨(62,182)關(67,182)間(22,182)閉(64,183)聞(49,184)扇(137,185)戶(64,185)尸(103,185)居(68,185)尾(159,186)老(38,187)癡(48,187)痤(101,188)瘡(101,188)瘳(103,188)癬(101,188)痛(99,189)疥(101,189)病(99,189)癰(101,192)殘(184,192)窮(190,194)穴(16,194)窺(58,195)竈口(65,196)竊(196,196)中(22,197)梧桐(166,199・梧198桐)松(166,198)楓(167,198)枝(168,198)梨(124,199)機(131,199)棕櫚[62](166,199)樞(64,199)株(168,199)朽(169,199・206)梯(65,200)槐(167,200)棲(155,200)柴扉(64,柴200)榛(125,200)村(68,200)根(168,200)棺(103,201)橋(67,201)樵夫(29樵201)桃(124,201)槎(147,202)樑(63梁202)樺(167,202)桑(166,202,211)桁(63,202)橫(185,203)楸(167,203)衫(167,204)柿(124,204)蘗(168,204)桶(140,204)李(125,204)楮(167,205)本(110,205)板(168,205)橡(167,206)果(123,206)杖(107,206)柳(167,206)桂(166,207)檜(167,207)棺(103,207)柄(145,208)束(117,208)橘(124,209)櫛(87,209)末(180,209)橄(190,210)東(21,211)林(169,211)森(185,211)蓬(212,212)菘(121,212)叢(173,212)葵(121,212)萱(172,213)蘭(172,213)蔓(173,213)莎(173.214)花(169,214)薑(121,214)芳(171,215)菊(173,216)藜(122,216)苔(173,206)薪(169,216)芹(123,216)莖(173,217)萍(173,217)羨(123,217)藤(168,217)藍(132,217)菱(123,217)菴(105,217)葦(173,218)苦(96,218)莧(122,219)蕨(121,220)葛(173,220)若(54,220)落(171,220)薄(174,220)葉(168,220)草(172,220)藁(117,220)藪(169,221)掃?(142,221)蒔繪(135,221)薜荔(172,薜-荔222)芋(122,)竹(166,227)篩(141,227)簪(88,228)篷(63,228)簾(65,228)等(188,229)箒(142,229)箸(139,229)笊(141,229)節(190,230)笘(80,230)笑(40,230)笛(86,230)答(49,231)籬(66,232)箕(118,235)市(68,236)薿(173,236)業(187,236)束(117,237)麻(172,237)棗(125,237)瓜(121,237)來(57,238)麥(120,238)麴(93,238)黍(119,239)香(171,239)移(184,240)私(176,240)稀(176,241)稱(138・191,241)秋(5,241)稟(117,242)稻(119,242)穗(117,242)積(118,242)稚(38,242)秀(37,242)稷(118,243)耒(116,245)耘(117,245)耕116245)香(171,246)旣(55,247)米

---

62) 『倭語類解』의 標題語 漢字「棕櫚」(166)에 두 개의 日本漢字音「ソウリョ」(上)와「シュロ」(下)가 記載되어 있으나 『慶長15년본 倭玉篇』에는 『倭』의 下段에 記載되어 있는「シュロ」와 一致하는 日本漢字音이 記載되어 있다.

(119,247)糠(118,248)粳米(119,248)精(195,248)粉(134,248)糝(88,248)粥
(92,249)粟(120,249)飴糖(94,糖-飴也250)倉(68,252)今(180,252)合
(181,253)入(57,253)內(22,253)冠(89,253)同(179,254)靑(79,254)羅
(130,255)置(182,256)棄(182,257)西(21,258)去(57,258)重(184,260)皿
(135,260)盛(95,260)盬(87,260)盡(185,260)盈(175,260)盟(50,261)琴
(85,262)喜(45,262)鼓(85,263)瓦(63,264)量(187,264)羹(92,267)几
(136,269)處(193,269)俎(140,269)曲(179,270)勿(194,271)旗(81,271)矢
(80,271)知(187,271)旅(191,271)短(174,273)引(188.273)彎(80,273)

위의 두 資料에서 日本語와 日本漢字音이 一致하는 것은 『倭語類解』의 日本語와 日本漢字音 出處에 直接的인 關聯이 있을 것으로 생각된다. 지금 까지 『倭語類解』의 日本語와 日本漢字音이 『慶長15年本 倭玉篇』만큼 一致 되는 資料는 거의 全無한 것으로 생각된다. 따라서 『慶長 15年本 倭玉篇』 을 斷定할 수 없지만, 『倭玉篇』類의 語彙를 採取했을 可能性이 높다고 할 수 있다[63].

---

63) 다음에 나타내는 用例는 標題語가 틀리기 때문에 日本語 訓은 當然히 差異가 있겠지만, 標題 語의 한 音節의 漢字가 共通되는 用例는 日本漢字音이 一致되는 用例이다.
　〈『慶長15년 倭玉篇』과 『倭語類解』의 一部 日本漢字音은 一致하지만, 日本語는 一致하지 않는 用例〉
　祥瑞(202ショウジ、メデタイ 祥6シヤウ サイワイ、ヨシ、吉也 6) 嫡室(25 テキシツ、ホン サイ。テキ。モトノメ 54)捧招(107,91ホウショウ。捧ハウ)抹樓(64マツロウ、タカトノ。抹 マツ、クダク、ナヅル、スル93)抛碇(148,ホウテイ、イカリオロス、イカリイレ。抛ハ ウ、ナゲウル、ナク95)提起(50テイキ、オコス。우ーダイ쇼ーテイ、ツム、ヒツサグ、シ サゲ97)攔出(201ランシュツ、サカイヲコエル。ラン、サエギル98)丞相(70下-ショウショ ウ。セウ、タスクル99)弄談(50ロウタン、ゾウタン。ロウ、モテアソブ、タワブル100,談 ダン、カタル、モノガタリ137)躑躅(170テキチョク、サツキ。우-テキ、쇼-チャクスツ ル、ナグル104)蹉跎(201サタ、ココロトケズ。우-シャ、쇼ーサ、アシズリ、フム、등105)膀 胱(36,上-ホウコウ下-ボウコウ113 膀ハウ、ーユバリブクロ、ユバリツボー胱クワウーユバリ ツボ113)怊悵(199チョウチョウ、イタワシ。怊テウ、ウレウ124、悵チヤウ、イア、ウレ ウ、カナシム129)惱肉(102ノウニク、ドニク。脳ナウ、ナヤマス、ナヤム。127) 喜迷(203 キベイ、キミ。喜キ、コノム 등131)徘徊(57ハイカイ、タチマワル。ハイ、モトヲル、メ グル 등155)徑路(15ケイロ、コミチ。ケイ、ミチ、ホソミチ エ156)迂濶(47ウカツ、スイサ ン。ウ、マガル 등163)遷延(201センエン、オソナオリ。セン、ウツル、ウツス164)道士(28 トウシ、ヤマブシ。우-タウ、쇼-ダウ、ミチ、ノリ 등167)逗遛(199トウリウ(下)。トウ、ト

<『慶長15年本 倭玉篇』과 『倭語類解』의 日本漢字音은 一致하지만, 日本語(혹은 日本漢字音)가 一致하지 않는 用例〉

坐(56 ザ、イドル。ザ、イナガラ、イル、18)里(68リ、サトリ。リ、サト24)難(180 ナン、ムツカシ。ナン、ハバカル、カタシ、ナヅム 24)黄(133コウ、キナ。クワウ〈右〉、ワウ〈左〉、キナリ28)鄕(68 キョウ、フルサト。〈右〉キャウ、〈左〉ガウ、サト、トコロ29)甥(25 セイ、コジウト。セイ。ヲイ(姪25)、ムコ48)儀(37ギ、トリナリ。ギ、キタル、ヨロシ、ヨル、ヨソヲイ、イトル、47)娶(82 シュ、メトル。シュ(右-漢音),ス(左-吳音)、トツギトル、57)要(56 ヨウ、カナム、カンヨウ。ヨウ、メス、オフ、ニクム等57),妾(26ショウ、テカケ。セウ、タトヒ、トル等57)姦(48 カン、ワルガシコイ。ケン(右)カン(左)アザムク、ヨコサマ、アク等57),妄(179モウ、ボウキャク。マウ、マドフ、カタマシ等57)頤(33イ、アギ。イ、ヲトガイ、ヤシナウ58)顬(31ロ、チョウツチ。ロ、ヒタイ、カマチ58)煩(182ハン、コトシゲシ,右-ハン、左ーボン、ツカルル58)頒(189ハン、イイフラス.우ーハン、좌ーフン、ワカツ等58)頗(52ハ、エハ、コトニ。ハ、スコブル、ヒトイェニ、モシ58)顆(195クワ、オビタシキ。クワ、ツブ、

ドム、トドマル168) 邂逅(199カイコウ、タマタマアウ。コウ、タマサカ168)整齊(76セイセイ、タタシウ。セイ、トトノウ172)閃毀(130センダン、シュス。セン、ヒラメク、ヒラク183)考妣(23コウヒ、チチハハ。カウ、カンガウ、チチ、ナル、イタス187)痢疾(99リシツ、リビョウ。リ、ヤマヒ189、疾シツ、ヤマイ 등189)柑子(124カンシ、クネンボ。柑カン、カウルイ204)槿花(170キンクワ、ムクゲノハナ。キン、アサガホ205)蒙古(115ーモウコ-下。蒙モウ、カウフル 等212)芙蓉(170フヨウ(下)。蓉ヨウ、ハチス212。芙フ、ハチス216)蓮花(169レンクワ、ハスノハナ。蓮レン、ハチス、ハチスノミ213)荷葉(134カヨウ、クサゾメ。荷カ、ハチス、ハス 등214)芒魚(161ボウキョ、サワラ。芒バウ、ギ214)萋萋(210セイセイ、ムラムラ。セイ、サカンナリ、シゲシ216)薏苡(120ヨクイ、ススダマ。苡イ、ツシタマ218。薏ヨク ヅシダマ220)莘萸花(170シンイクワ、コブシノハナ。シン、ヲヲシ223)蘿葍(121ラフク、ダイコン。ラ、ツタ225)符作(202フサク、マジナイ。符フ,シルシ、ワリフ、フダ、カナフ227)文籍73ブンセキ、ブンジャク230)罷漏(10ハイロウ、コンヨメ。우ーハイ 좌ーハ、ヒ、ツカル등255)缺脣(102ケツシン、イグチ。缺ケツ、カクル267)匠人(29ショウジン、サイクニン、ショクニン。匠シャク、タクミ270)匣(189コウ、ホンバコ。カウ、クシゲ270)旋風(2センフウ、ツジカゼ。旋セン、カヘル、メグル、マワル271)矮子(102ワイシ、イッスンボ。矮우ーワイ좌ーアイ、ミジカシ、タケヒキシ272)張大(199チョウタイ、ココオオコス。張チヤウ、ハル272)飴糖(94イトウ、シロザトウ。イ、アメ148)

ツビ、ヒタヒ、チイサキカシラ等58)曖(202曖昧アイバイ,ミシツ(下),
曖アイ、カクル。昧マイ、クラシ66。67)領(90,9)艶(171,2)瞑(59,3)瞼
(32,64)眈(181,71)瞽(102,71)具(192,72)題(74,74)耽(181,76)吟(74,78)局
(150,82)啄(155,82)咄(40,82)吐(97,83)喘(100,83)嚔(40,84)坐(56,05)須
(52,88)鬟(97,89)髦(87,90)擁(59,91)掬(59,92)拂(60,92)拍(86,94)撓(60,95)
搔(59,95)控(60,97)揮(59,97)扶(59,97)排(196,98)攬(60,98)捫(60,98)攀
(61,98)弊(184,100)要(56,100)鬪(77,11,『倭』戰와一致101)蹙(159,03)躁
(48,103)疎(175,105)蹲(61,105)距(61,106)蹇(102,106)踞(61,106)腮
(31,112)背(34,115)肺(36,115)脹(100,115)服(103,115)脛(35,115)脚
(35,116)期64)(193,116)胎(82,117)勞(42,119)勸(50,120)欲65)(46,125)慾
(191,145)念(42,125)性(43,129)悅(41,130)忠(43,130)慇懃(199,131)忿
(41,131)感(42,132)恕(107,132)恚(41,132)慧(44,132)恋(48,132)戀(42,132)
譏(51,135)信(44,136)請(49,136)讒(51,137)講(74,137)謝(191,139)訊
(107,139)讓(44,139)詰(51,140)謫(107,140)沓(116,141)冊(73,144)饌
(92,150)餉(96,153)嘗(96,153)徐(193,155)御(191,156)役(187,156)越
(114,160)遼(115,164)達(9,165)歸(57,169)官(66,179)宜(54,179)寧(53,179)
寵(178,179)宴(83,180)寫(74,180)寡(30,180)宿(61,180)冤(41,181)閑
(187,182)鬪(77,183)闕(62,183)閤(102,183)聞(49,184)局(150,186)孝
(43,187)尤(101,188)顑(101,189)空(56,194)權(186,201)標(190,201)槽
(143,201)榮(178,203)樓(62,203)杏(124,204)檢(168,206)械(82,207)架
(65,208)穀(119,208)築(66,208)梲(63,209)擘(168,209)栢(166,210)極
(55,210)曹(114,211)楚(114,211)鬱(41,209鬱鬱,211)葱(122,212)芝
(212,212)苞(141,213)莞(172,213)苺(125,216)菁(121,217)英(171,217)菌
(122,219)菜(120,219)蒜(121,219)艾(173,222)籠(135,227)篙(228,228)笳
(86,228)筐(85,228)篴(132,228)籌(108,228)筍(122,229)笥(141,229)第
(196,229)簣(142,229)築(66,230)筐(141,232)箸(141,232)箏(85,232)麵

---

64) 『倭語類解』의 標題語 漢字의 「期」의 日本語 훈에는 「キヤク」로 나타나 있다. 이 日本語 訓
은 「期」의 한글 訓「긔약」을 日本語로 對譯한 用例로 생각된다. 이와 같이 標題語 漢字의
한글 訓을 對譯한 것으로 보이는 例가 많이 보여 日本語 訓의 對譯에 있어 考慮해야 問
題로 생각된다.
65) 『倭語類解』의 標題語 漢字 「欲」(46ヨク)의 한글 訓「욕심」의 影響을 받아 日本語「ヨクシン」으
로 記載되었을 것으로 생각된다.

(93,238)秦(113,241)禾(119,240)稜(189,241)穀(119,242)稅(119,242)秩
(189,243)秭(243,243)鬱(41,247)氣(39,248)糧(119,119)竊(196,249)春
(118,251)會(182,253)最(53,254)盆(140,260)鼎(139,264)瓶(138,265)缸
(140,266)罇(138,266)罐(139,267)族(26,271)

위의 用例는 두 資料間에 日本漢字音은 一致하지만 日本語가 一致하지 않
는 것이다. 이 중,「讒」(51 ザン、참소참 ザンソウ。ザン、ホムル、モノユイ
137)과 「榮」(178 영화영 エイ、エイクワ。エイ、ハナブサ、サカウ、ハナサ
ク、ヒサシ203) 등의 用例는 標題語 漢字의 한글 訓을 日本漢字音으로 直譯한
것으로 원래 訓이 記載되어야 할 部分에 音이 記載되었기 때문에 두 資料
間의 日本語가 一致되지 않았다고 생각된다. 또한「忠」(43 충성충 チュウ、
チュウセツ(忠節)。チウ、タダス、タタ 등 130)과「寵」(178チョウ、チョウア
イ〈寵愛〉。テウ、アワレム 등 179) 등의 用例도 標題語 漢字의 日本語 훈이
記載되어야 할 部分에 漢字音이 記載되어서 日本語 訓이 記載되어 있는『倭玉
篇』과 一致하지 않는다고 할 수 있다. 그 외에「寫」(74シャ。쓸샤カキ。
シャ、ウツス、ノソク180)「宿」(61シク、잘슉-ネル。우ーシュク、좌ーシ
ウ、ヤド、ヤドリ 등180)「聞」(49ブン、들릴문キカセ。우ーブン좌ーモン、
キク、カグ、ホガラカ184) 등의 用例는『倭語類解』에서 한글 訓을 그대로
日本語로 對譯하여 記載했기 때문으로 생각된다.

〈『慶長15年本 倭玉篇』과『倭語類解』의 日本漢字音은 一致하지 않
지만, 日本語는 一致하는 用例〉

境(67ケイ、サカイ。キヤウ、サカイ19)田(116テン、タ。デン、
タ25)町(116テイ、マチ。チヤウ、マチ25)侵(77.ジン、オカス。シ
ン、ヲカス34)民(28メン、タミ。ミン、タミ48)姉娌(25チクリ、アイ
ヨメ。チウリ、姉アイヨメ54)傲(181ゴウ、アナドル。カウ、アナド
ル43)父(23 フ、チチ。ブ、チチ47)我(177 ガ、ワレ。カ、ワレ49)妹
(24バイ、イモオト。マイ、イモウト51)妻(24セイ、ツマ。サイ、ツ

マ56)頂(31テイ、イタダキ。チヤウ、イタダキ59)嘶(159セイ、イボ
ウ。ゼイ、イバウ78)善(49、セン、ヨシ、ヨイ。ゼン、ヨシ83)吮(97
セン、スウ。シン、スウ83)噬(159ゼイ、カム。セイ、カム84)舐(97
テイ、ネブル。シ、ネブル86)牙(32ガ、キバ。우カ,좌ゲ、キバ88)
忍(42,ジン、コラエ、シノブ。ニン、シノブ、コラエニ131)瘧疾(99
ギャクシツ。オコリ。ギャ、ヲコリ190)薤(173,カイ、ニラ。ガイ、
ニラ、ヲヲニラ222)薯(122,ショ、ヤマイモ。ジョ、ヤマノイモ222)

呈(192,86)名(26,86)擇(186,94)拾(60,94)捜(196,96)(186,102)肴(93,113)
腸(36,113)腫(100,114)動(57,120)勇(44,120)務(186,120)忙(192,124)憎
(46,124)誦(74,138)逼迫(77,165)建(190,169)龍(160,171)定(186,180)富
(112,181)實(123,181)房(62,185)尼(105,185)窟(160,196)梅實(125,200)材
(168,200)梢(168,201)柱(63,205)杵(118,205)樹(166,207)核(126,210)蕎
(120,213)茄(121,214)茶(84,214)莊(37,214)蔬(120,215)胡蘆(140,215)蕙
(121,216)蒸(95,217)藥(171,218)蓼(123,220)芥(222,222)箱子(136,228)筏
(147,230)笠(89,231)種(117,241)糯(119,250)臥(61,61)甂(140,265)彈
(85,272)發(196,273)66)

---

66) 다음의 用例는 『倭語類解』에서 日本漢字音 位置에는 日本漢字音이 記載되어 있지 않고 一般的
    으로 日本語 訓이 記載되는 위치에 日本漢字音이 記載된 用例이다. 이러한 用例의 一部 漢字의
    漢字音이 『倭玉篇』과 一致하는 用例이다.
    〈『慶長15년 倭玉篇』과 『倭語類解』의 一部 日本漢字音이 一致하는 用例〉
    側柏(166 ソクバク(下)、側 ソク,ヲ、ホノカ、ソバダツ 등41)聰明(44ソウメイ(下),聰ソウ、ウカ
    ガヒミル)眩暈(99ケンウン下、ケン、マグレス、ヤマヒ、クラシ、등70)啓聞(72 下-ケイブン。
    ケイ、ヒラク、マウス83)興利(111キョウリ(下)。우ーケウ좌ーコウ、ヲコル、ヲク、タツ、
    サカイ、タトウ)勅使(70チョクシ(下)。チョク、ミコトノリ、ツゲテ 등120)慷慨(199コウガ
    イ(下)。慷カウ、イタム127.慨ガイ、イタミ 등128) 憔悴(38ショウスイ(下)、悴スイ、ウレウ、
    カシケタリ、ツカル128)奇特(201キトク(下)。キ、アヤシ、ソムク 등142)單子(73タンシ、タ
    ンカン。タン、エビス143)端午(7タンゴ(下)。タン、イトグチ 등170)宰相(70サイショウ(
    下)。サイ、ツカサドル、タダシ180)寄生(168キショウ、ヤドリキ。キ、ヨル、ヨスル180)客
    (83キャク(下)。우ーカク좌ーキャク、マラフドタビ181)寂寞(206セキバク下.우ーセキ좌ー
    ジャク、シヅカ181)喉痺(100コウヒ(下)。痺ヒ、ヤマヒ189)木強(47ボクキョウ、キッシク。
    木우-ボク좌ーモク、キ、コ198)栽植(117サイショク、ウエツケ。サイ、ウウレ200)欄干(ラン
    カン一下。ラン、ヲバシマ201)杜中(167トチュウー(下)。杜ト、ヲク등205)桔梗(122キツコ
    ウ、キキョウ。우-カウ좌ーキヤウ、トチガラ 등206、桔キ、キキヤウ)格軍(148カクグン、
    スイフ。格カク、イタル 등210)葡萄(125ホトウ、ブドウ。萄タウビカヅラ214)菖蒲(172ショ
    ウホ、ショウブ。菖シヤウ、アヤメ214)蒼茫(198ソウボウ(下)蒼サウ、アヲシ214)ン 菊花(169

위의 日本漢字音의 差異는『倭語類解』에는 漢音이 많이 記載되어 있으며 筆者는 이미『倭語類解』에는 讀書音이 記載되었다고 주장한바 있다[67]. 따라서 위의 資料에서 日本漢字音의 差異가 두드러진 現像은 吳音과 漢音이 淸音과 濁音으로 區分되는 用例가 많이 보인다. 이것은『倭語類解』의 漢音 偏重 記載와도 無關하지 않았을 것으로 推定된다.『倭語類解』의 漢音 偏重 記載는『通文館誌』의 記錄에 나오는 유학자 아메노모리호우슈(雨森芳洲)의 協力과도 關聯이 있을 것으로 생각된다.

이외에도 두 資料에는 다음과 같은 用例가 보인다.

〈『慶長15年本 倭玉篇』과 『倭語類解』의 一部 日本漢字音과 一部 日本語가 一致하는 用例〉

堤堰(116 テイエン、ツツミ、イセキ。テイ、ツツミ、シタタル、ハタ、イケ)頻(176 ヒン、サイサイ、シキリニ。ヒン、シキリ61)挑戰(77チョウセン、イドミタダコウ。テウ、カカグ、イドム95)叔父(23 シクフ、オジ。シク、ヲヂ、ヒロウ、トル102)柚子(124イウシ、ユズ。柚ユウ、ユ208)糟粕(ソウハク、アラカタ。サウ、カス、サケノカス247)

〈『慶長15年本 倭玉篇』과 『倭語類解』에 보이는 2개의 日本漢字音이 一致하는 用例〉(日本語 不一致)

兄弟(24、ケイテイ、キョウダイ。ケイ(우、キヤウ좌)、50)題(74 상-テイ하ーダイ、우 -テイ좌ーダイ、ヒタイ58)歲(50セイ(上)、サイ

キククワ、キクノハナ。キク、カワラヨモギ、シロヨモギ、シベ、アキ219菊)菩薩(105ホサツ(下)、薩サツ、スクウ、フモダカ220)吉莄(122キツコウ、キキョウ。莄カウ、クサ226)畢役(208ヒツエキー下。畢ヒツ、ヲワル、ホシノナ257)豆腐(93トウフー下。豆우-トウ좌-ヅ、マメ263)豊年(5ホウネンー下。豊ホウ、ユタカナリ264)
위의 用例 중『倭玉篇』의「桔梗」(122キツコウ、キキョウ。桔キ、キキヤウ209。梗우-カウ좌ーキヤウ、トチガラ등206)의「桔」의 下段에 記載되어 있는「キキョウ」는『倭語類解』에 보이는「桔梗」하단의 日本漢字音과 完全히 一致하는 稀貴한 用例이다.
67) 拙稿(1993a,b)參照.

(下)。우ー세イ、좌ーサイ、トシ169)尺(109セキ(上)、シャク(下)。
우ーセキ、좌ーシャク、タカバヤリ、クラブル186)

〈『慶長15年本 倭玉篇』과 『倭語類解』의 日本漢字音이 一致하는 用例〉

塔(105 トウ。タウ、タツ 20)職(71ショク(下)。우ーショク좌ーシキ。ツ
カサ、ツカサドル、トモ76)耿耿(208コウコウ(下)。カウ、イタム、ユクラ
カニ、スコシ76))齟齬(199下　ソゴ、우ー　ソ、좌ーショ、クイチガウ)揚陽
(209,下ーヨウヨウ。ヤウ、アグル、등96)脉(36　下ーミャク。ミヤク、チス
チ、ナノミチ116)功(187コウ(下)、コウ、イタル、ヨク119)勢(186セイ(
下)。セイ、イキヲイ　등120)慽慽(212,セキセキ(下)。セキ、ウレウ130)愎
(48フク、タンキナ。フク、很130)術(48ジュツー下。ジュツ、ナラウ158)
歴歴(2114エキレキ(下)。レキ、フル、ヘテ、スグル169)闇闇(212アンアン
下。アン、クラシ、アミ183)層層(208ゾウゾウ(下)。ゾウ、コシキ、モロ
シ、タナ185)朱紅(133シュコウ、シュ。シュ、アケ、アカシ200)蕭蕭(208
ショウショウ(下)。蕭セウ、ヨモギ、ハギ213)藉藉(209シャシャー下。우ー
セキ、シャ좌ーシャク、カル、ヨル、シク、ミダル220)才(44サイ(下)。
サイ、モチイル、ワヅカ、シワザ235)兩(109リョウー下.リヤウ、フタタ
ビ、フタツ、フタツチカラ254)升(109ショウー下。セウ、マス、ノボル
268)億(109 オク。ヲク、ハルカ、カナラズ、ヤスシ、ヲモンバカリ41)義
(43 ギ。ギ、ヨシ、ヨロシ、コトハル49)菩薩(105ホサツ(下)菩ボ、タスク
ル 등215)

〈『慶長15年本 倭玉篇』과 『倭語類解』의 日本語와 日本漢字音이 一致하지 않는 用例〉

充(175 ジュウ、ツメル。シウ。ミツル、ユク47)奴(30 ド、イヅコ。
ヌ(우)ト(좌)、ヤッコ、ツラメ、ツカヒビト 53)姪(25 チツ、オイ。テ
ツ、ハツコ、ヒメ、ヲシ、ウムナヲ、タハフル56)曉(9キョウ、シベ
ツ、アカツキ。コウ、ネムル66)聾(102ロウ、ツンボウ。レウ、ミミ
シイ、ミミキカズ)嗅(97キュウ、ニオイカグ。ス、カグ81)嗜(97キ、
タシム。シ、タシナム、ムサボル84)修(190,シウ。シュ88)鬢(33、89ゼ

ン、シタヒゲ。ザン、ヒゲレ)授(183、91シウ、アズケル。ジュ、ハ
タラカス、サズクル、ツク)拘(106ク、カカル。コウ、カカワル、ク
サウル97)膳退(84センタイ。膳ゼン)若(194ジャ、ヒキイダス。ジャ
ク、ヒク125)應(55,ヨウ、シッカト。ヲウ、シタガウ、ヘジ、コタウ
ル等131)悶(41,ビン、メイワク。モン、イキドオリ　エ132)諺文(ゲンウ
ン、オンモン。ケン、コトワザ139)號令(77ゴウレイ、イイツケ。カ
ウ、ヨバウ、ヨブ 等142)告(49,コウ、シラセ、ツゲ。우-ガウ、좌-コ
ク、ツグル 等143)從容(203ショウヨウ、ユルリト。우-シウ、좌-ジウ、
ヨリ、ヨルシタガウ、ヨッテ、ユルス154)梔子(171シシ、クチナシ。
우-キ좌-クワイ、フネノサヲ199) 檀(167タン、ビャクダン。ダン、マ
ユミ　等201)棚(ホウ、カリヤ。ボウ、ヤナグイ、タナ203)壯(46ソウ、
쟝할쟝サカンニ(ナ)ル。シヤウ、ユカ、トコ203) 牒(139チョウ、サ
ラ。エフ、マト、チャツ210)耡(94ショ、キミスイ。ソ、マラギ 等215)
葷(96クン、ガクサイ。우-グン좌-ウン、ナマグサシ216)藏(118ソ
ウ、タシナム。ザウ、ヲサム、クラ、カクス217) 薍(173ラン、ヨシ。
クワン、アシ219)笞(107タイ、コズエ。チ、ムチウツ、ウツ、シモツ
227)籧(137テン、シャチ。タン、タカムシロ227)笏(89コツ、シャク、
ゴツ、タダス230)罪(106サイ、トガ。ザイ、ツミ、ヲカス、ワザワイ
255)般(138、ハン、マルボン。バン、イソネ、タノシム、ワタカマ
ル、サカフネ260)

　위와 같이 『慶長15年本(1610) 倭玉篇』과 『倭語類解』의 同一한 標題語 漢
字에 記載되어 있는 日本語와 日本漢字音을 比較해 본 結果, 두 資料의 日本
語와 日本漢字音이 거의 一致하는 것이 가장 많이 보이고 있고, 두 資料가
日本漢字音은 一致하지만, 日本語가 一致하지 않는 용례, 日本漢字音은 一
致하지 않지만, 日本語가 一致하는 用例 등의 順으로 많이 보인다. 두 資料
의 日本語와 日本漢字音이 一致하는 것이 많이 보이긴 하나 『慶長15年本
倭玉篇』을 直接的으로 影響을 받았다고 하기에는 조금 無理가 따른다. 그
러나 『倭玉篇』은 中世에서 近世에 걸쳐 많이 사용된 資料이며 寫本과 版本

이 상당히 많이 流布된 資料이다. 全體的으로는 一致하는 것이 많이 보이
므로 『倭語類解』의 編纂過程에 『倭玉篇』類의 資料와 상당히 關聯이 있을
것으로 생각된다.

다음은 두 資料간의 標題語 漢字가 一致하고 日本語와 日本漢字音이 同時
에 一致하는 用例에는, 標題語가 單字로 構成되었으며 鳥部 蟲部 등 部首別
로 分類된 項目에 많이 보인다.

〈飛禽〉

○『倭』에만 記載되어 있는 標題語 漢字- 鳥 鸞 鶴 鵬 鷙 白鷺 鵠 鷲 鸛
鸕鷀 鷲 鷗 鸝 鶻 鳶 鴒 鵲鴣 鸚 鷸 鷀 鴺 梟 鴷 雉 鷄 鳩 烏 鵲 鶉 雀
雀噪 羽 翼 卵 刷羽 飛 鳴 啄 攫 巣 棲 鳥餌 鳳 凰(『譯』『同』『蒙』「鳳凰」하나
의 標題語 분류)
○『譯』과 『倭』에 共通으로 보이는 標題語 漢字- 雁 鴒鵊 鵝 胡 鴨
○『譯』『同』『蒙』『倭』에 共通으로 보이는 標題語 漢字- 孔雀 鴛鴦 鸚鵡
鴝鵒 杜鵑 鶬鶊 蝙蝠
○『同』『蒙』『倭』에 共通으로 보이는 標題語 漢字- 翡翠 鷹 鶺鴒 雛 嘴 踞

위의 『倭語類解』의 標題語 漢字가 다른 類解書에 보이지 않고 『倭語類解』에
獨自的으로 보이는 標題語 漢字 중, 『慶長15年本 倭玉篇』에는 全體的으로
鳥部에「鸞」「鴛鴦」「鶺鴒」「鵲鴣」「鸕」「鴈」「鷲」「鷺」등을 除外하고 거의 大部
分 『倭語類解』의 〈鳥〉部에 보이는 1자의 標題語 漢字는 一致한다. 또한 鳥部의
日本語와 日本漢字音은 「梟」(『倭語類解』153-ギョウ、フクロ。『倭玉篇』396-
ギョウ、フクロ)「鷲」(『倭語類解』152-シウ、ワシ。『倭玉篇』398-ジュ、ワ
シ)「鷺」(『倭語類解』-152ジ、ノツル。『倭玉篇』395-ジ、サギ) 등과 같이 日本
語와 日本漢字音에 若干의 差異가 있지만, 大部分의 用例는 一致하는 傾向이다.
또한 『慶長15年本 倭玉篇』의 標題語 漢字는 거의 1字의 標題語 漢字로 되어
있지만, 『倭語類解』의 2字의 標題語 漢字「白鷺」「鳳凰」「鸕鷀」「杜鵑」「鸚鵡」와

一致하는 「鷺(標題語 漢字)下段에 小字로 白-(下段에 小字로 記載되어 있음)」
「鳳(標題語漢字)-凰」「鸝(標題語 漢字)-鷟」「鵑(標題語 漢字)杜-」「鸚-鵡」로 記
載되어 있어 2字의 標題語 漢字도 一致하고 있으며 日本語와 日本漢字音도
一致하고 있다. 따라서 지금까지 『倭語類解』와 類似한 日本語와 日本漢字音은
『倭玉篇』類의 文獻으로부터 記載되었을 可能性이 상당히 높다고 할 수 있다.

〈昆蟲〉

○『倭』에만 記載되어 있는 標題語와 『倭玉篇』(慶長15年本)의 標題語가
一致하는 것- 蟲 蛇 蝘 蝶 螢 蠶 蜂 蟬 蜓 蚱 蜉蝣 蟋蟀 蛋 蛄 蠅 蚊 蚉
蝸 蛭 蛛 蚤 虱 蠹 蝦蟆 蛙蝛 蛆 蠐 蠢 蚑 蟠
○『譯』과 『倭』에 共通으로 보이는 標題語 漢字- 蟾蜍 蝌蚪
○『譯』『同』『蒙』『倭』에 共通으로 보이는 標題語 漢字- 螳螂 蝗蟲 蚯蚓
蜈蚣 臭蟲
○『同』『蒙』『倭』에 共通으로 보이는 標題語 漢字- 蟒

〈昆蟲〉部의 標題語의 日本語와 日本漢字音을 比較해 본 結果, 『倭語類解』
에 記載되어 있는 「毒蛇」「蝗蟲」「蚉」「蛋」「蚑」를 除外하면 『慶長15年本 倭
玉篇』과 거의 모두 一致한다.

또한 각 標題語 漢字의 日本語와 日本漢字音을 比較해 보면, 蠶(『倭語類解』
163ーザン、カイゴ。『倭玉篇』417ーサン、カイコ、コカイ)、蠹(『倭語類解』
165-ト、シミ。『倭玉篇』417-ト、ムシザシ、ムシハム、)蚊(『倭語類解』164-
フン、カ。『倭玉篇』413ーモン(우)フン(좌)、カ)蟠(『倭語類解』166-ハン、ワ
ダカマル, 『倭玉篇』413-バン、ワダカマル) 등 一部 日本漢字音과 日本語가 一致
되지 않는 部分이 보인다. 「蚊」의 漢字音은 吳音이 モン이고 漢音이 ブン이다.
따라서 『倭語類解』에 잘못된 漢字音 「フン」이 『慶長15년본 倭玉篇』에도 記載
되어 있어 誤記表記가 一致한다.

이와 같이 『倭語類解』의 蟲部에 나타나는 日本語와 日本漢字音이 『慶長

15年本 倭玉篇』과 一致하는 標題語 漢字와 日本語와 日本漢字音이 一致하는 用例가 많이 보인다.

다음에 나타내는 語彙는 慶長15년본의 日本語와 日本漢字音이 一致하는 用例이다.

　　蟲(『倭語類解』163-チュウ、ムシ。『倭玉篇』-チウ、ムシ411)蛛(『倭語類解』165,『倭玉篇』-412チウ、クモ)　蠐(『倭語類解』166-セイ、スクモムシ。『倭玉篇』412-セイ、スクモムシ)蛭(テツ、ヒル)蜓(『倭語類解』164-トンボウ。『倭玉篇』414ートンバウ)虱(シツ、シラミ)蛄(『倭語類解』164-コ、ケラ。『倭玉篇』419-コ、ケラ、ヨナムシ)蠅(『倭語類解』164,『倭玉篇』422-ヨウ、ハイ)蟋(シツソツ、キリギリス)蟾蜍(センジョ、ヒキカイル)

『倭語類解』의 虫部와 관련해서 川瀬一馬所藏『倭玉篇』(室町末期寫,橫本)의 虫部에도 『倭語類解』의 日本語와 日本漢字音이 完全히 一致하는 用例가 다음과 같이 보인다[68].

　　蟲(チウ ムシ)蛄(コ ケラ)蛭(テツ ヒル)虱(シツ シラミ)蟋蟀(シツソツ キリギリス)蟾蜍(センジョ ヒキカイル)

또한 東京大學國語國文學研究室 所藏本인 『長亨3年本 倭玉篇』에 보이는 標題語 漢字와 『倭語類解』에 보이는 2字의 標題語 漢字語가 서로 一致하는 것도 많이 보인다. 이러한 一致는 東京大學國語國文學研究室 所藏本인 『長亨3年本 倭玉篇』과 『倭語類解』의 標題語 漢字에 보이는 日本語와 日本漢字音이 상당히 關聯이 있을 것으로 보인다[69].

---

68) 川瀬一馬(1978)『古辭書槪說』(雄松堂書店)의 p.p.217-226에 실려 있는 寫眞版을 參照했다.
69) 日本 東京大學國語國文學研究室에 所藏되어 있는 旧中田薫 所藏 長亨三年本(1489)의 影寫本(川瀬一馬의 分類에 의하면 제 4類(ロ)種本에 속함)을 使用했다.

朦(モウ、オホロ)一朧(ロウ、ヲホロ)訟(セウ、ウツタウ、アラソ
フ、コトハリ)一訴(ソ、ウツタフ、マチラル)桔　梗(ききやう)棕櫚(下
ソウロ、シュロ　椶櫚シュロ)鸚-䳇(アウム)鶺(セキ、ニワタタキ)-鴒(レ
イ、ニハタタキ)鴛(エン、ヲシ)一鴦(アウ、メヲシ)鸕(ロ、ウ)-鷀
(シ、ウ)鳳(ホウ、ヲントリ)-凰(アウ、メントリ)蚯(キウ、ミミス)-蚓
(イン、同上)螳(タウ、イホムシ)-螂(ラウ、同上)蟋蟀(シツソツ、キリ
キリス)蝙蝠(ヘンフク、カハモリ)蟾蜍(センショ、ヒキカイル)芙蓉
(フヨウ、ハチノス)苜蓿(モクシュク、ムマコヤシ)薏苡(ヨクイ、フシ
タマ)葡萄(蒲萄フタウ、ヲヲエヒカツラ)茘芰(レイシ)茱萸(シュユ、ク
ミ)

　　위의 用例 중, 『倭語類解』의 〈禾穀〉部의 複合語 標題語 茱萸(170シュユ、ク
ミ)와 〈花草〉部의 芙蓉, 〈昆蟲〉部의 蟋蟀, 〈果實〉部의 茘芰 등은 四學의 類解書
에도 보이지 않는 2字 漢字語로 東京大學國語國文學硏究室 所藏本인 『長亨3年
本 倭玉篇』에 나오는 標題語와 一致하고 있으며 日本漢字音과 日本語 訓도
一致하고 있다. 특히 果實의 茘芰 漢字語는 東京大本에도 日本漢字音「レイシ」
만 記載되어 있어 『倭語類解』의 2字 以上의 漢字語 또는 1字의 漢字語에
一部 漢字音만이 記載되어 있는 記載方法과 一致하고 있어 더 한층 이러한
資料의 影響을 받았을 것으로 추정된다. 또한 『譯語類解』와 一致하고 있는
標題語 漢字 〈菜蔬〉部의 「苜蓿」도 東京大本의 日本漢字音과 一致하고 있다.
이러한 2字類의 標題語는 『倭玉篇』에서도 많이 보이지 않는 漢字로 이러한
語彙가 旣存의 『倭語類解』의 標題語 漢字가 四學의 類解書의 影響을 받았을
것이라는 事實은 앞의 標題語 漢字에서도 살펴보았다. 그러나 위에 예로
들은 이러한 漢字는 四學의 類解書에도 보이지 않는 標題語 漢字라는 점에서는
東京大本과 같은 『倭玉篇』類의 資料로부터 日本語와 日本漢字音을 採取했을
것으로 생각된다. 『玉篇要略集』에서는 四學의 類解書에도 보이지 않는 〈昆蟲〉
部의 「蟋蟀」 (左シツソツ 右キリキリス), 「蜉蝣」 (左フユウ 音만 記載되어 있음)
는 〈昆蟲〉部에 記載되어 있으며 日本語와 日本漢字音이 一致하고 있다. 그중

「蜉蝣」는『倭語類解』에서도 音만이 記載되어 있으나『玉篇要略集』에서도 音만이 記載되어 있어 이러한 資料와의 關聯性이 있을 것으로 생각된다. 東京大本에서도「蟋蟀」(左シツソツ 右キリキリス)이 記載되어 있다. 또한『倭語類解』에서는 다른 四學의 類解書에서도 보이지 않는「棕櫚 (上 ソウリョ 下シュロ)가 記載되어 있으나『玉篇要略集』의 木部에는「椶櫚」(左-リョ 右-スロノキ)가 記載되어 있어『倭語類解』의 上段의 日本漢字音으로 보이는 것이 記載되어 있다. 그러나『弘治2年本 倭玉篇(1556)』에는『倭語類解』의 下段의 漢字音에 該當되는「椶櫚」(右 シュロ)로 記載되어 있어 두 資料간의 日本漢字音의 性質이 다른 漢字音으로 記載되어 있다.「椶」의 俗子가「棕」이다.「椶」의 漢字音은 吳音과 漢音이 ソウ로 되어 있다.「棕」의 漢字音은 漢音이「ソウ」、吳音이「ス」、慣用音이「シュ」이다.「櫚」의 漢字音은 漢音이「リョ」이고 吳音이「ロ」이다.『玉篇要略集』에서는 漢音이 記載되어 있고『弘治2年本倭玉篇』에는 吳音과 慣用音이 記載되어 있다. 이와 關聯해서『倭語類解』에는 漢音이 많이 記載되어 있다. 東京大本에서도 椶櫚 (右 シュロ)로 記載되어 있다. 이와 같이『倭玉篇』의 日本語와 日本漢字音도 種類에 따라 差異가 있으며 이러한 類似 文獻에 의해 影響을 받았을 것으로 생각된다.

  이외에도『倭語類解』의 2字類의 標題語 漢字와 日本漢字音과 日本語가 一致하는 用例가 다음 資料에도 보인다.

〈東京大學 所藏『伊勢家本 古寫本 玉篇』〉

  「椶櫚」(右 シュロ)蟋蟀 (右シツソツ 左キリキリス)蟾(セン シリ)一蜍(カヘル) 葡萄(ホトウ『倭語類解』의 上의 位置 漢字音과 一致) 芙蓉(フヨウ) 苜蓿(モクシュク)

<청가당문고소장『倭玉篇』(中世 川瀬一馬의 分類에 의하면 第4類(イ)種本에 속함)>
　　○鸚鵡(アウム) 蟋蟀(シツソツ キリギリス)蟾蜍(センジョ ヒキカイル) 蝙蝠(ヘンフク カハモリ)玳瑁(タイマイ 倭語類解와 한자음이 틀림 タイボウ、ベッコウ)琉璃(ルリ。リウリ、ビイドル)芙蓉(フヨウ)

　　○鶺(セキ、ニシタタキ　倭語類解에는セキレイ、イシタタキ)一鴒(レイ、同上) 鸕(ロ、ウ)一鶿(シ、ウ。倭語類解ロジ、ウノトリ 又云ヌレサキ)　鴛(エン、ヲシ、ハシタカ)-鴦(アウ、メヲシ。倭語類解エンオウ、オシトリ) 鳳(ホウ、ヲトリ)-凰(アウ、メントリ、倭語類解　鳳(下-ホウ)凰(上-オウ) 螳(タウ、イホシリ)一螂(ラウ、イホシリ)　蚯(キウ、ミミス)-蚓(イン 同동일) 珊(サン、タマ)一瑚(コ、タマ。倭語類解는 아래-サンゴ) 芭(ハ、マナフ)-蕉(セウ、アフハシ 倭語類解에는 下-バショウ)70)

<청가당문고소장『倭玉篇』(中世 川瀬一馬의 分類에 의하면 第4類(ロ)種本에 속함)>
　　○蟋蟀 (右シツソツ)蟾蜍(センジョ　ヒキカイル) 蝙蝠(ヘンフク カハモリ)
　　葡萄(フタウ)茱萸(シュユ　グミ170)荔子(レイシ　荔芰)薏苡(イイ、ヨクイ又云ススダマ120、　ヨクイ、ツジダマ)稷欄 (右　シュロ)桔梗(キキャウ)

　　○ 1字＋1字로 連結된 標題語가『倭語類解』와 一致하는 것
　　螳(タウ、イホムシ)一螂(ラウ、同上) 鳳(ホウ、ヲンドリ)一凰(ワ

---

70) 單字의 標題語를 가진 貂(テウ、フルヤ、キネズミ)는『倭語類解』(p.157)에서는 タ行オ段 拗長音의 口蓋音化 以前의 日本漢字音 表記인「됴우」와 日本語 訓「キネズミ」와 一致한다. 單字「妻」는『倭語類解』에는 漢字音이「セイ」表記되어 當時의 다른 資料와 많은 差異가 있었으나 이 資料에는 妻(右-サイ左-セイ、ツマ)와 같이『倭語類解』와 同一한 漢字音이 보인다. 또한『倭語類解』의 馬(우마) 白馬(시로우마)赤馬(아가우마)駁馬(마따라우마)驃馬(긴누기우마)의 標題語 漢字에 日本語 훈「우마」가 表記되어 있다. 靑嘉堂文庫所藏의 文獻에는 馬(ムマ)로 表記되어 있어 ム行에서 ウ行으로의 變化를 反映한 것으로 推定된다.

ウ、メンドリ）琵(ビ)ー琶(ワ)(『倭語類解』上-ビハ 下-ビワ)珊(サン、タ
マ)ー瑚(コ、同上。『倭語類解』下-サンゴ）邂(カイ、タマタマ 등)ー逅
(コウ、アウ 등)199カイコウ、タマタマオウ)鸚(アウ)-鵡(ム) 鳳(ホウ、
ヲンドリ)-凰(アウ、メンドリ) 梧(コ、キリ)桐(トウ、キリ 166ゴト
ウ、キリノキ)71)

〈昆蟲〉部의「蛭」은 『倭語類解』에는 漢字音은「シツ」日本語 訓은「ヒル」
로 記載되어 있으나 東京大學所藏本『長亨3年本 倭玉篇』에는 漢字音「テツ」
와 日本語「ヒル」로 記載되어 있다. 『慶長 15年本 倭玉篇』에는 日本漢字音
이 右側에는「シツ」、左側에는「テツ」로, 그 下段에는 日本語 訓「ヒル」가
記載되어 있어 『倭語類解』의 日本語와 日本漢字音이 『倭玉篇』과 一致하는
것이 많이 보인다.

以上과 같이 『倭語類解』와 『倭玉篇』의 여러 本을 比較해 본 結果, 『倭語
類解』의 標題語 漢字에 記載되어 있는 日本語와 日本漢字音이 一致하는 用
例가 많이 보이고 있으나 一致하지 않는 用例도 보인다. 그러나 一部『倭語
類解』와 一致하는 標題語 漢字와 그것에 記載되어 있는 日本語와 日本漢字
音이 一致하는 것이 많이 보여 『倭語類解』의 日本語와 日本漢字音의 出處
는 日本國內의 語彙資料와 關聯이 있으며 특히 『倭玉篇』類의 資料와 상당
히 關聯이 있을 것으로 判斷된다.

71) 單字인 麵(93メン、ソウメン)의 日本語 部分에 記載되어 있는「ソウメン」의 漢字音도 一致한
다.『倭玉篇』에 日本語 訓이 記載되어야 할 部分에 漢字音「ソウメン」이 記載된 것은 例外的인
것이며, 『倭語類解』에서의 訓 部分에「ソウメン」이 記載된 것도 一般的이 아니고 例外的인 表
記이다.

4. 結語

　본 장에서는『倭語類解』에 記載되어 있는 日本語와 日本漢字音이 어떠한 經路로 編纂되었으며 日本語 語彙 出處는 어느 資料에 影響을 받았는지를 糾明하고자 했다.

　『倭語類解』에 記載되어 있는 日本語와 日本漢字音은, 標題語 漢字를 媒介로 해서 標題語 漢字에 該當되는 日本語와 日本漢字音이기 때문에 우선은 標題語 漢字의 性格을 調査하기로 했다. 그래서『倭語類解』와 當時 四學(漢學·淸學·蒙學·倭學)의 다른 類解書의 標題語 漢字를 比較했다. 그 結果 『倭語類解』의 標題語 漢字가 다른 類解書에는 보이지 않는 標題語 漢字가 壓倒的으로 많이 보이고 있다. 그중,『倭語類解』에는 다른 類解書에는 많이 보이지 않는 單字(1音節)의 標題語 漢字가 많이 포함되어 있다.『倭語類解』의 單字 標題語 漢字는 다른 類解書는『倭語類解』의 單字 標題語를 포함한 2字類의 標題語 漢字가 상당히 많이 포함되어 있고,『倭語類解』의 標題語 漢字와 다른 四學의 類解書와 一致하는 標題語도 보이고 있어『倭語類解』의 標題語 漢字의 成立에 다른 類解書를 參考했을 가능성이 높다고 할 수 있다. 또한 다른 類解書에는 보이지 않는 單字(1音節)의 標題語 漢字와『倭語類解』에 獨自的으로 보이는 標題語 漢字 중, 當時의 日本 文獻인『慶長15年本 倭玉篇』類의 標題語 漢字가 一致하는 것이 많이 보여『倭語類解』의 標題語 漢字의 成立에 日本 文獻과의 關聯도 있을 것으로 推定된다. 특히『倭語類解』에 보이는 標題語 漢字와 單字(1音節)의 標題語 漢字가『慶長15年本 倭玉篇』과 상당히 많이 一致한다. 2字類 標題語 漢字에서도 東京大學 所藏本『長享3年本 (1489) 影寫本 倭玉篇』의 用例와 一致한다. 이러한『倭玉篇』과 一致하는 單字와 2字類의 標題語 漢字가 다른 類解書에 보이지 않는 것이 많이 보여 『倭語類解』의 標題語 漢字는 當時의 四學의 他 類解書를 參考를 하면서 日本 의『倭玉篇』類의 資料로부터도 採取했을 것으로 推定된다.

그리고『倭語類解』의 日本語와 日本漢字音을 標題語와 日本語·日本漢字音의 記載方法이 類似한『慶長15年本(1610) 倭玉篇』의 그것과 比較해 본結果, 두 資料의 日本語와 日本漢字音이 거의 一致하는 것이 많이 보인다. 또한 두 資料가 日本漢字音은 一致하지만 日本語가 一致하지 않는 用例, 日本漢字音은 一致하지 않지만 日本語가 一致하는 用例 등도 보인다. 그러나 2字類의 標題語 漢字語에도 東京大學國語國文學硏究室 所藏本인『長亨3年本 倭玉篇』과 다른 本에서도 日本語와 日本漢字音이 많이 일치하는 것으로 보아『倭語類解』의 日本語와 日本漢字音이『倭玉篇』類의 資料로부터 影響을 받았을 것으로 생각된다.

따라서『倭語類解』의 標題語 漢字는 全體的으로 當時의 旣存의 다른 類解書의 바탕 하에 構成이 되었으며 日本의『倭玉篇』類의 資料도 參考가 된 것으로 생각된다.『倭語類解』에 記載되어 있는 日本語와 日本漢字音은『倭玉篇』類와 一致하는 것이 많이 보여 慶長15年本, 내지는 東京大學 所藏本 등과 같은 類似 文獻에 의해 影響을 받은 것으로 생각된다.

(附記)

본 장을 完成하기까지 여러 先生님으로부터 貴重한 資料를 提供받았다.『享祿5年寫 玉篇略(倭玉篇)』을 提供해주신 聖德大學의 大友信一先生님과 靑嘉堂文庫所藏『倭玉篇』(第4類(イ)種本), 靑嘉堂文庫所藏『倭玉篇』(第4類(ロ)種本)을 提供해주신 中山六郎 先生님, 東京大學所藏『長亨3年本(1489) 影寫本 倭玉篇』, 東京大學所藏『伊勢家本 古寫本 倭玉篇』을 提供해주신 白合女子大學의 矢田勉先生님에게 感謝의 말씀을 전한다. 이외『倭玉篇』의 여러 資料를 提供해 준 東北大學의 菊池淸一郎 助敎에게도 아울러 感謝드린다.

5장
『日語類解』의 일본어 표기와 음운

1. 緒言

　『日語類解』(1912년刊 상하2권 1책)는 한국어와 일본어를 대역한 자료이다. 이 자료는 최초의 한일대역사전인『倭語類解』의 한국어와 일본어를 편찬 시기인 1912년 당시의 일본어를 개정 보완한 자료이다. 따라서 근세 자료인『倭語類解』의 일본어를『日語類解』에서는 근대 어학 자료로 수정 개정한 것이다[72].

　『日語類解』에 기재되어 있는 일본어 표기와 음성적 · 음운적 특징에 관해서는 현재까지 논의 되어 있지 않다. 따라서 본 장에서는『日語類解』의 일본어 표기 및 음성적 및 음운적 특징에 대해서 논하기로 한다. 그리고『日語類解』에 표기되어 있는 일본어의 음성 및 음운 표기를 중심으로 분석하고 전체적인 특징을 논하기로 한다.

2.『日語類解』에 記載되어 있는 日本語 表記에 대하여

　『日語類解』의 所收되어 있는 〈例言〉에서 저자인 카나자와쇼사부로(金澤庄三郎)가 일본어 표기법을 다음과 같이 기재하고 있다[73].

　　(前略)一、平仮名及び諺文の用法は尽く発音を標準としたれども、日鮮語音相同じからざるものあるがため、暫く便宜によりて定めたるものなり。例えへば、「ツ」に두を宛て、濁音をS濃音(된시옷)にて表したるが如し。これ等は師に就きて実地に練習せざるべからず。(後略)

---

72) 『日語類解』는 일본 京都大學文學部國語學國文學研究室編(1970)『兒學編 · 日語類解 · 韓語初步』(日本 京都大學國文學會)와 鄭光(1988)『諸本集成 倭語類解 〔解說 · 國語索引 · 本文影印〕』(韓國 太學社)를 이용했다.

73) 京都大學文學部國語學國文學研究室編(1970)『兒學編 · 日語類解 · 韓語初步』(日本 京都大學國文學會) 참조.

카나자와쇼사부로(金澤庄三郎)는 일본어 「ツ」의 표기에는 月(『倭』上1
オ cɯ-ki→『日』上1オ tu-ki), 旋風(『倭』上1ウ cɯ-zi-ka-zəi→『日』上1ウ
tu-mu-ssi)와 같이 「두」로 나타내고[74], 그리고 일본어 유성음인 탁음에
대해서는 濃音(된시옷)으로 나타낸다고 하고 있지만, 그 외의 장음이나
촉음 반탁음 청음 등에 대해서는 그다지 언급이 없다. 따라서 본 장에
서는 『日語類解』에 기재되어 있는 일본어의 대표적인 표기에 대해서 논
하기로 한다.

우선 『日語類解』의 일본어 음절이 전체적으로 어떠한 한글 표기로 되어
있는가를 조사하고, 일본어의 음성과 음운 현상이 어떻게 표기되었는지를
살펴본다.

3. 『日語類解』의 日本語 音節 表記

『日語類解』에 기재되어 있는 일본어의 한글 표기를 고오노로구로(河野
六郎)씨의 로마자 전사법에 따라 표기하면 다음과 같다[75].

---

74) 일본어 「ツ」의 표기는 『倭』에서는 「즈(cɯ)」, 『日』에서는 「두(tu)」로 표기되어 있다. 이하
    에서 『日語類解』와 『倭語類解』의 용례를 제시할 때 上은 上卷을, 下는 下卷을 나타낸다. 또한
    페이지 다음의 オ는 앞면을 나타내고 ウ는 뒷면을 나타낸다.
75) 河野六郎(1979)『河野六郎著作集 第1卷』(平凡社) 所收의 「諺文轉寫ローマ字表」에 의해 표기했다.

〈『日語類解』의 한글 轉寫 로마자 표기〉

	ア	イ	ウ	エ	オ
ア行	'a	'I	'u	'əi	'o
カ行	ka	ki	ku	kəi	ko
サ行	sa	si	su	səi	so
タ行	ta	ci	tu	təi	to
ナ行	na	ni	nu	nəi	no
ハ行	ha	hi	hu	həi	ho
マ行	ma	mi	mu	məi	mo
ヤ行	ya		yu		yo
ラ行	ra	ru	ru	rəi	ro
ワ行	oa				
ガ行	ska	ski	sku	skəi	sko
ザ行	ssa	ssi	ssu	ssəo	sso
ダ行	sta		ssu	stəi	sto
バ行	spa	spi	spu	spəi	spo
パ行	-p-pa	-p-pi	-p-pu	-p-pəi	-p-po

위의 『日語類解』의 일본어 음절 표기의 큰 특징은 우선 ウ列音이 원순 모음인 [u](우)의 표기로 되어 있다. 그리고 エ列音의 표기는 [əi]·[자음 +əi]로 표기되어 있다. 또 다른 특징은 일본어의 탁음 표기가 저자인 카나 자와쇼사부로(金澤庄三郎)도 지적한 바와 같이 ガ行의 자음 [ska], ザ行의 자음 [ssa], ダ行의 자음 [sta], バ行의 자음 [spa]과 같이 청음의 カ行[ka], サ行[sa], タ行[ta] 표기 앞에 자음 [s〈ㅅ〉]을 붙이고, バ行의 표기는 [p〈ㅂ〉] 의 앞 음절에 자음 [s〈ㅅ〉]을 붙여서 표기하고 있다.

1) 일본어 청음 음절 표기

① ウ·エ열 음절 표기에 대하여

『日語類解』의 일본어 모음음절 ア列音·イ列音·オ列音(a·i·o)은『倭語類解』의 표기와 거의 일치하고 있다. 그러나『倭語類解』의 일본어 ウ列音 표기는 원칙적으로 모음[ɯ](으)로 표기되어 있으나, 『日語類解』에서는 원순모음인 [u](우)의 표기로 되어 있다. 또한 エ列音의 표기는『倭語類解』에서는 거의 [-yəi]로 표기되어 있는 것에 비해『日語類解』에서는 대부분 [-əi]로 표기되어 있다.

〈ウ列音〉

凉(上6才 su-ssu-si-'i)霞(上2ウ ka-su-mi かすみ)寒(上p6才 sa-mu-'i)

〈エ列音〉

液(上p18ウ'əi-ki)肥(上21才 ko-'əi-ru)聲(上22才 ko-'əi)智(上p23ウ ci-'əi)答(上p26ウ ko-ta-'əi)徒(上p29ウ hi-to-'əi-ni)得(上p29ウ'əi-ru)鳶(下18才'əi)突(下16ウ'əi-ki)添(下29才 so-'əi-ru)盛(下p30ウ sa-ka-'əi-ru)具(下38才 so-ro-'əi-ru)

위의 용례 중, 霞(『倭』上2ウka-sɯ-mi→『日』上2ウ ka-su-mi)水(『倭』上10才 sɯ-'i→『日』上10才 su-'i)와 같이 일본어 및 일본한자음의 ウ列音의 표기를 보면, 『日語類解』의 표기는 『倭語類解』의 비원순성모음[ɯ]표기를 따르지 않고 대부분 원순성모음인 [u]로 표기하고 있다[76]. 또한 液(上p18ウ'əi-ki)肥(上21才 ko-'əi-ru)聲(上22才 ko-'əi) 등과 같은 エ列音의 표기는 『倭語類解』에서는 [yəi]·[자음+yəi]표기가 대부분이나, 『日語類解』에서는 [əi]·[자음+əi]로 표기되어 있는 것이 특징이다.

---

76) 이하에 나타내는 용례의 출처를 표시하는 경우, 『倭語類解』는『倭』로 표시하고『日語類解』는『日』로 각각 표시한다.

② カ행

月(上1オ tu-ki つき)霞(上2ウ ka-su-mi かすみ)雲(上1ウ ku-mo くも)
池(上10ウ ʼi-keいけ)底(上12オ so-koそこ)[77]汲(上11オ. ki-yu-ʼu ku-muく
む)響上(22オ ki-yo-ʼu hi-spi-ki)

대부분 표제어 한자에 대한 일본어와 일본한자음 표기 중, 拗音에 해당
하는 표기는 주로 발음을 분절해서 한글로 표기하고 있는 것이 특징이다.
그 외 고유의 일본어(훈으로 읽기)[78] 표기는 발음 그대로 표기하고 있다.

③ サ行

寒(上6オ sa-mu-i さむい)下(上11ウ si-ta した)隅(上12オ su-mi すみ)
使(上30ウ səi-si- mu せしむ)灑(上10ウ so-so-sku そそぐ)春(上2ウ
si-yun)秋(上2ウ si-yu-ʼu)手(上18オ si-yu)秀(上20オ si-yu-ʼu)襲(上42ウ
si-yu-ʼu)袖(上49ウ si-yu-ʼu)借(上59ウ si-ya-ku)取(下33オ si-yu)斜(下34
オ si-ya)

위의 サ행의 한글 표기도 拗音에 해당하는 표기는 주로 발음을 분절해
서 한글로 표기하고 있는 것이 특징이다. 拗音의 경우는 일본한자음 표기
에 많이 보인다.

④ タ行

滴(上10ウ si-ta-ta-ru)市人(上15オ ci-yo-ʼu-nin)忠臣(1上4ウ ci-yo-ʼ
u-sin)注(上10ウ tu-sku)雇工(上16オ ya-ko-ʼi-spi-to)照(上6オ təi-ru)

---

77) 『日語類解』의 표제어 한자의 바로 왼쪽 하단에 일본한자음이 기재되어 있고 그 하단에 표
　　제어 한자에 대한 일본어(훈읽기)가 기재되어 있다.
78) 이하에서는 표제어 한자의 훈으로 읽는 일본어를 훈읽기로 약칭한다.

タ行음의 표기에는 [チ] 자음의 한글 표기는 [c]로 표기되어 있어 구개음
화된 자음으로 표기하고 있다. 그러나 [ツ]의 자음 표기는『倭語類解』에서
는 [c]·[cc]로 표기되어 있으나『日語類解』에서는 오히려 구개음화되기 전
의 발음을 표기한 [t]의 자음으로 표기하고 있다.『日語類解』에서의 [t]의
자음은 어떠한 의도로 표기된 것인지 판단하기 어렵다. 그러나 추정할 수
있는 것은 당시의 실제 발음을 나타내기보다는 편의적인 표기의 통일성에
의한 것으로 판단된다.

> 月(上1オ kyəi-ccɰ→上1オ skəi-tu)露(上2ウ cɰ-yu→上2ウ tu-yu)夏(上
> 2ウ cɰ-yu→上2ウ na-tu)晦(上4オ cɰ-mo-ŋko-ri→上3ウ tu-mo-sko-ri)朔
> (上4オ cɰ-'i-ta-ci→上3ウ tu-'i-ta-ci)筆(上38ウ hi-ccɰ→上41ウ hi-tu)
> 雙(下33オ cɰ-'i→下30オ tu-'i)

タ行음의 표기 중, 다음에 나타내는 タ行オ段 拗長音은 간본인『倭語類解』
의 표기와 많은 차이가 보인다[79].

> 「tyo-'u」
> 法帖(tyo-'u→ci-yo-'u)凋(tyo-'u→ci-yo-'u)楪(tyo-'u→ci-yo-'u)弔
> (tyo-'u→ci-yo-'u)楪(tyo-'u→ci-yo-'u)

> 「cyo-'u」
> 腸(cyo-'u→ ci-yo-'u)

『倭語類解』의 日本漢字音 タ行オ段 拗長音의 표기에는 「tyo-'u」「cyo-'u」
두 가지 표기가 보이고 있고, 이 두 가지 표기가『日語類解』에는 모두「ci-'yo-

---

79) 拙稿(1998)「『倭語類解』の日本漢字音に見られるタ行オ段拗長音の表記について」(『경주대학교
논문집』제10집)에서「tyo-'u」「cyo-'u」의 두 가지' 표기가 보이는 것은 한국어의 구개
음화 전의 표기「tyo」와 구개음화의 음운변화에 의한「cyo」와 관련이 있을 것이라는 것
을 논한 바 있다.

’ㅜ」의 표기로 통일 되어 있다. 『日語類解』의 편찬 시기에는 이미 『倭語類解』
의 「tyo-’ㅜ」「cyo-’ㅜ」의 두 가지의 표기가 「cyo-’ㅜ」의 발음으로 통일 된
시기이다. 『日語類解』에서의 タ行オ段 拗長音 「チョウ」를 「ci-yo-’ㅜ」로 분리
해서 표기한 것은, 이전의 규범적인 의식으로 통용되던 「割って発音する」(분리
해서 발음한다)는 규범의식을 반영해서 표기했거나 또는 일본어의 가나를
한 자씩 분리해서 표기하는 것이 정확한 발음을 나타내기 위한 것으로 인식한
것이 아닌가 생각된다.

다음에 열거하는 ナ行・ハ行・マ行・ヤ行・ラ行・ワ行음을 나타내는 한
글표기에는 큰 특징이 보이지 않아 용례만 제시한다. ハ行의 요음 표기 表
(上11ウ hi-yo-’ㅜ), マ行의 요음표기 姓(上14オ mi-yo-’ㅜ-ssi) 등 각 행의
요음 표기에는 『倭語類解』에서는 요음 표기를 한글 표기 하나의 문자로
나타내고 있지만, 『日語類解』에서는 일본어 가나를 한자 한자씩 분리해서
한글로 표기하고 있다.

⑤ ナ行

中(上11ウ ci-yu-’ㅜ-sin na-ka)谷(上7ウ ta-ni)

⑥ ハ行

左(上11ウ hi-sta-ri)外(上10ウ sku-oa-’i, ho-ka ほか)淵(上9ウ hu-ci)
表(上11ウ hi-yo-’ㅜ)

⑦ マ行

前(上11ウ ma-’ əi)四面(上12オ si-məin)隅(上12オ su-mi)漏(上10ウ mo-ru)妾
(上13ウ məi-ka-kəi)姓(上14オ mi-yo-’ㅜ-ssi)

⑧ ヤ行

右(上11ウ　yu-’u)淘(上10ウ　yu-ru)能(上24オ　yo-ku-su-ru)

⑨ ラ行

濕(上10ウ　nu-rəi-ru)原(上7ウ　ha-ra)泥(上8オ　sto-ro)臀(上18ウ　si-ri)

⑩ ワ行

湧(上10ウ　oa-ku)童上(15オ　oa-ra- spə)

2) 일본어 탁음·반탁음 음절 표기

다음은 ガ行·ザ行·ダ行·バ行음의 용례를 나타내면 다음과 같다.

① ガ行

嚴(上7オ　skan)晦(上3ウ　tu-mo-sko-ri)月(上1オ　skəi-tu)銀河(上1オ skin-ka)媱(上21ウ　mi-sku-ru-si-’i)禮(上24ウ　rəi -’i, rəi -’i-ski)極(上 31ウ　si-sko-ku)[80]

② ザ行

風(上p1ウka-ssəi)西風(上p1ウni-si-ka-ssəi)北風(上1ウ　ki-ta-ka-ssəi)逆風 (上1ウ　mu-ko-u-ka-ssəi)虹(上2オ　ni-ssi)涼(上6オ　su-ssu-si-’i)潮水(上10 オ mi-ci-si-’o)塵(上8オ　ssin)

---

80) 『倭語類解』의 표기는 졸고(1997)「『참회록』에 있어서의 티르데 마크 표기에 대하여」(『일본 학보』제39집 한국일본학회)에서 이미 중세에 탁음 앞에 비음이 존재했다는 것을 주장 한 바 있다. 따라서 『倭語類解』의 極(싱고구) 표기는 ガ행 앞의 탁음전비음 표기의 흔적으로 생각된다.

③ ダ行

旱(上2 オ hi-stəi-ri)凸(上p8 ウ na-ka-sta-ka)咽喉(上p17 ウ　no-sto)[81]秀(上20
オ　si-yu-'u, hi-'i-stəi-ru)鈍(上26 オ　ston, ston-na)

④ バ行

瀑布(上9 オ　spa-ku-hu)僕(上16 オ　spo-ku)項(上18 オ　ku-spi)手腕(上18
オ te-ku-spi)指(上18 オ yu-spi)特(上30 オ to-ku,　to-ku-spəi-tu)鼈(下p22 ウ
spəi-tu,sup-pon)楂(下p25 ウ　ki-ri-ka-spu)柴木(下p25 ウ　si-spa)樺(下25 オ
ka-spa-no-ki)

『日語類解』의 일본어 탁음 음절의 표기에 관해서 저자인 카나자와쇼사
부로(金澤庄三郎)는 책의 서두의 〈例言〉에서 「(前略)濁音をS濃音(된시옷)
にて表したるが如し。 これ等は師に就きて実地に練習せざるべからず。 (後略)」
로 나타내고 있듯이 나름대로 그 규칙을 정해놓고 있고, 그 기준에 의해
표기되어 있다.

『日語類解』의 탁음 표기는 ガ행의 ガギグゲゴ는 k의 자음 앞에 s(ㅅ)을
붙여서 까따씨꾸쩨시[ㅆ]로, ザ행의 ザジズゼゾ의 표기는 s의 자음 앞에 s
를 붙여서 싸씨쑤쩨쏘[ㅆ]로 표기하고 있다. ダ행의 ダヂヅデド표기는 자음
t 앞에 s를 붙여 짜씨쭈쩨쏘[ㅆ]로, バ행의 バビブベボ 표기는 자음 p 앞에
s를 붙여 쌔쎄쑵쩨쏻[ㅆ]로 표기하고 있다. ガ행·ザ행·ダ행의 탁음 표기
는 기존의 청음에 해당하는 자음 앞에 모두 s(ㅅ) 자음을 붙여서 나타내고
있고, バ행의 탁음 표기는 p 앞에 s를 붙여서 나타내고 있다.

그러나『日語類解』의 저본인『倭語類解』에서는 책의 후미에 〈伊呂波間
音〉이라는 일본어 탁음에 해당하는 음절 표기 기준을 두고 그것을 중심으
로 비교적 정확하게 표기하고 있다.

---

81)『倭語類解』의 咽喉(논도) 표기는 ダ행 앞의 탁음전비음 표기의 흔적으로 추정된다.

　이와 같이 『倭語類解』에 기재되어 있는 탁음 표기는 유성음의 탁음을 음성적인 특징을 고려해서 책의 후미에 있는 〈伊呂波間音〉에 의거하여 표기되어 있는 것에 비해, 『日語類解』의 탁음표기는 음성적인 면을 고려하지 않고 탁음을 나타내기 위한 문자를 저자인 카나자와쇼사부로(金澤庄三郎)가 편의상 S濃音(된시옷)을 설정해서 그 설정대로 표기하고 있다.

　『倭語類解』의 〈伊呂波間音〉에 의하면 「ガギグゲゴ ザジズゼゾ ダデド バビブベボ」의 탁음을 각각 「ᅌᅡᅌᅵᅌᅮᅌᅦᅌᅩ ᅀᅡᅀᅵ수셰세소 따뎨노 빠뻬뿌뻬뼤뽀」로 표기 기준을 두고 있다[82].

⑤ 반탁음 パ行

　八方(『倭』上11ウ　ha-cчɯ-ho-'u,　pa-cчɯ-ka-ta→『日』上12オ　ha-ci-ho-'u, hap-po-'u)六腑(『倭』上18ウro-ku-hu,　rot-mpu→『日』上19ウ ro-ku-hu, rop-pu) 放砲(『倭』上41オ　ho-'u-ho-'u,　hi-cчɯ-zчɯ-mi→『日』上44オ　hap-po-u)鳥銃(『倭』上41オ tyo-'u-cyo-'u, təit-po-'u→『日』上44オ ci-yo-'u-ssi-yu-'u, təip-po-'u)鐵丸(『倭』上41オtəi-ccчɯ-ŋ　koan,　təip-po-'u-no-ta-ma→『日』上44ウ təi-tu-sku-oan, təip-po-'u-sta-ma)喇叭(『倭』上43ウ ra-ha-ccчɯ, syu-r-'i→『日』上p46ウ　ra-ha-ci,　rap-pa)鼙(『倭』下25ウ　pyəi-ccчɯ,　sчɯ-pon→『日』下22ウ spəi-tu, sup-pon)

　『日語類解』에 기재되어 있는 일본어의 반탁음 표기는 [ㅂ](p) 앞 음절의 받침인 종성[ㅂ](p)로 표기되어 있는 것이 일반적이다. 그러나 저본인 『倭語類解』에서는 탁음 バ행의 표기로 많이 사용되는 「빠뻬뿌뻬뼤뽀」의 표기와 バ행의 표기로 일부 사용되는 「바비부베보」의 표기 앞 음절에 종성 [ㄷ](t)로 표기되어 있는 것이 많이 보인다[83].

---

82) ダ에는 「ヂ」「ヅ」행이 ザ행의 「ジ」「ズ」가 통일된 시기이므로 ダ・デ・ド만 정하고 있다.
83) 『倭語類解』에서는 반탁음과 촉음의 표기 구분을 하지 않고 모두 대부분 받침[ㄷ](t)로 표기

3) 促音

日食(『倭』上1オ　nit-syo-ku→『日』上1オ　nis-si-yo-ku)月食(『倭』上1オ koat-syo-ku→『日』上1オ skas-si-yo-ku)夫(『倭』上12ウ’ot-to→『日』上p12 ウ’os-to)烈士(『倭』上14オ　rəi-ccɰ-si, ryəit-si→『日』上p14ウ rəi-tu-si, rəis-si)立春(『倭』上4オ　ri-’u-syun, syəi-ccɰ-pun, rit-syun→『日』上4オ ris-si-yun)絶壁(『倭』上7ウ　zyəi-ccɰ-hyəi-ki, ta-ka-’i-oa→『日』上p7ウ ssəis-spəi-ki)察(『倭』上23オ sa-ccɰ, sat-sɰ-ru→『日』上25オ sas-si-ru)貞(『倭』上22ウ təi-’i, mat-sɰ-ŋku→『日』上24オ mas-su-sku-na)六腑(『倭』上 18ウro-ku-hu, rot-mpu→『日』上19ウ ro-ku-hu, rop-pu)以(『倭』上26ウ’i, mot-təi→『日』上p28ウ mos-təi)宜(『倭』上27ウ ŋi, mot-to-mo→『日』上30オ mos-to-mo)因(『倭』上27ウ’in, yot-tyəi→『日』上30オ yos-təi)接待(『倭』上 42オ syo-’u-ta-’i, syəit-ta-’i→『日』上p45ウ səi-tu-ta-’i, səis-ta-’i)全 (『倭』下32ウ syəin, mat-ta-ku→『日』下p28ウssəin,mas-ta-ku)切(『倭』下40 ウ syəi-ccɰ,’it-syəit-ccɰ→『日』下38オ세두,’is-səi-tu)名日(『倭』上4オ syəit-ku→『日』上4オ səik-ku)一家(『倭』上13ウ’i-ccɰ-ka,’it-kyəi,’ it-ka→『日』上14オ’i-ci-ka,’is-kəi)日記(『倭』上38オ zi-ccɰ-ki, hi-cyo-’ i, nit-ki→『日』上41オ ni-ci-ki, nik-ki)長鼓(『倭』上43ウ kat-ko→『日』上p46 ウ kak-ko)奴(『倭』上15ウ I-cɰ-ŋko→『日』上16オ yak-ko)

『日語類解』의 일본어 촉음 표기는 거의 대부분 한글 음절 표기의 받침에 해당되는 [ㅅ](s)으로 표기되어 있다. 그러나 촉음의 다음 음절이 カ行이 올 경우에는 [ㄱ](k)이 받침으로 표기되어 있다. 기존의 저본인『倭語類解』에서는 거의 대부분 [ㄷ](t)으로 표기되는 것과는 대조적이다.

되어 있다.

4) カ行 合拗音[84]

臥(『倭』上31オ ŋoa→『日』上p34オ　sku-oa　)外(『倭』上11ウkoa→『日』
上11ウ　sku-oa-’i)鰈(『倭』上15ウkoan→『日』上16オ　ku-oan　)牙(『倭』
上16ウŋka→『日』上17ウ　ska　ki-spa)掛　(『倭』下38ウ「ka-’ i」→『日』 下
35ウ「ku-oa-’ i」)[85]

『日語類解』의 カ行合拗音의 전체적인 표기는 한 음절로 표기하지 않고
분리해서 표기하는 특징이 있다. 그러나 カ行合拗音 용례「掛」의 日本語 표기는
『倭語類解』에는「ka-’ i」로 直音 표기를 하고 있으나,『日語類解』에서는 日本
語 음운사의 변천에 반하는 直音 이전 단계의 カ行合拗音「ku-oa-’ i」로 표기
되어 있다.『倭語類解』에 기재되어 있는 근세 일본어인 카미가다어(上方語)와
『日語類解』에 기재되어 있는 에도어(江戸語)계통의 東京語를 비교함으로서
현재의 동경어의 성립과정을 엿볼 수 있으며 더 나아가서는 근대일본어의
성립과정을 엿 볼 수 있다고 생각된다. 마쯔무라아키라(松村明)는『近代の國
語一江戸から現代一』(1977 桜楓社 p.169) 所收의「東京語の成立と展開」에서
명치(明治)후기에 확립을 보고 대정기(大正期)에 거의 완성된 동경어가 에도
어(江戸語)와 어떠한 점에 차이가 있는가에 대해 음운상의 문제는 그다지
큰 변화는 없었다고 언급하면서도 에도어(江戸語)의 특징 중, カ行合拗音을
예로 들면서 다음과 같이 논하고 있다[86].

(前略)(1)「クヮ」「グヮ」を 「カ」「ガ」に発音する。たとえば、
「クヮジ(火事)」を 「カジ」、「グヮイコク(外国)」を「ガイコク」と発音
する。(中略)これらの点は、明治期の東京語では、いずれも下町言葉

---

84) 합요음「クヮ」,「グヮ」가 직음화하는 것이 전기 가미가다어(上方語)에도 보이지만, 후기의
　　에도어(江戸語)에는 혼동하는 것이 현저하고, 직음화 경향이 점점 확대된 것이 합요음의
　　변천이라고 언급하고 있다(佐藤喜代治編(1983)『國語學硏究事典5版』明治書院). p.230.
85)「灰」「懷」「快」 등의 용례도 보인다.
86) 松村明(1977)『近代の國語一江戸から現代一』(1977 桜楓社)참조.

のほうにはうけつがれていく。「クワ」「グワ」を 「カ」「ガ」に発音す
る点や、語中のガ行音を鼻濁音に発音する点などは、山の手言葉でも
行われたが、その他の点は山の手言葉としては、一般的ではなかっ
た。もっとも、「クワ」「グワ」を「カ」「ガ」の区別は、明治前期のころ
までは、規範意識としてはまだかなり残存していた形跡がある。それ
は主として、知識層のもつ言語意識の上でのことであった。このよう
な区別の意識も、明治後期にはうすれてしまったようである。

　위의 마쯔무라(松村明)의 기술에서도 알 수 있듯이 江戶語의 음운상의
특징의 하나로「カ」와「クワ」,「ガ」와「グワ」의 구분사용을 동경어에서 명
치시대 전기까지는 지식층의 언어의식 상, 규범의식으로 아직 잔존한 흔적
이 있다고 언급하고 있다. 따라서『日語類解』에서는 直音 표기「カ」·「ガ」
와 カ行 合拗音 표기인「クワ」·「グワ」를 정확히 구분사용하고 있는 규범의
식을 나타내고 있어 大正期(1900년대초)의 동경어의 특징을 잘 반영하고
있는 것으로 생각된다[87].

5) 長音

① ウ열 장음

　急雨(『倭』上2オkyu-'u→『日』上2オki-yu-'u-'u)驟雨(『倭』上2オsi-'u-'
u→『日』上2オ si-yu-'u-'u,)秋(『倭』上3オsi-'u→『日』上3オ si-yu-'u)右(『倭
』上11オ'i-'u→『日』上11ウ yu-'u)憂(『倭』上21オ'i-'u→『日』上22オ yu-
'u)誘(『倭』上26オ'i-'u→『日』上28オ　yu-'u)揖(『倭』上29ウ'i-'u→『日』
上32オ yu-'u)尤(『倭』上27オ'i-'u→『日』上29オ yu-'u)又　(『倭』上27オ'
i-'u→『日』上29オ yu-'u)邑(『倭』上34オ'i-'u→『日』上37オ yu-'u)遊(『倭』
上42ウ'i-'u→『日』上46オ yu-'u)油衫(『倭』上45ウ'i-'u-san→『日』上48ウ

---

yu-san)有(『倭』下34オ’i-’u→『日』下31オ yu-’u)

　　위의 『倭語類解』 iu의 결합에 의한 ウ열 요장음에 두 종류의 표기가 보이
는데, 하나는 ウ열 요음 단음절에 (’u)[急雨(『倭』上2オkyu-’u→『日』上2
オki-yu-’u-’u)]인 것과, イ열 단음절에 (’i-’u)[遊(『倭』上42ウ’i-’u
→『日』上46オ yu-’u)]가 있다. 그러나 『日語類解』의 표기는 『倭語類解』의
iu 표기를 대부분 ウ열 요음 단음절에 ’u의 표기로 바꾸어 표기하고 있다.
　　그리고 『倭語類解』의 iu의 표기 驟雨(『倭』上2オsi-’u-’u)秋(『倭』上3オ
si-’u)의 표기는 『日語類解』에서는 驟雨(『日』上2オsi-yu-’u-’u)秋(『日』
上3オ si-yu-’u)와 같이 u열 요장음을 일본어 문자 히라가나를 분리해서
발음하는 것으로 표기하고 있다.
　　야스다아키라(安田章)는 『倭語類解』의 蜉蝣(『倭』下26ウ hu-’yu-’u)
周旋(『倭』下46ウ syu-’u-syən)을 예로 들어 일본한자음에 표기되어 있
는 「’i-’u」 「si-’u」의 표기는 정중하게 발음할 때에는 음절을 분리해
서(割って)발음 한다고 언급하고 있다[88].
　　『倭語類解』에서는 iu의 결합에 의한 ウ열 요장음의 표기, 즉 イ열 단음절에
u를 결합한 표기 「’i-’u」 「si-’u」의 표기는 일본한자음 표기가 거의
대부분이다. 즉 i와 u를 분리해서 표기하고 있다. 그러나 『日語類解』에서는
『倭語類解』의 한자음 표기인 iu 의 형태를 「yu-’ɯ」형태인 「yu-’u」 「si-yu-’
ɯ」의 ウ열 요장음 표기로 대부분 나타내고 있다. 「yu-’ɯ」는 ウ열 요장음을
표기하는 것이 i와 u를 분리해서 표기하는 것보다 발음상 당시의 일본어를
가장 잘 반영한 표기법으로 생각된다.

---

88) 濱田敦・土井洋一・安田章(1959) 「倭語類解考」(『國語國文』28-9)참조. 실제로 『倭語類解』에는 표
　　제어 한자「蜉蝣」의 「상의 한자음」위치에는 「hu-’i-’ɯ」가, 「하의 한자음」위치에는 「hu-
　　’yu-’ɯ」가 기재되어 있고, 표제어 한자「周旋」의 「상의 한자음」위치에는 「si-’u-syən」이,
　　「하의 한자음」위치에는 「syu-’u-syən」이 기재되어 있다. 발음을 분리하는 정중한 발음과
　　독서음(한문훈독음)과 관련이 있는 것일까?

그러나 다음의 『日語類解』의 ウ열 요장음의 경우는 위의 경우와 다르게
표기되어 있다.

〈ウ列 拗長音〉89)

急雨(『倭』上2オ kyu-'u→『日』上2オ ki-yu-'u-'u)
手(『倭』上17オ si-'u→『日』上18オ si-yu)90)

『倭語類解』에서는 u열 음절에 ウ가 연결된 장음으로 표기되어 있지만,
『日語類解』에서는 앞의 驟雨(上2オ si-yu-'u-'u, yu-'u-sta-ci)秋(上3オ
si-yu-'u)와 같이 일본어의 요음의 가나를 분리해서 표기된 것이 많이 보
인다. 이러한 표기는 한글의 음절 문자를 풀어 정확한 발음을 나타내기 위
한 수단으로 이용했을 가능성이 많다.

또한 전술한 야스다아키라(安田章)가 『倭語類解』의 「蜉蝣」「周旋」의 「'i-'u」
「si-'u」의 표기가 정중하게 발음할 때에는 음절을 분리해서(割って)발음 한다는
사실과, カ行 合拗音에서 마쯔무라아키라(松村明)가 언급한 명치시대 전기까지는
지식층의 언어의식 상, 규범의식으로 直音 표기인 「カ」·「ガ」와 カ行 合拗音
표기인 「クヮ」·「グヮ」를 정확히 구분·사용된 사실이 『日語類解』에 반영되어
있다고 생각된다.

---

89) ウ列開拗音(キュウ、シュウ、チュウ、…)は古くキ·ウ, シ·ウ, チ·ウ…と 「割って」発
音されたとの説もある。(佐藤喜代治編(1983)『國語學研究事典5版』明治書院)p242에 의함. 위
의 기술에 의하면 ウ列開拗音의 발음은 한 음절씩 분리해서(나누어서) 발음했을 가능
성이 많다는 것을 시사하고 있다.

90) 『倭語類解』의 요음 표기는 직음화된 표기가 일반적이나, 「手」 의 표기는 요음의 분절된
표기 「시우」로 표기되어 있다. 『日語類解』에서는 분절된 표기가 대부분이다.

② オ열 장음

　　弟(『倭』上12ウ ’ o-to-to→『日』上13 オ’ o-to-’u-to)孝(『倭』上22オ ko-’
o-ko-’o→『日』上24オ　ko-’u-ko-’u)慧(『倭』上22ウ ri-ko-’u→『日』上
p24ウ ri-ko-’u)凍(『倭』上11オ ko-’o-ru→『日』上11オ ko-’u-ri)氷(『倭』上
11オ ko-’o-ri→『日』上11オ ko-’u-ru)郡(『倭』上34オ ko-’o-ri→『日』上37
オ ko-’u-ru)

『倭語類解』에서는 일본어 장음 표기는 [o-o]로 되어 있으나, 『日語類解』
에서는 [o-u]로 표기로 되어 있다. 『倭語類解』의 オ단음의 표기는 문자의
발음을 배제하고 전체적인 단어의 발음을 그대로 반영하여 표기한 반면,
『日語類解』의 표기는 일본어 문자를 한 자 한 자의 발음을 그대로 반영하여
표기하였기 때문에 [o-u]로 표기한 것으로 보인다. 예를 들면 「凍(고오리→
고우리)」의 단어는 『日語類解』에서 일본어의 [o-u]모음을 가진 단어를 한자
씩 표기한 것으로 생각된다. 문자 발음 중시에 의한 표기로 판단된다.

〈オ열 장음〉
　　兄弟(『倭』上12ウ kyo-’u-ta-’i→『日』上13オ ki-yo-’u-sta-’i)姓(『倭』
上13ウ myo-’u-zi→『日』上14オ mi-yo-’u-ssi)自稱(『倭』上26ウ zi-syo-’u
→『日』上28ウ ssi-si-yo-’u)

위의 용례 オ열 장음 표기는 전술한 ウ열 장음 표기와 마찬가지로 『日語
類解』에서는 요음을 분절해서 표기하고 있다. オ열 장음을 분절해서 표기
한 것도 ウ열 장음에서 밝힌 바와 같이 일본어의 요음 가나(假名)를 한글
의 음절 문자로 분리해서 정확한 발음을 나타내기 위한 수단으로 이용했
을 가능성이 있다. 야스다아키라(安田章)가 언급한 ウ열 장음의 분리된 표
기가 정중한 발음을 나타낸다는 사실과 カ行 合拗音에서 마쯔무라아키라
(松村明)가 주장한 명치시대 전기까지는 지식층의 언어의식 상, 규범의식

으로 直音「カ」・「ガ」와 カ行 合拗音「クヮ」・「グヮ」를 정확히 구분한 것과 『日語類解』의 표기와 관련이 있을 것으로 생각된다.

이외에도 요음이 분리해서 표기된 예는 다음과 같다.

> 沙(『倭』上8ウ sya→『日』上8ウ si-ya)鐘子(『倭』下14オ syo-'u-si, cyo-ku →『日』下11ウ si-yo-'u-si, ci-yo-ku)瓢(『倭』下12オ hyo-'u→『日』下14ウ hi-yo--'u) 猪(『倭』下23ウ cyo→『日』下20ウ ci-yo)山猪(『倭』下23ウ san-cyo→『日』下20ウ san-ci-yo)蚇蠖(『倭』下27オsya-ku-tori-mu-si→『日』下23ウ si-ya-ku-to-ri-mu)

『日語類解』에서의 그 밖의 음운 현상으로 撥音 표기는「n」(ㄴ)으로 대부분 표기하고 있다. 용례로는「涎」(『倭』上20ウ'yəin→『日』上21ウ'əin)「儉」(『倭』上23ウ kyəin-ya-ku→『日』上25ウ kəin-ya-ku) 등이 보인다. 그리고 ㅗ단 표기의 단모음 표기「星」(『倭』上1オsyəi-'i→『日』上1オsəi-'i) 등과, 연탁 표기「假花」(『倭』下30オcɰ-ku-ri-ha-na→『日』下26ウ tu-ku-ri-spa-na)「小船」(『倭』下17ウ ko-pu-nəi→『日』下15オ ko-spu-nəi) 등의 표기가 보인다.

4. 結語

이상 『日語類解』의 일본어의 청음・탁음・반탁음・촉음・장음표기 등을 살펴보았다.

『日語類解』의 일본어 모음음절 ア列音・イ列音・オ列音(a・i・o)은 『倭語類解』의 표기와 거의 일치하고 있다. 그러나『倭語類解』의 일본어 ウ列音 표기는 모음[ɰ]로 표기되어 있으나, 『日語類解』에서는 원순모음인 [u](우)의 표기로 되어 있다. 또한 ㅗ列音의 표기는『倭語類解』에서는 거의

[-yəi]로 표기되어 있는 것에 비해『日語類解』에서는 대부분 [-əi]로 표기되어 있다.

『日語類解』의 탁음 표기는 ガ행은 k의 자음 앞에 s(ㅅ)을 붙여서 까따끼 꾸께꾀[ㅅㄱ]로 표기하고 있고, ザ행은 s의 자음 앞에 s를 붙여서 싸씨쑤쎄 쏘[ㅅㅅ]로 표기하고 있다. ダ행은 자음t 앞에 s를 붙여 싸씨쑤쎄쏘[ㅅㄷ]로 표기하고 있고, バ행은 자음 p 앞에 s를 붙여 쌔쎄쌕쎄쌘[ㅅㅂ]로 표기되어 있다. 이것은 편자가『日語類解』의 서두의 〈例言〉에서 기술하고 있는 바와 같이 실제의 탁음 발음을 표기하려는 의도가 아니고 편의상 표기의 기준을 정한 것으로 생각된다.

『日語類解』에 기재되어 있는 일본어의 반탁음 표기는 [ㅂ](p)의 앞 음절의 받침인 종성[ㅂ](p)으로 표기되어 있는 것이 일반적이다. 그러나 저본인『倭語類解』에서는 탁음 バ행의 표기로 많이 사용되는「빠삐뿌뻬뼤뽀」의 표기와 バ행의 표기로 일부 사용되는「바비부베보」의 표기 앞 음절에 종성[ㄷ](t)으로 표기되어 있는 것이 많이 보인다.

『日語類解』의 촉음 표기는 거의 대부분 한글 음절 표기의 받침에 해당되는 [ㅅ](s)으로 표기되어 있다. 그러나 촉음의 다음 음절이 カ行이 올 경우에는 [ㄱ](k)이 받침으로 표기되어 있다. 기존의 저본인『倭語類解』에서는 거의 대부분 [ㄷ](t)으로 표기되는 것과는 대조적이다.

カ行 合拗音 표기는 마쯔무라(松村明)의 기술에서 에도어(江戸語)의 음운상, 특징의 하나로「カ」와「クヮ」,「ガ」와「グヮ」의 구분사용을 동경어에서 명치시대 전기까지는 지식층 사이에 규범의식으로서 잔존했다는 언급이 있다. 따라서『日語類解』에서 直音 표기인「カ」·「ガ」와 カ行合拗音 표기인「クヮ」·「グヮ」를 정확히 구분사용하고 있는 것은 당시의 규범의식을 나타내고 있어 大正期(1900년대초)의 동경어 특징을 잘 반영하고 있는 것으로 생각된다.

長音표기는 ウ열 장음과 オ열 장음의 요음 표기가『日語類解』에서는 驟雨(上

2オ si-yu-'u-'u, yu-'u-sta-ci)秋(上3オ si-yu-'u)와 같이 일본어 요음의 가나를 분리해서 표기한 것이 많이 보인다. 이러한 표기는 한글 음절 문자를 풀어 정확한 발음을 나타내기 위한 수단으로 이용했을 가능성이 많다. 또한 전술한 야스다아키라(安田章)가 『倭語類解』의 「蜉蝣」「周旋」의 「'i-'ú」「si-'ú」의 표기가 정중하게 발음할 때에는 음절을 분리해서(割って)발음된다는 사실과, カ行合拗音에서 마쯔무라아키라(松村明)가 언급한 명치시대 전기까지는 지식층의 언어의식 상, 규범의식으로 直音 표기인 「カ」・「ガ」와 カ行合拗音 표기인 「クワ」・「グワ」를 정확히 구분사용된 사실이 『日語類解』의 표기와 관련이 있을 것으로 생각된다.

6장
『日語類解』의 일본어 語法

1. 緒言

『日語類解』(1912년刊 상하2권 1책)는 최초의 한일대역사전인 『倭語類解』를 간본으로 해서 편찬된 근대의 한일대역사전이다. 이 자료는 일본인 언어학자 카나자와쇼우사부로(金澤庄三郎)가 『倭語類解』의 일본어를 편찬 당시의 일본어로 개정한 것으로 두 자료의 일본어를 비교함으로 일본어의 역사적 변천을 알 수 있을 것으로 생각된다. 따라서 본 장에서는 『日語類解』에 기재되어 있는 일본어 어법, 즉 동사·형용사·형용동사의 품사와 『倭語類解』의 어법과 비교하면서 일본어 어법의 변천에 대해 살펴보기로 한다.

『日語類解』의 일본어는 일본 근대어의 성립 과정에 있는 자료로 현대일본어의 바로 이전 자료이다. 따라서 『日語類解』를 통해 20세기 초반의 일본어의 동사·형용사·형용동사의 어법에 대해 고찰한다.

2. 『日語類解』의 日本語 어법

본 장에서는 『日語類解』에 기재되어 있는 동사·형용사·형용동사를 중심으로 『日語類解』의 원본인 『倭語類解』와 비교하여 그 일본어 표기의 변화 및 차이를 살펴보고 분석한다.

우선 『倭語類解』와 『日語類解』의 두 자료에 보이는 동사·형용사·형용동사의 동일한 표기와 두 자료 간의 일본어 표기에 차이가 있는 표기를 추출하고 그 원인과 경향을 분석하여 근대 일본어의 변화와 추이를 명확히 하고자 한다.

『日語類解』에 보이는 표제어 한자에 대한 훈 읽기가 고유의 일본어로 기재되어 있어 그것을 품사별로 분류하고 검토한다[91].

　『倭語類解』의 표제어 한자에 해당되는 일본어 훈(일본어)이 『日語類解』
와 동일한 용례는 다음에 표시하는 것들이 있다[92].

〈동사〉

　添(『倭』[93]下32ウ　そえる→『日』下29オ　そえる)[94]裏(『倭』下32ウ　つつ
む→『日』下29ウ裏　つつむ)

〈형용사〉

　薄(『倭』下31ウ　うすい→『日』下28ウ　うすい)[95]　久(『倭』下34ウ　ひさ
しい→『日』下32オ　ひさしい)

〈형용동사〉

　朗(『倭』上6オ　ほがらか호아라가→『日』上5ウ　ほがらか호까라가)

　위의 용례는 『倭語類解』에서 이미 근대어로 정착이 되어서 사용하고
있는 일본어는 그대로 수용을 해서 『日語類解』에 기재된 것으로 추정
된다.
　그러나 『倭語類解』의 표제어 한자에 해당되는 일본어 훈(일본어)이 『日語
類解』에서 바뀐 용례가 많이 보인다. 이러한 『倭語類解』와 『日語類解』의
두 자료에 보이는 일본어 표기가 어떻게 다른지를 살펴보는 것도 의의가

------

91) 『倭語類解』에 나타나 있는 한글의 日本語와 日本漢字音의 表記는 濱田敦・土井洋一・安田章
　　(1959)「倭語類解考」(『國語國文』28ノ9)에 記載되어 있는 「國語表記諺文假名對照表記」에 의해
　　나타냈다. 또한 『日語類解』의 일본어 표기는 한글과 일본어가 동시에 기재되어 있기 때문
　　에 편의상 일본어 표기로 나타냈다.
92) 『倭語類解』와 『日語類解』의 용례를 나타내는 표시는 上卷은 上, 下卷은 下 로 표시하고 オ는
　　앞면을 ウ는 뒷면을 나타낸다.
93) 『日語類解』의 표기의 특징에서 논한 바와 같이 「つつむ」의 「つ」의 한글표기는 [tu]로 표기
　　되어 있다.
94) 「そえる」의 「え」의 모음은 『倭語類解』에는 [əi]로 표기되어 있다.
95) 「うすい」의 「す」의 표기는 『倭語類解』에서는 [suɯ]로 나타내고 있고, 『日語類解』에서는 [su]
　　로 표기하고 있다.

있을 것으로 생각된다. 또한 수정된 용례는 저자인 카나자와쇼우사부로(金澤庄三郎)가 편찬당시의 통용어로 표기했지만 어떠한 이유에서 교체 되었는지에 대해서도 살펴본다.

『日語類解』의 체재는 표제어 한자가 상단에 있고 표제어 한자 우측 하단에 한국어의 훈과 음(표제어 한자가 2자 이상의 한자는 한자음만 기재되어 있음)이 기재되어 있고, 표제어 한자의 좌측 하단에는 일본한자음이 기재되어 있다. 또한 그 아래에 표제어 한자에 해당되는 일본어(훈, 또는 표제어 한자의 일본한자음이 기재되어 있음)가 기재되어 있는 것이 일반적이다[96].

이러한 『日語類解』의 체재를 고려하여 『倭語類解』와 『日語類解』의 표제어 한자에 해당되는 일본어(훈읽기)가 두 자료에 어떠한 차이가 있으며 어떻게 수정되었는지를 비교 분석하여 『日語類解』의 일본어 어법을 검토한다.

이하에서는 『倭語類解』와 『日語類解』의 두 자료에 보이는 동사·형용사·형용동사의 표기가 차이가 있는 부분을 중심으로 그 표기의 차이에 대해 살펴보고 분석하기로 한다.

1) 표제어 한자에 대한 동사 표기

『倭語類解』에서는 2단 동사도 많이 보이고, 일부 동사에는 1단화된 동사가 동시에 보인다. 일본어 문법사에서는 상2단 동사와 하2단 동사가 각

---

96) 『日語類解』의 체재 중, 『倭語類解』에서 결여되어 있는 「上의 日本漢字音」 위치에 日本漢字音을 보충하고 標題語 한자에 대한 日本語 訓이 記載되는 위치에는 日本語가 새롭게 보충되어 있는 체재도 있다. 또한 『倭語類解』의 日本漢字音과 다른 漢字音이 記載되고 새로운 日本語 訓이 記載되는 體裁, 『日語類解』에 「上의 日本漢字音」 위치와 「下의 日本漢字音」 위치에 동일한 것이 記載되어 있는 體裁 등 약간의 日本語와 日本漢字音의 이동이 보인다.

각 상1단 동사, 하1단 동사로 변천하는 동사의 1단화는 활용의 간략화로 인해 오래전부터 극히 일부 시작되었지만, 중세의 가마구라(鎌倉)·무로마지(室町)시기에 더욱 진행이 되었다고 전해진다[97]. 그러나 지역에 따라 동사의 1단화는 다소 차이가 있을 것으로 생각된다. 京都의 언어가 일반적으로 2단 활용이 1단 활용으로 된 시기는 에도(江戸)시대의 겐로구(元禄 1688년경) 시기로 추정하고 있다[98].

다음에 표시하는 용례는 『倭語類解』의 2단 동사가 『日語類解』에서는 1단 동사로 수정된 용례이다.

〈『倭』上2단 연체형→『日』上1단 종지형·연체형 同形〉

落(『倭』下30オ おつる→『日』下27オ おちる)盈(『倭』下32オ みつる→『日』下29オ みちる)過(『倭』下40ウ すぐる→『日』下37ウ すぎる)[99]

〈『倭』下2단 연체형→『日』下1단 종지형·연체형 同形〉

晴(『倭』上2ウ はるる→『日』上2オ はれる)流(『倭』上10オ ながるる→『日』上10オ ながれる)溢 (『倭』上10オ あふるる→『日』上10オ あふれる)溺(『倭』上10ウ おぼるる→『日』上10ウ おぼれる)濕(『倭』上10ウ ぬるる→『日』上10ウ ぬれる)消(『倭』上11オ きゆる→『日』上11オ きえる)瘦(『倭』上19ウ やする→『日』上20ウ やせる)鎭(『倭』上34オ しずむる→『日』上37オ しずめる)勤(『倭』上24オ つとむる→『日』上26オ つとめる)與(『倭』上28オ あたゆる→『日』上30ウ あたえる)敎(『倭』上37ウ おしゆる→『日』上40ウ おしえる)亂(『倭』上39ウ みだるる→『日』上42ウ みだれる)爛(『倭』上48オ ただるる→『日』上51オ ただれる)凊(『倭』上48オ ひゆる→『日』上51ウ ひえる)腫(『倭』上50ウ はるる→『日』上53ウ はれ

---

97) 山口明穗・鈴木英夫・坂梨隆三・月本正幸（1997）『日本語の歴史』(東京大学出版会) pp.129-130.
　　北原保雄외 4인(1982) 『日本文法事典』(일본 有精堂) p.161 참조.
98) 吉澤義則「近代語の發達」(『國語史槪說』)
99)『倭語類解』에서는 상2단「長成 おゆる 上10ウ」로 기재된 것이 『日語類解』에서는 명사인「長成 おとな 上21オ」로 수정된 용례 등도 보인다.

る)束(『倭』下3オ　つかぬる→『日』下1ウ　つかねる)載(『倭』下19ウ　のす
る→『日』下16オ　のせる)負(『倭』下20オ　まくる→『日』下17オ　まける)吠
(『倭』下24オ　ほゆる→『日』下21オ　ほえる)馴(『倭』下24オ　なれ又云なる
る→『日』下21オ　なれる)加(『倭』下32オ　くわゆる→『日』下29オ　くわえ
る)隔(『倭』下32ウ　へたつる又云へたたる→『日』下29ウ　へだてる)虧(『
倭』下36ウ　かくる→『日』下34オ　かける)垂(『倭』下37オ　たるる→『日』下
34オ　たれる)捕(『倭』下38ウ　とらゆる→『日』下35ウ　とらえる)建(『倭』
下39ウ　たつる→『日』下36ウ　たてる)比(『倭』下41ウ　くらぶる又云たく
らぶ→『日』下38ウ　くらべる)設(『倭』下41ウ　ほどこし又云もうくる→
『日』下39オ　もうける)

위의 용례는 『倭語類解』에는 上2단·下2단 동사의 연체형으로 기재되
어 있으나 『日語類解』에서는 上1단·下1단 동사의 종지형·연체형의 同形
으로 기재되어 있다. 『倭語類解』에서 1단화 된 것은 『日語類解』에서도 1
단화된 동사를 동일하게 기재하고 있다.

다음에 표시하는 용례는 『倭語類解』의 1개 한자의 한자어를 어간으로
하는 サ変복합동사가 『日語類解』에서는 상1단 동사로 수정된 용례이다.

〈『倭』サ変→『日』上1단〉

吟(『倭』上37ウ　ぎんずる　→『日』上40ウ　ぎんじる)煎(『倭』上49オ　あ
ふる又云　せんずる→『日』上51オ　せんじる)　禁(『倭』上53ウ　きんずる
『日』上57オ　きんじる)封(『倭』下32ウ　ふうずる→『日』下29ウ　ふうじ
る)

위의 용례는 『倭語類解』에서 표제어 한자에 해당되는 일본어(훈읽기)
가 1음절 한자어를 어간으로 하는 サ変복합동사이다. 『倭語類解』의 サ
変복합동사는 『日語類解』에서는 거의 대부분이 상1단 동사로 바꾸어서
기재되어 있다. サ変 복합동사와 상1단 동사의 관계에 관련해서 마쯔무

라아끼라(松村明)는 다음과 같이 논하고 있다[100].

> (前略)サ変複合動詞についても、上方語と江戸語とで若干の差異が見ら
> れる。その一つは、上方語では、サ行変格として行われるものが、江戸語
> では、上一段として用いられるのが一般である動詞群があるということで
> ある。いずれも一字の漢語を語幹とするサ変動詞（「案ずる一案じる、獻ず
> る一獻じる」「報ずる一報じる、通ずる一通じる」「察する一察しる、結す
> る一決しる」など）で、(後略)

위에 마쯔무라아끼라(松村明)에 의하면 카미가다어(上方語)에서는 サ行
変格동사로서 사용되었지만, 에도어(江戸語)에서는 상1단 동사로 사용되
는 것이 일반적이었다는 사실로 보아, 위에 제시한 용례는『倭語類解』의
1개 한자의 한자어를 어간으로 하는 サ変복합동사는 카미가다어(上方語)
를 나타낸 것이고『日語類解』에서 변형된 상1단 동사는 에도어(江戸語)를
반영한 용례로 판단된다.

다음에 나타내는 동사는『倭語類解』에는 동사의 연모음이 [-ou]의 형태
를 가진 동사이고『日語類解』에는 동일한 동사의 연모음이 [-au]의 형태를
지닌 동사이다.

〈「倭」ou형 동사→「日」au형 동사〉

習(『倭』上37ウ なろう→『日』上40ウ ならう)行(『倭』下39ウ おくのう
→『日』下37オ おこなう)向(『倭』下41オ むこう→『日』下38ウ むかう)唱
(『倭』上42ウ うとう→『日』上45ウ うたう)供(『倭』上42ウ そのう又云ま
かない→『日』上45ウ そなえる)鍊(『倭』下8ウ ねる又云きとう→『日』下
7オ きたえる)用(『倭』下42オ つこう又云もちゆ→『日』下39ウ もちい
る[101])

---

100) 松村明(1977)『近代の國語-江戸から現代まで-』(櫻楓社) p.80참조.
101)『日語類解』의「用」의 표제어 한자에서는「もちいる」만을 취하고 있지만, 또 다른 표제어
　　한자「使」(下24ウ) 에서는 일본어「つかう」로 취한 부분이 있어서 ou → au 용례에 포함
　　시켰다.

〈「倭」au형 동사→「日」au형 동사〉

笑(『倭』上20ウ わらう→『日』上22オ わらう)拂(『倭』上30ウ はらう又
云ふりすて→『日』上33オ はらう)終(『倭』下36ウ おわる又云しまう→
『日』下31ウ おわり)

위의 용례에서는 開合長音의 문제와 관련된 「au」·「ou」의 형태를 지닌
두 형태의 동사가 『倭語類解』에는 동시에 보이고 있으나 『日語類解』에서
는 「au」형태는 그대로 「au」→「au」로 동일하게 표기하고 있고, 「ou」의
형태는 「ou」→「au」의 형태로 수정해서 나타내고 있다. 동사의 「au」·
「ou」의 형태에 대해 하마다아쯔시(濱田敦)는 四段활용동사의 逆行현상에
대해 언급하고 있다[102]. 즉 하마다아쯔시(濱田敦)는 동사의 買ふ 從ふ 習ふ
添ふ의 동사를 예로 들어 [-ou](혹은 [oo])로 장음으로 발음 된 것이 케이
한고(京阪語), 즉 카미가다어(上方語)를 나타낸 것이고 이것이 또 다시 에
도(江戸)중기 경에 재차 東西方言의 교섭 등의 이유에 의해 [-au] 형태의
발음으로 逆行했다고 논하고 있다[103]. 따라서 『倭語類解』의 [-ou] 계통의
동사는 카미가다어(上方語)를 반영한 동사를 나타낸 것이고, 『倭語類解』의
[-au] 계통의 동사는 이미 逆行한 카미가다어(上方語)를 반영한 것으로 『倭
語類解』의 시기에는 이러한 이유에 [-ou]와 [-au]의 양 형태의 동사가 기재
된 것으로 생각된다. 이러한 『倭語類解』의 [-ou]와 [-au]의 양 형태의 동사
를 『日語類解』의 편찬시기에는 동경을 중심으로 한 일본어를 기재한 것이

---

102) 濱田敦(1955)「国語音韻体系に於ける長音の位置」(『国語学』22輯). 濱田敦(1983)「續国朝鮮資料に
　　よる日本語研究」(臨川書店)에 所收 pp.111-123.
103) 濱田敦(1983)「續朝鮮資料による日本語研究」(臨川書店) p.120. 에서 역행의 이유에 대해서
　　東西方言의 交涉이라는 것을 첫 번째 예로 들고 있으며 동경을 중심으로 한 關東方言에서
　　는 아마 중세, 에도(江戸)시대를 통해 이러한 종류의 동사 종지형과 연체형에 [-au]의 형
　　태를 유지하고 있었다고 추정하고 있다. 또한 하마다씨는 同書p.119에서 이러한 동사를
　　「從ふ 習ふ」의 발음을 1920년대-30년대의 중학교 등에서 문어문 및 한문훈독의 讀み癖로
　　「ウタゴオ(從ふ), ナロオ(習ふ)」로 읽도록 국어·한문 선생이 가르쳤다고 언급하고, 『言
　　林』등의 사전에도 일부러 「わろう(笑)」「したごう(從)」등을 「わらう」「したがう」와는 별
　　도로 문어형의 표제어로서 게재하고 있을 정도라고 논하고 있다.

기 때문에 [-au] 계통의 동사로 전부 수정한 것으로 판단된다.

원래는 au(古 오래된 형태)〉oo 또는 ou(新 새로운 형태)의 순서가 음
운변화의 순리적이지만[104], 「ou」→「au」의 변화가 동사의 逆行현상으로
인정되고 있다. 이러한 현상에 대해 사또우다케요시(佐藤武義)는 다음과
같이 논하고 있다[105].

> (前略)また、「願う、笑う」などの語はいったんはネゴー・ワローのように
> 長音化したが、幕末ごろに元に戻ったとみられている。ここにも文字の影
> 響をみることができるであろう。(後略)

사또우다케요시(佐藤武義)도 [-au]였던 것이 장음인 [-oo]의 형태로 발음
되다가 다시 幕末에 [-au]의 형으로 되돌아 왔다고 추정하고 있다. 그리고
이케가미(池上)씨의 명치시대이후 문자(가나)에 영향을 받았다는 설을 따
르고 있다[106].

다음은 『倭語類解』에는 ナ行 變格동사로 나와 있으나 『日語類解』에는
ナ行 五段활용동사의 종지형·연체형 同形인 형태로 기재된 용례이다.

> 死(『倭』上51ォ しす又云しぬる→『日』上55ォ しぬ)

『倭語類解』의 「死ぬる」와 관련해서 마쯔무라아끼라(松村明)는 「(前略)
ナ行に属するものは 「死ぬ」の一語だけである。この語は、前期上方語において
も、連体形や已然形に五段活用としての形「死ぬ・死ね」がすでに現れている
が、上方語では、まだ、「死ぬる・死ぬれ」の形も用いられており、終止形も、

---

104) 濱田敦(1986) 『国語史の諸問題』(和泉書院刊) pp.104-105.
105) 佐藤武義(1995) 『概説日本語の歴史』(朝倉書店) p.103.
106) 池上禎造(1954) 「言語生活研究の一意義」(『国語國文』4月號) p.6에서 이케가미(池上)씨는 [-au]
　　　형태가 오랜된 형태이나 명치시대이후 문자(가나)에 끌려서 [-oo] [-ou] 형태로 되돌아 왔
　　　다고 언급하고 있다.

「死ぬる」の形が用いられていて、全体としてナ行変格としての活用をなしていた。江戸語では、終止・連体・已然の三形が「死ぬ・死ぬ・死ね」となって、ナ行五段となってしまったのである(後略)」로 언급하고 있다. 이와같이 「死ぬる」는 카미가다어(上方語) 전기에 五段활용 형태인 「死ぬ・死ね」가 존재했었지만, 카미가다어(上方語)에서는 아직 ナ行 變格 「死ぬる・死ぬれ」, 종지형「死ぬる」가 전체적으로 ナ行 變格으로서의 활용을 사용하고 있었고, 에도어(江戸語)에서는 終止・連体・已然 「死ぬ・死ぬ・死ね」의 ナ行 五段활용으로 사용되었다는 사실을 언급하고 있다107). 따라서 『倭語類解』의 「死ぬる」는 카미가다어(上方語) 를 반영한 ナ行 變格활용으로 사용된 것을 기재하고 있고, 『日語類解』의 「死ぬ」는 에도어(江戸語)의 ナ行 五段활용의 終止형을 반영한 것으로 생각된다.

이외에도 『倭語類解』의 동사가 『日語類解』에 수정된 용례가 다음과 같이 보인다.

〈『倭』下2단 종지형→『日』下1단 종지형・연체형〉
諫(『倭』上25才 いさむ→『日』上26ウ いさめる)
〈『倭』下2단 미연형・연용형→『日』5단 종지형・연체형〉
臥(『倭』上31才 ふせ→『日』上34才 ふす)
〈『倭』下2단 미연형・연용형同形→『日』下1단 종지형・연체형〉
誡(『倭』上25才 いましめ→『日』上26ウ いましめる)
〈『倭』上2단 종지형→『日』下1단 종지형・연체형)〉
勸(『倭』上25ウ すすむ又云しゆる→『日』上27ウ すすめる)
〈『倭』上2단 자동사 연체형→『日』五段 종지형・연체형〉
滅(『倭』上39ウ ほろぶる又云めっす→『日』上43才 ほろぼす)
〈『倭』四段 연용형→『日』五段 종지형・연체형)〉
蹈(『倭』上31才 こし→『日』上34才 こす)伏(『倭』上31才 ふし→『日』上

---

107) 松村明(1977)『近代の國語-江戸から現代まで-』(櫻楓社) pp.104-105 참조.

34オ ふす)眠(『倭』上31オ　ねむり→『日』上34オ　ねむる)

2) 표제어 한자에 대한 형용사 표기

『倭語類解』에서는 일본어의 형용사가 종래의 シク활용 형용사의 종지형인 「-し」형태와, シク활용 형용사의 イ음편형을 취한 연체형 「-しい」형태 (종지형으로도 사용됨)가 동시에 존재하고 있고, ク활용 형용사의 종지형인 「-し」형태와, ク활용 형용사의 연체형 「-い」형태도 동시에 기재되어 있다. 『日語類解』에서는 ク활용 형용사 「-し」의 형태가 「-い」 형으로 수정하고, シク활용 형용사 「-し」의 형태가 「-しい」의 형으로 수정하고 있다.

〈シク활용 형용사〉

喧(『倭』上21オ　やかまし又云かまびすし→『日』上22オ　やかましい) 猛(『倭』上22ウ　たけし→『日』上24オ　たけしい)艶(『倭』下30オ　うつくし→『日』下27オ　うつくしい)新(『倭』下34ウ　あたらし→『日』下32ウ　あたらしい)難(『倭』下34ウ　むつかし→『日』下32オ　むつかしい)忙(『倭』下40ウ　いそがし→『日』下38オ　いそがしい)険(『倭』下41オ　けわし→『日』下38ウ　けわしい)

위의 용례는 『倭語類解』에서의 シク활용 형용사의 종지형 「-し」형태를 『日語類解』에서는 「-しい」의 형으로 수정한 용례이다. 『日語類解』 시기의 일본어 형용사를 반영한 용례로 생각된다.

〈ク활용형용사〉

早(『倭』上5オ　つと又云はやし→『日』上4ウ　はやい)暗(『倭』上6オ　くらし→『日』上5ウ　くらい)清(『倭』上10オ　きよし→『日』上10オ　きよい) 深(『倭』上10オ　ふかし→『日』上10オ　ふかい)浅(『倭』上10オ　あさし→『日』上10ウ　あさい)好(『倭』上19オ　よし又云このむ→『日』上20ウ　よい)

醜(『倭』上19ウ みにくし→『日』上20ウ みにくい)賢(『倭』上22オ かしこ
し→『日』上23ウ かしこい)仁 (『倭』上22オ よし→『日』上23ウ よい)剛
(『倭』上23オ つよし→『日』上24ウ つよい)敏(『倭』上23オ さとし→『日』
上24ウ さとい)弱(『倭』上23ウ よわし→『日』上25ウ よわい)拙(『倭』上
24オ つたなし→『日』上26オ つたない)吉(『倭』下33ウ よし→『日』下30
ウ よい)遅(『倭』下34ウ おそし→『日』下31ウ おそい)甘(『倭』上48ウ あ
まし→『日』上51ウ あまい)苦(『倭』上48ウ にがし→『日』上51ウ　にが
い)辛(『倭』上48ウ からし→『日』上51ウ からい)

위의 용례는 『倭語類解』에서의 ク활용 형용사의 종지형 「-し」형태가 『日
語類解』에서는 「-い」의 형으로 수정한 용례이다. 『日語類解』 시기의 일반적
인 형용사 종지형 「-い」형태를 반영한 것으로 추정된다.

그러나 『倭語類解』에서의 シク활용 형용사의 종지형 「-し」형태가 이미
シク활용 형용사의 イ음편형을 취한 연체형 「-しい」형태와 ク활용형용사
의 종지형 「-し」형태가 イ음편형을 취한 연체형 「-い」형태가 『日語類解』
에서도 『倭語類解』의 「-しい」「-い」와 동일한 용례가 다음과 같이 보인다.

暑(『倭』上6オ あつい→『日』上5ウ あつい)寒(『倭』上6ウ さむい→『日』
上6オ さむい)涼(『倭』上6オ すずしい→『日』上6オ すずしい)輕(『倭』下31
ウ かるい→『日』下28オ かるい)濶(『倭』下31ウ ひろい→『日』下28オ ひ
ろい)長(『倭』下31ウ ながい→『日』下28ウ ながい)短(『倭』下31ウ　みじか
い→『日』下28ウ みじかい)厚(『倭』下31ウ あつい→『日』下28ウ あつい)
薄(『倭』下31ウ うすい→『日』下28ウ うすい)麤(『倭』下31ウ ふとい→『日
』下28ウ ふとい)細(『倭』下31ウ ほそい→『日』下28ウ ほそい)多(『倭』下
31ウ おおく→『日』下28ウ おおい)遠(『倭』下32オ とうい→『日』下29オ
とうい)近(『倭』下32オ ちかい→『日』下29オ ちかい)

『倭語類解』의 シク활용 형용사의 연체형 「-しき」형태가 『日語類解』에서

ィ음편형을 취한 연체형인「-しい」형태로 수정한 용례와,『倭語類解』의 ク
활용 형용사의 연체형「-き」형태가『日語類解』에서「-い」형태로 수정된
용례도 다음과 같이 보인다.『日語類解』에서는 이미 근대어의 용법으로
모두 수정해서 나타내고 있다.

  危(『倭』下33ウ あぶない 又云 あやうき→『日』下31オ　あやうい)夥
 (『倭』下42オ　おびたしき→『日』下39ウ　おびただしい)[108]

3) 표제어 한자에 대한 형용동사 표기

『倭語類解』의 ナリ활용 형용동사의 어간만 기재되어 있는 어휘가『日語類
解』에서는 연체형「-な」형태가 추가된 형으로 많이 기재되어 있다. 그러나
『倭語類解』에 보이는 2종류의 タリ활용 형용동사는 후미에 나오는「二字類」
部에 기재되어 있지만,『日語類解』에서는「二字類」部를 생략하고 있어 직접
적 비교는 불가능하다.

〈『倭』어간→『日』어간〉
  朗(『倭』上6オ　ほがらか 호아라가→『日』上5ウ　ほがらか 호까라가)

위의 용례는 なり활용 형용동사로 표제어 한자에 해당되는 형용동사 어
간만이 기재된 용례가『倭語類解』와『日語類解』에 동일하게 보인다. 이
형용동사의 어간만이 기재된 용례는 야스다아끼라(安田章)가 언급한 바와
같이 독립성이 강한 것에 기인된 것이라고 판단된다[109].

---

108) 이외의 형용사 용례에는 다음과 같은 것도 보인다.
  酸(『倭』上48ウ　すいい→『日』上51ウ　すい)
  鹹(『倭』上48ウ　しおはゆし→『日』上51ウ　しおからい)
  凶(『倭』下33ウ　あし→下30ウ　わるい)
109) 濱田敦・土井洋一・安田章(1959)「倭語類解考」(『國語國文』28ノ9)참조.

<「倭」연용형→「日」연용형>

靜(『倭』上29ウ　しつかに→『日』下32オ　しずかに110))竊(『倭』下42ウ
ひそかに→『日』下39ウ　ひそかに)

위의 용례는 『倭語類解』와 『日語類解』에 형용동사의 연용형「-に」의 형
태로 동일하게 기재되어 있다.

<「倭」어간→「日」연체형-な 형태>

愚(『倭』上24オ　おろか→『日』上26オ　おろかな)貞(『倭』上22ウ　まっす
ぐ→『日』上24オ　まっすぐな)柔(『倭』上23オ　やわらか→『日』上24ウ　や
わらかな)健(『倭』上23ウ　すこやか→『日』上25ウ　すこやかな)巧(『倭』上
24ウ　たくみ→『日』上26オ　たくみな)

위의 용례는 『倭語類解』에서는 표제어 한자에 해당되는 일본어의 형용동
사 어간만이 기재되어 있으나 『日語類解』에서는 형용동사의 연체형인「어간
+な」의 형태로 수정해서 기재하고 있다. 『日語類解』의 편찬시기의 사용빈도
에 의한 것으로 생각되나 단정하기 어렵다.

<「倭」연체형 -なる 형태→「日」-な형태 및 サ変복합동사화된 것>

壯(『倭』上23ウ　さかんなる→『日』上25ウ　さかんな)111)貧(『倭』上56ウ
びんなる→『日』上59ウびんぼうする)

위의「壯」의 일본어는 『倭語類解』에서 형용동사의 연체형「-なる」형태
가 『日語類解』에서는 일반화된 연체형「어간+な」의 형태로 수정된 것과
용례「貧」과 같이 형용동사의 연체형「-なる」형태가 サ変복합동사로 수정

---

110) 『倭語類解』의 청음 표기「つ」를 『日語類解』에서 탁음으로 수정되어 있다.
111) 『倭語類解』「容貌」部에「壯」의 표제어 한자에 해당되는 일본어의 훈에는「さかり」로 표기
　　된 것을 『日語類解』에서는「壯」의 표제어 한자의 일본어「さかんな」가「莊」에도 동일하
　　게 표기되어 있다.

되어 기재하고 있다.

〈『倭』연체형 -な 형태→『日』다른 어휘의 연체형 -な 형태〉

妙(『倭』上19オ みょうな→『日』上20ウ みごとな)寬(『倭』上23オ おう
いな又云ゆたかな→『日』上24ウ ゆるやかな)

위의 용례는『倭語類解』에는 형용동사의 연체형「어간+な」형태를 지니
고 있고『日語類解』에서도「어간+な」형태는 동일하나,『日語類解』와『倭
語類解』의 표제어 한자가 동일함에도 불구하고 어간에 해당되는 일본어가
다른 어휘로 기재되어 있다.

이외에『倭語類解』의 표제어 한자에 해당되는 일본어가 동사와 형용동
사형으로 두 개가 기재된 것을『日語類解』에서는 형용동사를 기재하지 않
고 동사만 기재된 용례가 다음과 같이 보인다[112].

懶(『倭』上24オ おこたる又云,ぶしょうな→『日』上26オ おこたる)

『倭語類解』에 표제어 한자에 해당되는 일본어가 たり활용 형용동사 沛
然(下44ウ はいぜん)皓皓(下49オ こうこう)의 용례는『日語類解』에서는「二
字類」「疊字類」의 생략으로 인해 기재되어 있지 않다[113].

---

112)『倭語類解』의 표제어 한자에 해당되는 일본어가 두 개의 용례가 기재된 것을『日語類解』에서는
    한 개만을 선택해서 기재된 용례가 많이 보인다. 이러한 용례에 대해서는 선택취사의
    기준이 있었을 것으로 판단되나 향후의 과제로 삼겠다.
113)『倭語類解』의 표제어 한자에 해당되는 일본어가 형용동사의 어간만 기재된 것이『日語類
    解』에서는 형용사로 기재된 것,『倭語類解』의 일본어가 형용사인 것이『日語類解』에선 동
    사로 기재된 것,『倭語類解』의 동사가『日語類解』에서는 다른 동사가 기재된 것 등이 다음
    과 같이 보인다.
    溫(『倭』上6オ あたたか→『日』上5ウ あたたかい)
    荒(『倭』下3オ あらし→『日』下2ウ あれる)
    收(『倭』下3ウ おさむる→『日』下2オ とりいれる)藏(『倭』下3ウ たしなむ→『日』下2オ たくわ
    える)容(『倭』下39ウ いるる→『日』下37オ ゆるす)

3. 結語

본 장에서는『倭語類解』와『日語類解』의 두 자료에 보이는 동사와 형용사, 형용동사의 표기가 차이가 있는 부분을 중심으로 살펴보고 분석했다.

그 결과, 동사에서는『倭語類解』의 상2단·하2단 동사가『日語類解』에서 상1단 동사·하1단 동사로 수정해서 기재하고 있고,『倭語類解』에는 ナ行 變格동사로 기재되어 있으나,『日語類解』에는 ナ行 五段활용동사로 수정해서 기재하고 있다. 동사의 변천을 반영한 것으로 생각된다.

또한『倭語類解』의 1개 한자의 한자어를 어간으로 하는 サ變복합동사가『日語類解』에서는 상1단 동사로 바뀐 용례가 보인다. 이것은『倭語類解』의 1개 한자의 한자어를 어간으로 하는 サ變복합동사는 카미가다어(上方語)를 나타낸 것이고,『日語類解』에서 변형된 상1단 동사는 에도어(江戶語)를 반영한 용례로 생각된다.

그리고『倭語類解』에는 동사의 연모음 [-ou]·[-au]의 두 형태가 보이는데 이것은『倭語類解』의 [-ou] 계통의 동사는 카미가다어(上方語)를 반영한 것이고,『倭語類解』의 [-au]계통의 동사는 원래는 오래된 형태이지만, [-ou]·[-oo] 과정을 거쳐서 다시 [-au]계통의 동사로 逆行한 카미가다어(上方語)를 반영한 것으로 추정된다.

또한『倭語類解』에는 동사의 연모음 [-ou]의 형태를 가진 동사가『日語類解』에는 동일한 동사의 연모음 [-au]의 형태로 바뀐 용례가 많이 보인다. 이러한『倭語類解』의 [-ou]와 [-au]의 양 형태의 동사를『日語類解』의 편찬 시기에는 동경어를 중심으로 기재한 것이기 때문에 [-au] 계통의 동사로 전부 수정한 것으로 판단된다.

형용사에서는『왜어유해』의 シク활용 형용사의 종지형「-し」의 イ음편 연체형「-しい」형태와 ク활용 형용사의 종지형「-し」형태의 イ음편 연체형「-い」형태가『日語類解』에서도『倭語類解』와 동일한「-しい」·「-い」용례가 보인다.

『倭語類解』에서의 シク활용 형용사의 종지형 「-し」형태를 『日語類解』에 서는 「-しい」의 형으로 수정하고 있고, 『倭語類解』에서의 ク활용 형용사의 종지형 「-し」형태가 『日語類解』에서는 「-い」의 형으로 수정하고 있다. 이러한 『日語類解』 시기의 일반적인 형용사의 종지형 「-い」형을 반영한 것으로 생각된다.

『倭語類解』의 シク활용 형용사의 연체형 「-しき」형태가 『日語類解』에서 イ음편을 취한 연체형 「-しい」형태로 수정한 용례와, 『倭語類解』의 ク활용 형용사의 연체형 「-き」형태가 『日語類解』에서는 「-い」형태로 수정하고 있다. 『日語類解』에서는 이미 근대어의 용법으로 모두 수정해서 나타내고 있다.

형용동사에서는 なり활용의 형용동사로 표제어 한자에 해당되는 일본어에 형용동사의 어간만이 기재된 용례와 형용동사의 연용형 「-に」형태의 용례가 『倭語類解』와 『日語類解』에 동일하게 기재되어 있다. 그러나 『倭語類解』의 일부 형용동사에 어간만이 기재되어 있으나, 『日語類解』에서는 형용동사의 연체형인 「어간+な」로 수정해서 기재하고 있다. 『日語類解』의 편찬시기의 사용빈도에 의한 것으로 판단된다. 표제어 한자 「壯」의 일본어는 『倭語類解』에서 형용동사의 연체형 「-なる」형태가 『日語類解』에서는 일반화된 연체형 「어간+な」의 형태로 수정된 것과 용례 「貧」과 같이 형용동사의 연체형 「-なる」형태가 サ變복합동사로 수정되어 있다. 또한 『倭語類解』에는 형용동사의 연체형 「어간+な」형태를 지니고 있고 『日語類解』에서도 「어간+な」형태는 동일하나, 『日語類解』와 『倭語類解』의 표제어 한자가 동일함에도 불구하고 어간에 해당되는 일본어가 다른 어휘로 기재되어 있는 것도 보인다. 이러한 용례는 『日語類解』의 편찬시기의 일본어를 반영하여 수정했기 때문으로 생각된다.

7장
『日語類解』의 일본어 기재방법

1. 緒言

　『日語類解』에 記載되어 있는 일본어는 저본으로 사용된 『倭語類解』(1809년 전후 간행 추정)의 일본어를 수정하고 개정한 자료이다. 그러나 『日語類解』에 記載되어 있는 日本語가 『倭語類解』의 日本語를 어떠한 기준으로 수정하고 개정한 것인지에 관해서는 지금까지 전혀 언급되어 있지 않다. 따라서 본 장에서는 『日語類解』에 보이는 日本語 표기를 『倭語類解』의 日本語와 비교하여 분석한다.

2. 『日語類解』의 日本語에 대하여

　『日語類解』는 한일대역사전인 『倭語類解』를 저본으로 하여 개정한 자료이다. 이 자료는 상권과 하권 2권으로 나뉘어져 있고, 천문·시후·간지·지리 등으로 의미 분류하고 있다[114]. 또한 각 의미 분류에 해당되는 어휘를 標題語 漢字로 나열하여, 그 標題語 漢字에 대한 韓國語와 韓國漢字音, 標題語 漢字에 대한 日本語와 日本漢字音을 記載한 것이다. 『日語類解』의 日本語는 대부분 『倭語類解』의 어휘를 바탕으로 취사선택하고 새로운 어휘나 표제어 한자를 추가하고 있다.

---

114) 『日語類解』의 資料는 金澤庄三郎(1913) 『日語類解』(三省堂書店. 日本 京都大學國文學會編)와 鄭光(1988) 『諸本集成 倭語類解 [解說·國語索引·本文影印]』(太學社)를 並行해서 使用했다. 『倭語類解』는 日本 京都大 文學部國語學國文學硏究室編 『倭語類解 本文, 國語, 漢字索引』(京都大學國文學會)과 鄭光(1988) 『諸本集成 倭語類解 [解說·國語索引·本文影印]』을 使用했다. 『倭語類解』에 나타나 있는 日本語와 日本漢字音의 表記는 濱田敦·土井洋一·安田章(1959) 「倭語類解考」(『國語國文』28 / 9)에 記載되어 있는 「國語表記諺文假名對照表記」에 의해 나타냈다.
각각의 用例의 숫자는 『倭語類解』의 用例와 『日語類解』의 用例는 원본의 페이지로 나타냈다. 페이지 뒤의 オ는 페이지의 앞면을 나타내고 ウ는 페이지의 뒷면을 나타낸다. 『日語類解』의 日本語와 日本漢字音 表記는 基本的으로 日本語가 記載된 그대로 나타냈고 日本語가 記載되지 않은 日本漢字音은 編者 金澤庄三郎의 意圖하고자 하는 表記에 의해 나타냈다.

『日語類解』의 서문에 編纂過程에서 編者인 카나자와쇼우사부로(金澤庄三郎)는 自身이 所藏하고 있는『倭語類解』를 藍本으로 해서 약간의 日本語 矯正을 加하고 譯語의 잘못을 수정하여 出刊했다고 언급하고 있다.

『日語類解』에 記載되어 있는 日本語와 日本漢字音의 記載方法에 대해서는『倭語類解』의 그 記載方法을 살펴 볼 필요가 있다.『倭語類解』의 日本語와 日本漢字音의 記載方法을 살펴보면, 原則的인 體裁와 例外的인 體裁(1), 例外的인 體裁(2)로 나눌 수 있다115). 즉『倭語類解』의 日本語와 日本漢字音의 記載方法은 標題語 한자의 左下에 標題語 漢字에 해당되는 日本漢字音이 붙어 있고, 그리고 그 밑의 ㅇ表示 下段에 標題語 漢字에 해당되는 日本語 訓을 表示하는 것이 原則이다. 그러나 例外的인 體裁(1)은『倭語類解』의 原則的인 體裁에서의 日本漢字音(「上의 日本漢字音」) 表記와, 標題語에 대한 日本語 訓이 記載되는 ㅇ表示 下段에 日本語 訓 대신에 또 다른 日本漢字音(「下의 日本漢字音」)이 記載가 되어 있는 一字二音의 體裁가 보인다116). 또한 原則的인 體裁에는 記載되는 日本漢字音(「上의 日本漢字音」)은 省略되어 있고 ㅇ表示 下段에 日本語 訓 대신에 日本漢字音(「下의 日本漢字音」)이 記載되어 있는 一字一音의 例外的인 體裁(2)도 보인다.

『日語類解』의 日本語와 日本漢字音의 記載方法은『倭語類解』의 日本語와 日本漢字音의 記載方法이 原則的인 體裁와 例外的인 體裁(1)은『日語類解』와 거의 유사한 體裁로 되어 있으나,『倭語類解』의 日本語와 日本漢字音의 記載方法이 例外的인 體裁(2)는『日語類解』에서는『倭語類解』에서 결여되어 있는「上의 日本漢字音」위치에 標題語 漢字에 대한 日本漢字音을 보충하고

---

115)『倭語類解』의 日本漢字音의 記載方法에 대해서는 京都大學(1958)『倭語類解』所收의 하마다아쯔시(濱田敦)의 「倭語類解解說」과 拙稿(1991) 「『倭語類解』の刊本と寫本の體裁比較-描代川寫本『和語類解』の原本復元の試みから一」 (日本『東北大學文學部日語學科論集』第1集)參照.

116) 이하에서는 日本漢字音의 記載方法을 中心으로 便宜上, 標題語 漢字의 左側 下段에 原則的인 體裁에서 記載되는 位置의 日本漢字音을 「上의 漢字音」이라고 부르고, 原則的인 體裁에서 標題語 漢字의 訓(日本語)이 記載되어야 할 ㅇ表示의 下段에 訓 대신에 또 다른 日本漢字音이 記載되어 있는 漢字音을 「下의 漢字音」으로 부르기로 한다.

標題語 한자에 대한 日本語 訓이 記載되는 위치에는 日本語가 새롭게 보충되어 있다117). 또한『倭語類解』의 日本漢字音과 다른 漢字音이 記載되고 새로운 日本語 訓이 記載되는 體裁,『日語類解』에「上의 日本漢字音」위치와「下의 日本漢字音」위치에 동일한 日本漢字音이 記載되어 있는 體裁 등 약간의 日本語와 日本漢字音의 이동이 조금 다른 體裁도 몇 가지 보인다.

본 장에서는『日語類解』에 記載되어 있는 日本語가 어떠한 방식으로 記載되어 있고 어떠한 기준에 의해 記載되어 있는가를 알기 위해『倭語類解』의 그것과 비교하면서 논하기로 한다. 우선『日語類解』와『倭語類解』에 記載되어 있는 日本語와 일치하는 것과 일치하지 않는 것을 구분하여 일치하지 않는 것을 중심으로 하여 그 차이점을 살펴보고 분석하기로 한다.

3.『倭語類解』와『日語類解』의 日本語 比較

『倭語類解』와『日語類解』의 日本語 표기를 비교해 보면 크게 日本語 표기가 일치하는 것과 日本語 표기가 일치하지 않은 것으로 구분된다. 본 장에서는 日本語의 훈 읽기를 중심으로 비교하고 검토하지만, 이하에서는 標題語 漢字에 대한 日本語 훈 읽기가 記載위치 상, 日本漢字音과 연관되는 경우에는 日本漢字音도 고려 대상에 포함시킨다.

1)『倭語類解』와『日語類解』의 日本語 표기가 일치하는 것

이하에서의『倭語類解』와『日語類解』의 日本語가 동일한 것은『倭語類解』의 편찬시기에 통용된 日本語가『日語類解』의 편찬시기에도 변함없이

---

117) 이하에서는『倭語類解』의 日本漢字音과 日本語의 記載方法은으로 구분해서 原則的인 體裁와 例外的인 體裁(1), 例外的인 體裁(2)라는 용어를 사용했다.

그대로 통용되었기 때문으로 생각된다.

〈상권〉

雲(うん、くも。2オ→うん、くも。2オ)雨(う、あめ。2オ→う、あめ。2オ)急雨(きゅうう。むらさめ。2オ→きゆうう、むらさめ。2オ)驟雨(しうう、ゆううだち。2オ→しゆうう、ゆうだち。2オ)霖雨(りんう、ながあめ。2オ→りんう、ながあめ。2オ)旱(かん、ひでり。2オ→かん、ひでり。2オ)祈雨(きう、あまごい。2オ→きう、あまごい。2オ)曀(えい、くもる。2オ→えい、くもる。2オ)虹(こう、にじ。2ウ→こう、にじ。2オ)雪(せつ、ゆき。2ウ→せつ、ゆき。2オ)霰(せん。あられ。2ウ→さん、あられ。2オ)霜(そう、しも。2ウ→そう、しも。2オ)露(ろ、つゆ。2ウ→ろ、つゆ。2ウ)霧(ぶ、きり。2ウ→む、きり。2ウ)118)霞(か、かすみ。2ウ→か、かすみ。2ウ)春(しゅん、はる。2ウ→しゆん、はる。2ウ)夏(か、なつ。2ウ→か、なつ。2ウ)秋(しう、あき。3オ→しゅう、あき。2ウ)冬(とう、ふゆ。3オ→とう、ふゆ。2ウ)年(ねん、とし。3オ→ねん、とし。2ウ)晦(くわい、つもおり。4オ→くわい、つもごり。3ウ)朔(さく、ついたち。4オ→さく、ついたち。3ウ)昨日(さくじつ、きのう。4ウ→さくじつ、きのう。4オ)

再昨日　晝　夜　夕陽　夕　曉　晩　月夜　其時　此時　何時　陰　陽
朗　暑　凉　寒　照　甲　乙　丙　丁　戊　己　庚　辛　壬　癸　子　丑
寅　卯　辰　巳　午　未　辛　酉　戌　亥　地　山　獨山　峴　巖　石壁
丘　原　路　街　彎路　斜路　徑路　石　怪石　礫　沙　塵　埃　灰　泥
坎　穴　崎嶇　凸　凹　嵐　海　湖　島　絶島　澤　泉　源　潭　浦　淵
池　汀　濱　渚　磵　渠　水　潦　水鈴　潮水　順流　波　沈　涵　漏　灑
淘　滋　汲　淅　凝　氷　凍　東　西　南　北　左　右　前　中　間　表
裡　邊　方　底　祖父　親　父　考妣　叔父　舅(『日』姑)119)　夫　兄　弟

---

118) 이 용례는 『倭語類解』와 『日語類解』의 日本漢字音은 성질이 다른 漢字音으로 記載되어 있지만, 日本語만은 동일한 용례이다. 이하에서도 이러한 용례는 많이 존재한다.

兄弟 同生 兄嫂 弟嫂 姉 女息 楈 姪 姪女 孫 妯娌 嫡室 妾 親 朋友
姓 名 字 人 烈士 士 師 弟子 兩班 常人 民 理馬 鷹師 獵戶 浦漢 漁翁 樵夫
傀 幻術 僕 奴 婢 鰥 寡 身 顔 腮 眉 目 白晴 耳 鼻 口 脣 舌 齒齗 齒牙
門齒 奧齒 咽喉 鬚 勒鬚 項 肩 液 手 手背 手腕 指 指人指 小指 爪 拳 胸
背 脊 腹 腰 脚 腿 膝 足背 足 跟 足掌 骨 皮 筋 心 肝 六腑 腸 血 尿 屁120)
形 秀妍 淨 姿 嬌 肥 孍 陋 皺 痕 垢 少 稚 影 跡 力 命 息 呼吸 汗 淚
涎 嚔 鼾 鼻涕 悴鼻涕 腹鳴 嚘 笑 咄 歎 聲 呼 愁 憂 悶121)忿 寃 憐 太息
思 悔 志 聖 禮 智 孝 謙 廉 敬 愼 猛 慧 穎悟 和 貪 惜 儉 奢 確實 倨慢
鈍 姦 愎 虛 悖惡 言 辭 答 開口 開諭 當付 譽 約 爭 詰 叱 誘 諛 譏 矜
辯 假託 稱頌 自稱 漏泄 凡 以 而 頗 所 其 尤 自 又 更 但 惟 徒 得 幾
方 或 曾 卽 幸 皆 宜 特 敢 因 故 然 遂 旣 況 是 此 必 雖 極 自 空 忽
聊 專 都 各 幷 步 行 走 去 來 還 歸 進 退 入 屈 靜 留 顧 望 見 瞑 揮
操 掬 搔 携 扶 擔 扣 推 拭 捲 拯 拱 蹲 踞 跪 蹶 蹴 蹈 倒 宮 闕 樓 家
舍廊 廚廊 茅屋 棚 厠 炭幕 樑 桁 棟 礎 椽 葦箔 簷 瓦 門 柴扉 門122)
開 窓 戶 樞 鈸 釘 板子 壁 欌 埃 遮面 架 卓子 簾 珠簾 基 園 庭 臺 陛
花階 薄石 墻 籬 國 京 橋 矼 郡 邑 村 居 隣 社 倉 市 堼 君 大君 臣 醫員
位 掌 政 件記 謄 書簡 圖書 爻周 文 半行 法帖 記草 曆書 水墨 冊 卷 紙
色紙 筆 墨 硯 硯箱 硯滴 書案 起兵 嚴 威 賊 伐 圍 匝 襲 救援 守 失瞭
擒 降 背叛 甲 冑 刃 金 鋙 鞘 弓 射 矢 筈 髀 中 干 戈 火繩 旗 鉦 械
中媒 婚姻 處女 配 娶 孕 産 男 女 主人 茶 飮 使酒 醒 歌 遊 勸食 辭 餞
送 曲調 琴 秴琴 笙 鼓 長鼓 笛 簫 口笛 笳 吹 剃頭 髻 頭屑 盥 漱 漱木
膩子 臙脂 塗 飾 鑷子 冠 頭巾 筓 表衣 襖 單衣 衫 汗衫 油衫 帶 腰帶 褌
裁 領 袖 幅 襞 縫 紐 襻 巾 褥 枕 襪 靴子 鞋 草鞋 飯 熟水 酒 燒酒 肴
麴 漉 滓 膾 餅 麵 饅 淸醬 醢 醋 油 屑 蜜 飴糖 雪糖 氷糖 烹 蒸 炒 炙
湯 熟 盛 食 餉 烹 腥 腐 葷 嗅 吮 舐 含 哑口 噴 喉幹 嗜 渴 火 炭 燒
炊 痢疾 瘧疾 中風 癎疾 喘 痲木 痘疹 痳疹 瘡 佛 癜 癧 瘰癧 癢 膿汁 痂

---

119) 『倭語類解』와 『日語類解』의 標題語 漢字가 각각 상이한 경우이다.
120) 『倭語類解』와 『日語類解』의 원래의 한자는 쌀미(米)변에 費가 혼합된 標題語 漢字이지만, 한자 입력의 편의상 같은 의미인 「屁」한자로 대신했다.
121) 『日語類解』의 標題語 漢字는 「愲」로 제시하고 있다.
122) 『倭語類解』와 『日語類解』의 標題語 漢字 입력 편의상, 日本語「かんぬき」에 해당되는 한자로 대체했다.

禿頭 眼膜 瞽 啞 缺脣 龜背 藥 灸 魂魄 哭 弔 葬 齊 寺 刹 菴 靈 袈裟 刑
犯 偸 結縛 捧招 查覈 放 赦 謫 黥 刺 殺 絞 籌 數 二 三 四 五 六 斗 疋
尺 賣 價 市直 易 販 本 債 典當 家貰 富 蟣

〈하권〉

犂 耒 栽植 苗 穗 耘 陳 鎌 刈 藁 擣 碓 舂 箕 糠 積 穀物 米 糯 黍
耳麰 蕎 粟 玉黍 眞荏 菜 蘿葍 芥 葱 蒜 苽 黃苽 茄 葵 蕨 薺 莧 石耳 松耳
吉123) 蕫 芋 蘇 野葱 芹 蓼 菱 甘藿 海帶 海衣 黃角 實 橘 柑子 蜜柑 柚子
榧子 栢子 梨 柿 乾柿 石榴 杏 桃 胡桃 李 林檎 奈 棗 榛 栗 黃栗 橡實
葡萄 山萄 苺 西苽 核 蔕 寶 錢 珠 瑪瑙 貝 錫 鍮 鑞 鉛 含錫 鑄 磁石 白礬
硫黃 阿膠 錦 帛 粧段 閃段 金線 紋 走紗 綾 羅 苧布 綿 繭 絲 機 梭 筬
織 經 緯 彩色 紅 朱紅 桃紅 豆綠 藍 草綠 鴉靑 茶色 松花色 桃黃 黃漆
白靑 二靑 三靑 黑 漆 綠 三綠 塗漆 淡 班 櫃 籠 皮籠 函 鑰 繩床 屛風
地衣 氈 遮日 帳 陳 扇 煙竹 火鐵 自鳴鐘 秤 樏 鐘子 匙 箸 鼎 釜 爐 香盒
陶 瓮 甌 缸 桶 葫蘆 篩 燭 苣 囊 帒 橐 袱 網 繩 砧 砑 炬 箒 槽 冶 鑢
鑿 錐 釘 蛀釘 鍫124) 鋸 枕 鐵杷 鉤 環 鈴 斫刀 針 柄 礪 斫 鞍 鞍匣 韂
鐙子 胸帶 馬銜 轡 鞦 鞭 小船 帆 檣 碇 龍繩 船板子 扂 渡 泊 漂風 曳
碁 局 突 雙六 紙牌 假碁 幇 賭 闍 毬 勝 鶴 鴛鴦 鷺 白鷺 鷲 鷗 鷹 鸚
鶻 鳶 鵂鶹 鷦鷯 杜鵑 鶺鴒 鸚(『日』鶯) 鷰 胡鷰 雉 鷄 鳩 烏 鵲 鴨 鶉 雛
羽 翼 嘴 卵 飛 鳴 攫 巢 棲 獅 虎 馬 赤馬 白馬125) 駁馬 駒 牛 態 豺 鹿
猿 狐 羊 鼠 兎 猪 山猪 狗 猫 雌 雄 鬣 角 尾 蹄 齧 騎 驅 馳 龍 河䐁(『日』河
豚) 龜 鼈 螺 蛤 蟹 鰕 蟲 蟒 蛇 螢 蜂 蟬 蜓 螳螂 蟋蟀 蚤 蛄 蝗蟲 蛭
蚯蚓 蚇蠖 蜈蚣 蚕 蝨 蟲 蛙 蠅 蛆 蟠 松 竹 衫 棕櫚 柳 檜 楡 楸 橡 槐
樺 藤 枳 杻 根 枝 葉 板 楂 林 薪 柴木 花 蓮花 菊花 葵花 海棠花 莘夷花

---

123) 『倭語類解』와 『日語類解』의 標題語 漢字에는 「吉」의 한자 위에 「くさかんむり(草冠)」가 있
는 한자를 사용하고 있다.
124) 『倭語類解』와 『日語類解』의 標題語 漢字에는 「金」변에 「厥」이 합성된 한자이나, 편의상 日本
語 「くわ」에 해당하는 「鍫」의 한자로 대체했다.
125) 「馬」의 日本語 표기가 『倭語類解』에는 「우마」, 『日語類解』에는 「우마」로 記載되어 있으나
본장에서는 「うま」와 동일한 표기로 간주한다. 이하 馬(빠,우마→쌔,우마)와 같이 赤馬
(세기빠,아가우마→세기쌔,아가우마) 白馬(하구빠,시로우마→하구쌔,시로우마) 駁馬(하
구빠,마따라우마→하구쌔,마짜라우마)도 동일한 표기로 간주한다.

山丹 暎山紅 鷄冠花 紅花 茱萸 冬栢 梔子 開 英 凋 枯 草 菖蒲 射干 皮廔子
茵 芧 麻 艾 苔 萍 莖 蔓 蕃 輕 濶 長 短 厚 薄 麤 細 多 遠 近 虛 添 裹
稀 賤 公 私 我 誰 某 翁 媼 雙 奉 禍 福 盛 有 曲 異 劣 眞 爲 古 舊 久
急 猜 忌 欺 疑 驕 猥 傲 妬 會 棄 取 廢 置 遞 乏 絶 結 硬 累 傾 移 斜
翳 䏰 裂 盡 悉 平 擇 及 灾 幽 業 聞 知 暇 獵 探 挾 掛[126] 擲 掩 繞 執
賞 致 節 常 俗 元 作 仇 至 甚 繁 切 具 便 徐 處 皼 倚 乾 共 恰 碎 勿
未 當 次 竊 剪 剖 彫 刻 編 成

2) 『倭語類解』와 『日語類解』의 日本語 표기가 일치하지 않는 것

①『倭語類解』의 原則的인 體裁에서 標題語 漢字에 대한 日本語가 『日語類解』의 日本語 표기와 차이가 있는 體裁.

이 體裁는 『日語類解』의 日本語 표기의 위치에 있는 日本語 훈읽기가 『倭語類解』의 그것과 일치하지 않는 것으로, 『倭語類解』에 통용된 日本語(훈읽기)가 『日語類解』의 편찬시기에는 통용되지 않고 標題語 漢字에 대한 새로운 日本語가 통용되었기 때문으로 생각된다. 또한 『倭語類解』의 편찬시기에는 쿄오토(京都)를 중심으로 한 가미가다어(上方語)를 반영하여 편찬되었고, 『日語類解』는 이미 공통어로 동경어가 정착된 시기이므로 동경어(東京語)를 반영하여 편찬되었다. 따라서 가미가다어(上方語)계통의 간사이 방언(關西方言) 등과 같은 것은 수정해야 할 필요성이 있었기 때문에 수정된

---

126) 「掛」의 日本語의 표기는 『倭語類解』에는 「가이」와 같이 직음표기를 하고 있으나, 『日語類解』에서는 日本語 음운사의 변천에 반하는 직음 이전 단계의 「구와이」로 표기 되어 있다. 마쯔무라 아끼라(松村明)씨는 『近代の國語─江戶から現代─』 (1977 桜楓社 p.169) 所收의 「東京語の成立と展開」에서 에도어(江戶語)의 음운상의 특징의 하나로 「カ」와 「クヮ」「ガ」와 「グヮ」의 구분사용을 동경어에서 명치시대 전기까지는 규범의식으로서 아직 잔존했던 흔적이 있다고 언급하고 있다. 『日語類解』에서 이 표기를 구분 사용하고 있다는 사실은 「カ」와 「クヮ」를 정확히 구분사용하고 있는 규범의식을 나타내고 있어 大正期(1900년대초)의 동경어 특징을 잘 반영하고 있는 것으로 생각된다.

것으로 생각된다.

〈상권〉

旋風(つじかぜ。1ウ→つむじ。1ウ)暴風(はやぜ。2オ→しけ。1ウ)雷(いかずち。2オ→かみなり。1ウ)霹靂(へきれき、かみなり。2オ→へきれき、いかずち。1ウ)細雨(こまあめ。2オ→こさめ。2オ)雹(ひのあめ。2ウ→ひよう。2オ)日(にち。4ウ→ひ。4オ)頃日(きょうじつ。4ウ→このごろ。4ウ)幾日(いくじつ。5オ→いっか。4ウ)明(あきらか。6オ→あかるい。5ウ)昏(くれ。6オ→たそがれ。5ウ)冷(ひやびやし。6オ→ひややか。6オ)山麓(やまのふもと。7ウ→ふもと。7オ)絶壁(たかいわ。7ウ→ぜっぺき。7ウ)墾(くぼた。7ウ→がけ。7ウ)陸路(りくち。8オ→おかみち。8オ)磧((みずあさのいし、つみしい。8オ→かわらいし。8オ)細沙(こまずな。8ウ→こまいすな。8オ)泥濘(ぬた。8ウ→ぬかるみ。8ウ)陷(おとしあな。8ウ→はまる。8ウ)

塡 窖 江 河 川 洲 灣 溪 津 井 溫井 汐水 潰 泡 滴
外舅 子 甥 族 戚氏 下人 丁 使令 市人 卜者 冶匠 步行 輕才人
雇工 顋 頰 眸 鼻梁 鼻孔 人中 齠齔 頤 臂 肘 長指 臍 尻
脛 肌 脾 肺 腎 胃 膽 面 儀 莊 妙 態 醜 長生 夭 氣 流涎
響 怨 恨 悅 畏 快 念 戀 懷 耐 美 恥 困 勞 性 意 賢
仁 行 忠 誠 信 讓 貞 能 順直 順 寬 柔 剛 敏 察 喜 吝
惡 壯 健 強 弱 誠款 固執 迂闊 唐突 汎濫 姦惡 偏僻 勤 愚
拙 躁 巧 恣 癡 諫 誠 稟 聞 白 告 訴 酬酢 紹介 許諾 勸
盟 嘲論 喉 讒 毁 默 返 將 猶 最 寧 姑 適 誠 曰 云 使
與 可 願 坐 起 徘徊 出 俯 顚 沛 揖 隨 逐 伸 昒 窮 瞥
瞬 指 擁 抱 捏 搖 拱 捫 拾 料 掃 攀 躍 踰 臥 伏 亭
廏 梲 甍 閉 窓櫺 遮陽 懸板 梔 梯 築 修理 府 郭 關 烽燧
鎭 館 邊防 鄕 里 庫 牧場 書吏 仕 令 薦擧 祿 手本 關子
單子 文籍 訓 習 講 吟 篆 寫 書鎭 兵 整齊 戰 挑戰 鬪 掠
亂 敗 破 滅 坑 叛 報讎 刀 利刀 弦 彎 貫革 帿 放砲 鐵丸

嫁 襮裸 迎 供 唱 舞 瑟 嘯 吹螺 髢 珥 釧 佩 指環 紗帽
衣 裘 裳 纓 行纏 午飯 羹 饌 釀 駝酪 葛粉 煮 煎 爛 凝
淸 嘗 甘 苦 辛 酸 醎 淡 臭 羶 齕 噙 吐 飽 爨 (『日』焚)
烟 狂 腫 疥 癬 痣 疣 痓 聾 斜眼 矮子 縮脚 蹇 甦 鍼 調理
死 尸 棺 神主 忌日 祈 夜叉 法 罰 囚 禁 獄 笞 訊 屬公
黜 錢 石 買 貸 明文 邊 償 商賈 貧

〈하권〉

畓 農 培 荒 束 臼 磨 收 貢 稅 糧 粳米 麥 菁 菌 薯
芽 果 銀杏 櫻桃 棠 眞瓜 鎔 鍊 緞 繭 眞紅 大紅 紫芝 黃
黃丹 荷葉 光 器 交椅 几 方席 雨傘 鋪 輪圖 罇 酒煎子 罐
風爐 水桶 箍 燈 燈火 筐 笥 綱 釣 絙 簀 鉋 鑽 鏝 挾刀
勒 轣 卸 快船 筏 船頭 船梢 篙 出船 暈船 轎子 輪 轉 載
鞦韆 鵠 鸛 鷦 鵝 鴇 鴛 蝙蝠127)啄 雛馬 犢 驢 羆 狼 狸 蝟 龙
蹄 嘶 吠 鰾 熟鰒 石花 蝘 蜉蝣 蠅 蝸 蟾 蚑 桂 梧桐 栢 桑 楮 檀 楓 荊
松子 杜鵑花 槿花 千葉花 單葉花 假花 落 香 艶 筦 葛 葦 茅 蒭 小 少 片
塊 尖 踈 密 盈 餘 縮 加 充 損 補 懸 隔 貴 君 他 隻 率 慰 護 睦 養 恩
寵 榮 辱 吉 凶 衰 安 危 得 失 是 非 直 優 誤 新 始 終 遲 速 難 易 嫌
侮 虔 害 耽 羨 煩 苦 秘 怪 試 效 驗 違 求 連 解 堅 疊 頹 弊 虧 變 垂
列 衝 貫 定 使 趂 權 隱 避 逃 役 量 覺 閑 漁 掘 折 捕 搆 撲 戴 引 兼
參 等 待 稜 頒 遺 賂 賑 窮 標 顯 建 交 與 容 修 行 魁 正 謝 爲 輔 費
欲 報 預 過 止 忙 由 報 臨 期 向 險 免 賴 偕 比 如 似 設 壓 慣 群 夥
用 憑 究 親 尋128)

---

127) 「蝙蝠」의 日本語는 『倭語類解』에는 「고우무리」로 記載되어 있고 『日語類解』에는 「고우모리」로 記載되어 있어 모음교체 현상이 보인다.
128) 標題語 漢字에 대한 日本語가 『倭語類解』와 『日語類解』가 일치하는 용례를 전부 제시하는 것이 마땅하나 지면이 제한적인 관계로 일부만 제시하고 나머지는 標題語 漢字로 대신한다.

② 『倭語類解』의 「下의 漢字音」(「上의 漢字音」 결여)만이 記載되어 있는 例外的인 體裁(2)로 『日語類解』에서는 「上의 漢字音」으로, 그리고 「下의 漢字音」 위치에는 새로운 훈이 記載되어 있는 體裁[129]

終日(しゅうじつ〈下〉5オ→しゅうじつ〈上〉、いちにち〈下〉4ウ)平明(へいめい〈下〉5オ→へいめい〈上〉、よあけ〈下〉4ウ)樣(よう〈下〉19オ→よう〈上〉、さま〈下〉20オ)義(ぎ〈下〉22オ→ぎ〈上〉、ただしい〈下〉23ウ)守令(しゅれい〈下〉35ウ→しゆれい〈上〉、ちほうくわん〈下〉38ウ)軍官(ぐんくわん〈下〉36オ→ぐんくわん〈上〉、ぶくわん〈下〉39オ)錄事(ろくじ〈下〉36オ→ろくじ〈上〉、きろく〈下〉39オ)通事(つうじ〈下〉36オ→つうじ〈上〉、つうやく〈下〉39オ)約條(やくじょう〈下〉36ウ→やくじょう〈上〉、やくそく〈下〉39ウ)風月(ふうげつ〈下〉37ウ→ふうげつ〈上〉、しちごんぜっく〈下〉40ウ)對敵(たいてき〈下〉39オ→たいてき〈上〉、てきたい〈下〉42オ)嘔逆(おうげき〈下〉50オ→おうげき〈上〉、おうと〈下〉53オ)胸痛(きょうつう〈下〉50ウ→

---

129) 이 體裁와 관련해서 『倭語類解』의 「上의 漢字音」과 「下의 漢字音」이 記載된 例外的인 體裁(1)에서, 『倭語類解』의 「下의 漢字音」을 『日語類解』에서는 「上의 漢字音」으로 記載하고 기존의 『倭語類解』의 「上의 漢字音」은 삭제하고 있다. 下의 위치에는 훈을 새로 만들어서 넣은 것으로 『日語類解』의 原則的인 體裁를 유지하기 위한 편찬의도로 판단된다. 그 예로는 다음과 같은 것이 있다.

　歲(せい、さい。3オ→さい、とし。2ウ)問情(뿐세이,몬소우。37ウ→몬씨요우,

　　시사두。3ウ9)

　또한 다음의 용례는 『倭語類解』의 「下의 漢字音」만 記載된 例外的인 體裁(2)에 해당되는 것으로, 「下의 漢字音」을 변형해서 『日語類解』에서는 「上의 漢字音」으로 記載하고 「下의 漢字音」 위치에는 새로운 훈을 기입한 것이다.

　廳(데이〈下〉31ウ→지요우,히로마。34ウ)眩暈(젠운〈下〉50オ→젠운,메마이。53ウ)

　「廳」의 日本漢字音은 吳音은 「チョウ」이고 漢音은 「テイ」이다. 『倭語類解』에서의 漢字音의 성격상, 漢音-讀書音 吳音-一般通用音의 성격이 강하다고 언급한대로 讀書音의 성격이 강한 한음 「テイ」가, 『日語類解』에서는 一般通用音의 성격이 강한 吳音 「チョウ」로 바뀌어 있는 것으로 당시의 통용된 日本漢字音을 잘 반영하고 있는 것으로 생각된다.

　이러한 『倭語類解』에서의 日本語와 日本漢字音의 記載方法이 原則的인 體裁가 아닌 것을 『日語類解』에서의 日本語와 日本漢字音의 原則的인 體裁로 전환하여 記載한 것은 『日語類解』의 전체의 體裁를 통일하기 위해 변형한 것으로 생각된다.

きょうつう〈上〉、むねいた〈下〉53ウ)腹痛(ふくつう〈下〉50ウ→ふく
つう〈上〉、はらいた〈下〉53ウ)發明(はつめい〈下〉54オ→はつめい
〈上〉、いいわけ〈上〉、57オ)利(り〈下〉56オ→り〈上〉、りえき〈下〉59
オ)薔薇(しょうび〈下〉下卷29ウ→しょうび〈上〉、ばら〈下〉下卷26オ)破
船(はせん〈下〉下卷19オ→はせん〈上〉、なんせん〈下〉下卷16オ)牧丹(ぼ
くたん〈下〉下卷29オ→ぼくたん〈上〉、ぼたん〈下〉下卷26オ)勢(せい
〈下〉下卷37ウ→せい〈上〉、いきおい〈下〉下卷35オ)厄(やく〈下〉下卷37
ウ→やく〈上〉、わざわい〈下〉下卷35オ)功(こう〈下〉下卷38オ→こう
〈上〉、こうろう〈下〉35オ)對(たい〈下〉下卷39ウ→たい〈上〉、むかう
〈下〉下卷37オ)

이 體裁는『倭語類解』에서「下의 漢字音」만이 있는 것을『日語類解』에서는
이 漢字音을「上의 漢字音」위치에 記載하고 原則的인 體裁에서의 日本語 위치
에 標題語 漢字에 대한 새로운 훈을 만들어서 기재한 것이다.『日語類解』의
原則的인 日本語와 日本漢字音의 體裁는 標題語 漢字의 좌측 상단에 標題語
漢字에 대한 日本漢字音이 記載되어 있고, 그 하단의 중앙에는 日本語가 記載되
어 있는 標題語 漢字에 대한 1음 1훈의 體裁가 원칙이다. 그러나 이 體裁는
『日語類解』에서는『倭語類解』에서 결여되어 있는「上의 日本漢字音」위치에
標題語 漢字에 대한 日本漢字音을 보충하고 標題語에 대한 日本語 訓이 記載되
는 위치에는 日本語가 새롭게 보충되어 있다.『倭語類解』에서는「上의 日本漢
字音」이 결여되어 있는 體裁이지만,『日語類解』에서는 편찬의도가 전체적으
로 標題語 漢字에 해당되는 日本漢字音(例外的인 體裁(1)에서의「上의 日本漢字
音」도 포함)과 그 하단 중앙에 日本語(훈읽기)로 (또는「下의 日本漢字音」이
記載되어 있는 경우도 있음) 통일되어 있다. 따라서 이 體裁에서『日語類解』에
는 標題語 漢字에 대한 日本語 훈이나 한자음을 보충하고 있다. 이것은『日語類
解』의 원칙적인 體裁로 통일하기 위해 변형한 것으로 생각된다.

③『倭語類解』의 「上의 漢字音」으로, 『日語類解』의 上下의 위치
에 동일한 漢字音으로 記載하고 있고『日語類解』에서는『倭語類解』
의 훈이 결여된 體裁[130)

    小人(しょうじん、こびと。14ウ→しょうじん、しょうじん。14
ウ)鬢(びん、びげ。16オ→びん、びん。17オ)愛(あい、いとおし。23
オ→あい、あい。25オ)慾(よく、よくしん。２３オ→よく、よく。
25オ)小心(しょうしん、つつしむ。23オ→しょうしん、しょうし
ん。24ウ)褒貶(ほうへん、のおりひきばし。26ウ→ほうへん、ほう
へん。39オ)別(べつ、かくべつ。28ウ→べつ、べつ。31オ)官(くわ
ん、くぼう。33ウ→くわん、くわん。37オ)鐘樓(しょうろう、しゅ
ろう。34ウ→しようろう、しようろう。37ウ)使臣(ししん、じょう
し。35ウ→ししん、ししん。38ウ)記録(きろく、しるす。37オ→き
ろく、きろく。40オ)印(いん、いんずい。38オ이→いん、いん。40
オ)草書(そうしょ、そうじ。38オ→そうしよ、そうしよ。41オ)諺文
(げんぶん、おんもん。38オ→げんぶん、げんぶん。41オ)伏兵(ふく
へい、ふせぜい。38ウ→ふくへい、ふくへい。42オ)號令(ごうれ
い、いいつけ。39オ→ごうれい、ごうれい。42オ)斧鉞(ふえつ、せ
つえつ。40オ→ふえつ、ふえつ。44オ)火藥(くわやく、くちぐす
り。41オ→くわやく、くわやく。44ウ)帽子(ぼうし、けぼし、けず
きん。45オ→ぼうし、ぼうし。48オ)肉(にく、しし。47オ→にく、
にく。50オ)決斷(けつだん、なちあき。54オ→けつだん、けつだ
ん。57オ)金(きん、こがね。下卷７ウ→きん、きん。下卷6オ)銀(ぎ
ん、しろかね。下卷7ウ→ぎん、ぎん。下卷6オ)水銀(すいぎん、みず
かね。下卷8オ→すいぎん、すいぎん。下卷6オ)鐵(てつ、くろがね。
下卷8ウ→てつ、てつ。下卷７オ)蠟(ろう、みつかす。下卷9オ→ろ
う、ろう。下卷７オ로우,로우)勺(しゃく、しゃ。下卷13ウ→しゃく、

---

130) 이 體裁와 유사한 것으로『倭語類解』의 「下의 漢字音」을 변형해서『日語類解』에 「上의 漢字
    音」과 「下의 漢字音」을 동일하게 하고, 기존의 「上의 漢字音」과 「下의 훈」을 삭제한 용례로
    다음과 같은 용례가 극소수 보인다. 次韻(시인,〈シイン〉와인〈ワイン〉→씨인〈ジイン〉,씨
    인〈ジイン〉)

しゃく。下卷11ウ)商船(しょうせん、あきないぶね。下卷18オ→しょ
うせん、しょうせん。下卷15オ)漁船(ぎょせん、うおつりぶね。下卷
18オ→ぎょせん、ぎょせん。下卷15オ)鶺鴒(せきれい、いしたたき。
下卷21オ→せきれい、せきれい。下卷18オ)駿馬(しゅんば、しゅん
め。下卷22ウ→しゆんば、しゆんば。下卷19オ)蘭(らん、あららぎ。
下卷30ウ→らん、らん。下卷２７オ)類(るい、たぐい。下卷43オ→る
い、るい。下卷40オ)

『倭語類解』에서는 標題語 漢字에 대한 日本語와 日本漢字音이 각각 原
則的인 體裁에 따른 記載방식을 취하고 있으나, 『日語類解』에서는『倭語
類解』에서의 原則的인 日本漢字音인「上의 漢字音」은 그대로 두고『倭語
類解』에서의 日本語 훈을 삭제하고「上의 漢字音」과 동일한 漢字音을
記載하고 있다. 이것은『倭語類解』에 記載된 日本語는『日語類解』에서는
日本漢字音만이 널리 통용되었기 때문으로 생각된다.

따라서 이 體裁는『日語類解』에서 標題語 漢字에 대한 日本漢字音만이
통용되어「上의 漢字音」과「下의 漢字音」위치에 동일한 漢字音을 記載하
고 있는 것으로 판단된다.

④『倭語類解』의「上의 漢字音」과『日語類解』의「上의 漢字音」
이 차이가 없으며『倭語類解』에 記載되어 있는 2개의 下의 훈 중
『日語類解』에서는 그 중 1개를 記載하고 있는 體裁[131]

〈상권〉

後(こう、のち、うしろ。11オ→こう、のち。11ウ)覡(かんなぎ、
ほさ。15ウ→かんなぎ。16オ)牙婆(ろうじょ、すわい。15ウ→ろう

---

[131] 『倭語類解』의「下의 漢字音」으로『日語類解』에서 상하로 동일한 漢字音을 記載한 용례도 다
음과 같이 보인다.「象」(しょう、ぞう。下卷２２ウ→ぞう、ぞう。下卷19オ)「豹」(ほう、
ひょう。下卷22ウ→ひょう、ひょう。下卷19オ)

じょ。16オ)孤(ひとりみ、みなしご。15ウ→ひとりみ。16オ)頭(こう
べ、かみ。16オ→こうべ。16ウ)瞼(めふた、まぶた。16ウ→まぶ
た。17オ)暢(はれやか、きみよう。21オ→はれやか。22ウ)悟(さと
る、さめ。21ウ→さとる。23オ)詳(くわしう、つまびらか。23オ→
くわしう。25オ)怒(はらたて、いかる。23オ→いかる。25オ)樂(おも
しろく、たのしむ。23オ→たのしむ。25オ)懶(おこたる、ぶしょう
な。24オ→おこたる。26オ)請(くせぎ、まねく。25オ ¹³²⁾→まねく。
27オ)議論(だんごう ¹³³⁾、そうだん。25オ→そうだん。27オ)分付(いつ
いけ、もうしつけ。25ウ→いついけ。27ウ)知委(しらせ、ふれ。25
ウ→しらせ。27ウ)何(なぜに、どうして。27オ→なぜに。29ウ)若(ま
んにち、もし。27ウ→まんいち。29ウ)要(かなめ、かんよう。28ウ
→かなめ。31オ)登(のぼる、あがる。29ウ→のぼる。32オ)降(くだ
る、さがり。29ウ→くだる。32オ)拂(はらう、ふりすて。30ウ→は
らう。33オ)閨(くつろ、ねや。31ウ→ねや。34ウ)抹樓(たかとの、え
ん。32ウ→えん。35ウ)店(たな、はたごや。34ウ→はたごや。38オ)
畫員(えし、えかき。36オ→えかき。39オ)誦(ちゅうよみ、そらによ
む。37ウ→そらによむ。41ウ)日記(ひちょう、にっき。38オ→にっ
き。41オ)武(ぶくわん、ぶし。38ウ→ぶくわん。41ウ)劒(かたな、つ
るぎ。40オ→つるぎ。43ウ)宴(さかもり、ゆはち。42オ→さかも
り。45オ)醉(よう、よい。42ウ→よう。45ウ)鐘(つりがね、かねつづ
み。43オ→つりがね。46ウ)袴(ぱっち、はかま。45ウ→ぱっち。48
ウ)早飯(あさめし、あさいい。46ウ→あさめし。49ウ)咽塞(のんどふ
だがる、のんどつまる。49オ→のどふさがる。52ウ)厭(すかぬ、い
とう。49ウ→すかぬ。52ウ)飢(うえる、かつれる。49ウ→うえる。
52ウ)泄瀉(はらがくんたり、しゃする。50オ→はらくだり。53オ)喪
(も、ふこう。52オ→も。55オ)墓(はか、つか。52ウ→はか。55ウ)碑
(たていし、せきひ。52ウ→せきひ。55ウ)僧(しゅっけ、ぼうず53

---

132) 상권25는 영평사본은 補瀉本으로 「구졔이」로 記載되어 있지만, 중앙도서관본에는 「구세
이」로 記載되어 있어서 중앙도서관본에 바탕을 두어 표기했다.
133) 에이헤이지본(永平寺本)의 補瀉本에는 「따끄우」라고 記載되어 있지만, 중앙도서관본에는
「딴끄우」로 쓰여져 있어 한국의 중앙도서관본에 바탕을 두어 나타냈다.

オ。→ぼうず。56オ)鬼(おに、かみ。53オ→おに。56オ)過(きず、あやまち。53ウ→あやまち。56ウ)直(ねだん、あたい。55ウ→ねだん。58ウ)

〈하권〉

堤堰(つつみ、いせき。2ウ→つつみ。1オ)結實(なりなった、みのる。3オ→みのる。1ウ)稲(もみ、いね。4オ→いね。2ウ)薑(しょうが、はじかみ。5オ→しょうが。3オ) 胡瓜(びょうぶら、かぼちゃ。5オ→かぼちや。3ウ)玉(たま、いしたま。8オ→たま。6ウ)杭羅(ろしゃ。ろ。9ウ→ろ。7ウ)粉(しろい、ごふん。11ウ→紛 ごふん9オ。)床(ゆか、ぜん。12ウ→ぜん。10オ)席(むしろ、ござ。12ウ→ござ。10ウ)幕(ちょうまく、てんまく。13オ→てんまく。10ウ)瓢 (はけ、ひさご。14オ→ひさご。12オ)笊(こめゆり、いかき。15オ→こめゆり。12ウ)竿(つりそお、さお。15ウ→さお。13オ)斧(よき、おの。16オ→よき。13ウ)肚帶(はらおび、はるび。17オ→はらおび。14ウ)船(ふね、ぶね。17ウ→ふね。15オ)鱗(うろくず、うろこ。25ウ→うろこ。22オ)毒蛇(ひらくち、まむし。26オ→まむし。23オ)漆?(うるしのき、はぜ。28オ→漆 うるしのき。25オ)梢(こずえ、こえだ。28ウ→こずえ。25ウ)藪(くさむら、やぶ。29オ→くさむら。25ウ)蘩(くさむら、かぶ。31オ→くさむら。28オ)半(なから、なかば。31ウ→なかば。28ウ)圓(まるい、まわる。32オ→まるい。28ウ)頻(さいさい、しきりに。32ウ→しきりに。29ウ)3개汝(そっち、なんじ、そのほう。33オ→なんじ。30オ)彼(かれ、かの。33オ→かれ。30オ)末(すえ、さき。34ウ→すえ。31ウ)緩(ゆるい、ゆるやか。34ウ→ゆるい。32オ)給(たもう、やる。36オ→やる。33オ)許(ゆるす、きょだく。36オ→ゆるす。33ウ)散(ちらせ、ちる。36ウ→ちる。34オ)均(むらものう、ひとしい。37オ→ひとしい。34ウ)稱(なびく、ほめる。40オ→ほめる。37オ)先(さきに、まづ。40ウ,→まず。37ウ)抵(いたる、おいて。40ウ→いたる。37ウ)堪(こたえる、たえたり。42オ→こたえる。39オ)僅(ようよう、わずか。42オ→わずか。39ウ)排(なら

べる、そなえる。４２ウ→ならべる。39ウ)

『倭語類解』의「上의 漢字音」은 필자가 이미 讀書音(漢文訓讀音)의 성격
이 강하다고 제시했다[134]. 그러나『日語類解』에서의 日本漢字音은『倭語類
解』에서와 같이 漢字音의 위상적 구분사용 측면을 고려하지 않고 기재한
것으로,『日語類解』의 편찬당시의 통용된 日本漢字音을 記載하려는 편찬방
침에 의한 것으로 판단된다.『倭語類解』의 2개의 훈 중,『日語類解』에 1개
의 훈만 기재된 것도 편찬 당시 일반적으로 통용된 1개의 훈으로 통일하
여 기재된 것으로 생각된다.

⑤『倭語類解』의「上의 漢字音」이『日語類解』의「上의 漢字音」
과 차이가 있으며『倭語類解』에 記載되어 있는 2개의 下의 훈 중
『日語類解』에서는 그 중 1개를 記載하고 있는 體裁[135]

〈상권〉

早(そう、つと、はやし。5オ→ちよう、はやい。4ウ)瀑布(ぼく
ほ、たき、たきのみず。9オ→ばくふ、たき。9オ)灘(だん、せ、な
だ。9ウ→たん、なだ。9オ)浮(ふう、うく、うかむ。10ウ→ふ、う
く。10ウ)上(しょう、うえ、かみ。11ウ→じよう、うえ。11ウ)傍(ほ
う、そば、かたわら。11ウ→ぼう、かたわら。11ウ)一家(いつか、
いっけ、いっか。13ウ→いちか、いっけ。14オ)匠人(しょうじん、
さいくにん、しょくにん。15オ→しようにん、しよくにん。15ウ)戲

---

134) 拙稿(1993)「『倭語類解』における日本漢字音の性格」(日本 東北大學『言語學論集』第2集)과 拙稿
   (1993)「『倭語類解』の日本漢字音とその記載方法との關聯について」(日本 岡山大學『岡大國文論
   考』21號)參照.
135) 이 體裁와 유사한 형태로『倭語類解』의「下의 漢字音」(「上의 漢字音」이 있음)이『日語類解』
   에서는「上의 漢字音」으로 하고, 그리고「下의 漢字音」위치에는 기존의 2개 중, 1개의 훈
   이 記載되어 있다.『倭語類解』에서의「上의 漢字音」은 삭제되어 있다. 이 體裁에 속하는 용
   례는 극히 적으나 다음과 같은 용례가 보인다.
   工夫(고우후〈上〉,게이고,구후우〈下〉。37ウ→구후우〈上〉,게이고〈下〉。40ウ)

子(きし、さるんかし、きょうげん。15オ→ぎし、きようげん。16
オ)驚(けい、おどろく、たまがる。21オ→きよう、おどろく。22ウ)
忍(じん、こらえ、しのぶ。21ウ→にん、しのぶ。23オ)善(せん、よ
し、よい。23ウ→ぜん、よい。25オ)房(ほう、ふさ、へや。31ウ→
ぼう、へや。34ウ)鈍(とん、きれぬ、にぶい。40ウ→どん、にぶ
い。43ウ)接待(しょうたい、ちそう、せったい。42オ→せつたい、
せったい。45ウ)彈(たん、ひく、たんずる。43オ→だん、ひく。46
ウ)外感(くわいかん、かぜ、かいけ。50オ→ぐわいかん、かぜ。53
オ)黃疸(こうたつ、おうだん、きなるやまい。50ウ→こうたん、お
うだん。53ウ)尼(じ、みこに、あま。53オ→に、あま。56オ)

〈하권〉

木瓜(ぼくくわ、けんぼがなし、ぼけ。7オ→もくくわ、ぼけ。5
オ)鱲魚(けつきょ、あさし、たなご。25オ→けつぎよ、たなご。22
オ)石魚(せききょ、いしもち、ぐち。25オ→せきぎよ、いしもち。
22オ)材(さい、ざいもく、つくりき。28ウ→ざい、ざいもく。25ウ)
朽(う、くちき、くちる。29オ→きゆう、くちる。25ウ)暫(さん、し
ばらく、ちょっと。34ウ→ざん、しばらく。32オ)際(せい、はず、
きわ。29オ→さい、きわ。36ウ)隙(けき、すき、ひま。29オ→げ
き、すき。36ウ)

標題語 漢字에 대한 日本語 훈이 시대가 오래된 루이쥬 묘오기 쇼(『類聚名義
抄』) 등과 같은 古辭典에는 標題語 漢字에 대한 여러 개의 日本語 훈이 기재되어
있는 것이 많이 보인다. 『倭語類解』의 편찬시기에는 두 개의 日本語 훈이
통용되었던 것이 『日語類解』의 편찬시기에는 標題語 漢字에 대한 1개의 日本語
훈이 정착된 것으로 생각된다. 이 體裁 또한 『日語類解』의 전체적인 體裁를
통일하기 위한 편찬의도에 의한 것으로 생각된다.

⑥『倭語類解』의「上의 漢字音」과『日語類解』의「上의 漢字音」이 차이가 있으며『倭語類解』와『日語類解』에 記載되어 있는 日本語 훈의 표기도 차이가 있는 體裁

〈상권〉

子時(しし、ここのつとき。5ウ→しじ、ねのとき。5オ)丑時(ちくし、やつとき。5ウ→ちゆうじ、うしのとき。5オ)寅時(いんし、ななつとき。5ウ→いんじ、とらのとき。5オ)卯時(ぼうし、むつとき。5ウ→ぼうじ、うのとき。5オ)辰時(しんし、いつつとき。5ウ→しんじ、たつのとき。5オ)巳時(しし、よつとき。5ウ→しじ、みのとき。5オ)午時(ごし、ここのつとき。5ウ→ごじ、うまのとき。6ウ)未時(みし、やつとき。5ウ→みじ、ひつじのとき。5ウ)申時(しんし、ななつとき6オ→しんじ、さるのとき。5ウ)酉時(いうし、むつとき。6オ→ゆうじ、とりのとき。5ウ)戌時(じゅつし、いつつとき。6オ→じゆつじ、いぬのとき。5ウ)亥時(がいし、よつとき。6オ→がいじ、いのとき。5ウ)曝(ほう、ほす。6ウ→ぼう、さらす。6オ)郊(きょう、の、はる。8オ→こう、のはら。7ウ日日)洞(とう、ほら、やまあい。8オ→どう、ほらあな。7ウ)湧(よう、みずわく。10ウ→ゆう、わく。10ウ)濕(いう、ぬるる。10ウ→しつ、ぬれる。10ウ)注(しゅ、もり。10ウ→ちゆう、つぐ。10ウ)八方(はつほう、ばつかた。11ウ→はちほう、はっぽう。12オ)曾祖父(ぞうそふ、ひおおち。12オ→そうそふ、ひいおじ。12オ)曾祖母(ぞうそぼう、ひばば。12オ→そうそぼ、ひいばば。12オ)妹夫(ばいふ、いもおとおっと。12ウ→まいふ、いもうとむこ。13オ)再従(さいしょう、さいちゅうてい。13オ→さいゆう、またいとこ。13ウ)乳母(じゅぼう、めのと。13オ→にゆうぼ、うば。13ウ)幼兒(いうじ、だきご。13ウ→ようじ、こども。14オ)長者(ちょうしゃ、おとなしゅ。14オ→ちようや、めうえ。14ウ)童(とう、わら。14ウ→どう、わらべ。15オ)田夫(てんふ、のうにん、でんぷ。14ウ→でんぶ、のうふ。15オ)女妓(じょき、けいせい。15ウ→じよぎ、げいしや。16オ)髪(ばつ、かみ

げ。17オ→はつ、かみのけ17ウ)白髪(はくばつ、しらげ。17オ→は
くはつ、しらが。17ウ)乳(じゅ、ち。17ウ→にゆう、ちち。18ウ)痩
(しう、やする。19ウ→しゆ、やせる。20ウ)忘(もう、わする。19ウ
→ぼう、わすれる。)順朴(じゅんはく、すなお、しゅんぼく。23オ
→じゆんぼく、しつぼく。24ウ)哀(やい、なごり、あわれし。23オ
→あい、かなしむ。25オ)公正(こうしょう、すなお。24オ→こうせ
い、こうへい。26オ)惑(こく、ほれ、まよう。24オ→わく、まど
う。26オ)閑談(かんたん、しつかにかたる。25ウ→かんだん、せけ
んばなし。27ウ)付耳語(ふじぎょ、そそなく。26オ→ふじご、ささや
く。28オ)譫語(せんぎょ、うつつことば。26オ→せんご、たわご
と。28オ)訟(しょう、くじ。26オ→そう、うったえる。28オ)訥(ど
つ、くちどもる。26オ→とつ、どもる。28ウ)妄發(もうばつ、ぼう
は。26ウ→もうはつ、ぼうげん。28ウ)須(しゅ、かまえて。26ウ→
す、すべからく。29オ)毎(ばい、まい。27ウ→まい、いつも。30オ)
竟(けい、おわるまで。27ウ→きよう、ついに。30オ)應(よう、しっ
かと。28オ→おう、おうじる。30オ)立(りう、たち。29オ→りつ、
たつ。31オ)擡(たい、あぐる。30ウ→だい、あげる。33オ)眠(めん、
ねむり。31オ→みん、ねむる。34オ)堞(ちょう、しろのかべ。34オ
→ちよう、やぐら。37オ)外方(くわいほう、いなか。34オ→ぐわい
ほう、ちほう。37)方物(ほうもつ、とさん。36ウ→ほうぶつ、さん
ぶつ。39ウ)禮物(れいもつ、いんもつ。36ウ→れぶつ、つかいも
の。39ウ)答狀(とうちょう、へんとう。37オ→とうじょう、へん
じ。40オ)教(こう、おしゆる。37ウ→きよう、おしえる。40ウ)正書
(しょうしょ、しん。38オ→せいしよ、かいしよ。41オ)慟(きょう、
おびやかす。39ウ㐲→ごう、おどす。42ウ)亡(もう、ほろぶ。39ウ
→ぼう、ほろびる。43オ)和親(かしん、わだん。40オ→わしん、わ
ぼく。43オ)生(しょう、むまる。41ウ→せい、うまれる。45オ)辨(べ
ん、ようい、こしらい。42ウ→べん、こしらえる。45ウ)膳退(せん
たい、すべる。42ウ→ぜんたい、ぜんおひく。46オ)喇叭(らはつ、
しゅらい。43ウ→らはち、らっぱ。46ウ)櫛(しつ、くしひき。44オ
→せつ、ときぐし。47オ)梳帖(しょちょう、びんごり。44オ→そち

よう、たとうがみ。47オ)沐浴(ぼくよく、ぎょうずい、みあらい。44オ→もくよく、ふろ。47オ)粧(そう、したく、よそおい。44オ→しよう、よそおう。47ウ)脱(たつ、ぬく。47ウ→だつ、ぬぐ。49ウ)濁酒(たくしゅ、にごりさけ。47オ→だくしゆ、にごりざけ。50オ)菹(しょ、きみすい。47ウ→そ、つけもの。50ウ)痛(とう、いたみ。50オ→つう、いたむ。53オ)失音(しついん、こえかれ。50オ→しつおん、こえがかれる。53オ)服(ぶく、しょうじん。52オ→ふく、きる。55ウ)埋(ばい、うずむ。52ウ→まい、うずめる。55ウ)祠堂(しとう、まつるいえ。52ウ→しどう、いわいどう。55ウ)罪(さい、とが。53ウ→ざい、つみ。56ウ)拿(た、とらひく。53ウ→だ、とらえる。56ウ)物貨(もつくゎ、しろもの。５５ウ→ぶつくゎ、しなもの。58ウ)借(しゃ、かる。56オ→しゃく、かりる。59オ)

<하권>

田(てん、た。2ウ→でん、はた。1オ)町(てい、まち。2ウ→ちよう、あぜみち。1オ)不實(ふつじつ、なりない、みならず。3オ→ふじつ、みのらぬ。1ウ)納(どう、おさむ。3ウ→のう、おさめる。2オ)藏(そう、たしなむ。3ウ→ぞう、たくわえる。2オ)眞珠(ちんしゅ、あわびのたま。8オ→しんしゆ、しんじゆ。6オ)琉璃(りうり、びいどる。8オ→るり、がらす。6ウ)沈香色(しんこうしょく、こういろ。10ウ→じんこうしよく、じんこういろ。9オ)蚊帳(ふんちょう、かちょう。13オ→ぶんちよう、かや。10ウ)盒(こう、じゅう。13ウ→ごう、じゆうばこ。11オ)盆(ほん、かなおき。14ウ→ぼん、みずばち。12オ)串(せん、ほぐし。15ウ→くゎん、くし。13オ)雜技(ぞうぎ、なぐさみこと。19ウ→ざつぎ、なぐさみごと。16ウ)負(ふう、まくる。20オ→ふ、まける。17オ)獣(しう、ちくしょう。22オ→じゆう、けだもの。19オ)觸(ずく、ふるる。24オ→しよく、つく。21オ)馴(しゅん、なれ、なるる。→じゆん、なれる2。21オ)民魚(みんきょ、にべうお。24ウ→みんぎよ、にべ。21ウ)鱣魚(せんきょ、うなぎ。25オ→せんぎよ、このしろ。22オ)鯖魚(せいきょ、

せがい。25ウ→せいぎよ、にしん。22オ)全鰒(せんふく、ひちあわび。25ウ→ぜんふく、ほしあわび。22ウ)蠶(ざん、かいご。26オ→さん、かいこ。23オ)蝦蟆(かま、かわず。27オ→かまく、がま。24オ)蝌蚪(くゎとう、かえるこ。27オ→くわと、おたまじやくし。24オ)蠢(じゅん、うごうごする、むぐめく。27ウ→しゆん、うごめく。24オ)椵(か、ひのき。28オ→たん、とど。28オ)寄生(きしょう、やとりき。28ウ→きせい、やどりぎ。25オ)花盆(くゎほん、はなばち。30オ→くわぼん、うえきばち。26ウ)莎(しゃ、すげ。31オ→さ、しば。27ウ)大(たい、おおい。31ウ→だい、おおきい。28オ)重(ちゅう、おもく。31ウ→じゆう、おもい。28オ)狹(こう、せばい。31ウ→きよう、せまい。28オ)減(かん、へる。32オ→減げん、へす。29オ)封(ほう、ほうずる。32ウ→ふう、ふじる。29ウ)侍(し、おとも。33オ→じ、おともする。30オ)同(とう、おなじく。34オ→どう、おなじ。31オ)妄(もう、ぼうきゃく。34オ→ぼう、おいぼれ。31ウ)嚇(きゃ、おどろく。35オ→かく、おどかす。32ウ)害(かい、そこのう。35オ→がい、そこなう。32ウ)逆(けき、さこう。35ウ→ぎやく、さからう。33オ)合(こう、あわせ。35ウ→ごう、あわせる。33オ)傳(てん、つたえ。36オ→でん、つたえる。33オ)受(しう、うくる。36オ→じゆ、うける。33ウ)授(しう、あずける。36オ→じゆ、さずける。33ウ)維(ゆい、くぐる。36オ→い、くくる。33ウ)續(そく、つずけ、つずく。36オ→ぞく、つずける。33ウ)軟(せん、やわらぐ。36ウ→なん、やわらかい。33ウ)横(こう、よこい。37オ→おう、よこ。34オ)綻(てん、ほころび。37オ→たん、ほころびる。34ウ)務(ぶ、つとむ。37ウ→む、つとめる。35オ)副(ふう、そい。40オ→ふく、つぎ。37オ)接(しょう、つけ。40ウ→せつ、つける。38オ)相(しょう、たがい、あい。41ウ→소そう、たがいに。38ウ)雜(ぞう、まじえる。41ウ→ざつ、まじる。39オ)擾(よう。みだれ。41ウ→じよう、みだれる。39オ)不(ふつ、みいせん。42オ→ふ、できない。39オ)

『倭語類解』의 「上의 漢字音」에 記載되어 있는 日本漢字音은 讀書音(漢文

訓讀音)의 성격이 강하다. 『日語類解』의 「上의 漢字音」위치에 있는 日本漢
字音은 저자인 카나자와쇼우사부로가 편찬당시에 통용된 漢字音으로 記載
했기 때문에 차이가 있는 것으로 생각된다. 標題語 漢字에 대한 日本語 훈
도 『倭語類解』의 시기에 통용된 日本語와 『日語類解』의 日本語에 변화가
있었을 것이라고 판단된다136).

4. 結語

  본 장에서는 『倭語類解』와 『日語類解』에 보이는 日本語를 중심으로 해서
두 자료에 보이는 日本語의 이동 및 변화의 추이를 살펴보았다. 그 결과,
전체적으로 『倭語類解』와 『日語類解』에 보이는 日本語가 동일한 것과 『倭語
類解』와 『日語類解』의 日本語가 일치하지 않은 것으로 양분되어 있다는 사
실을 알 수 있었다. 『倭語類解』와 『日語類解』의 두 자료에 일치하지 않은
日本語를 세부적으로 보면, 日本語의 記載方法의 體裁 상, 여러 종류가 일치
하지 않은 것이 존재한다. 그 중, 『倭語類解』의 原則的인 體裁에서의 日本語
와 『日語類解』의 原則的인 體裁에서의 日本語가 많이 일치하지 않은 것으로
판명되었다. 두 자료에 記載되어 있는 日本語가 일치하지 않은 이유로는
『倭語類解』에 통용된 日本語가 『日語類解』의 편찬시기에는 통용되지 않고
標題語 漢字에 대한 새로운 日本語가 통용되었기 때문으로 생각된다. 또한
『倭語類解』의 편찬시기에는 가마가다어(上方語)를 중심으로 편찬되었고,
『日語類解』의 일본어는 이미 공통어로 동경어가 정착된 시기이므로 에도어
(江戸語)를 중심으로 한 동경어를 대상으로 편찬되었기 때문으로 판단된다.
따라서 가마가다어(上方語)계통의 간사이 방언(關西方言) 등과 같은 것은
수정해야 할 필요성이 있기 때문에 수정된 것으로 추정된다.

---

136) 『倭語類解』의 편찬시기가 아직 불분명하기 때문에 시기적 차이를 단정할 수 없다.

또 다른 두 자료의 日本語가 일치 않은 體裁로는, 『倭語類解』에는 日本語가 記載되어야 할 위치에 標題語 漢字에 대한 日本漢字音(「下의 漢字音」)만이 記載된 例外的인 體裁(2)에서 『日語類解』에서는 「上의 漢字音」으로 記載하고 「下의 漢字音」 위치에는 새로운 日本語 훈이 記載되어 있는 體裁도 있다. 또한 「倭語類解」의 「上의 漢字音」으로 『日語類解』에 상하의 위치에 동일한 漢字音으로 記載하고 있고 『日語類解』에서 『倭語類解』의 日本語 훈을 삭제한 것도 있다.

이와 같이 『倭語類解』의 기존의 日本語를 『日語類解』에서는 삭제하거나, 『倭語類解』에는 日本語 훈이 記載되어야 할 위치에 日本漢字音이 記載되어 있는 例外的인 體裁(2)는 『日語類解』에서는 標題語 漢字에 대한 새로운 日本語 훈을 만들어서 記載되어 있는 것도 있다. 이러한 것은 『日語類解』의 편찬시기에 통용되었는가, 통용되지 않았는가에 따라 새롭게 첨가되기도 하고 삭제되기도 한다.

『倭語類解』의 「上의 漢字音」이 『日語類解』의 「上의 漢字音」과 차이가 있는 것과 없는 것을 포함하여, 『倭語類解』에 記載되어 있는 2개의 日本語 훈 중 『日語類解』에서는 그 중 1개를 記載하고 있는 體裁가 있다.

『倭語類解』에 日本語 훈의 위치에 2개 이상의 日本語가 記載된 것은 당시에는 2개 이상이 日本語가 통용된 사실을 말해주고, 동일한 표제어로 『日語類解』에는 1개의 日本語만을 記載하려는 편찬방침에 의한 것으로 판단된다.

『倭語類解』와 『日語類解』에 보이는 日本語가 일치하는 것은 두 자료의 편찬시기에 각각 통용된 日本語가 동일했다는 사실을 보여주고, 두 자료에 보이는 日本語가 차이가 있는 것은 편찬시기에 통용된 日本語가 각각 차이가 있다는 사실을 보여주는 것으로 생각된다.

8장
『日語類解』의 일본한자음의 성격

1. 緒言

　『日語類解』는 日本語를 배우게 하는데 편의를 제공하기 위해 編纂되었
으나, 그 후 카나자와쇼우사부로(金澤庄三郎)가 個人的으로 당시의 韓國語
의 方言資料 收集을 위한 資料로도 많이 活用되었다고 전해진다[137]. 또한
『日語類解』의 편찬과정을 카나자와쇼우사부로(金澤庄三郎)는 자료 안의
〈例言〉에서 『倭語類解』를 藍本으로 사용하고 다소 그 材料에 取捨를 부
과하고, 역어(번역어)의 과오를 수정했다고 서술하고 있다. 그러나 『日語
類解』의 일본한자음과 『倭語類解』의 일본한자음을 비교해 보면 한자음의
형태와 성격이 많은 차이를 보이고 있다. 예를 들면 「學」의 한자음(「カク
」『왜』→ 「ガク』『일』), 「電」의 한자음 (「テン」『왜』→「デン」『일』), 「婦」의
한자음(「フウ」『왜』→「フ」『일』) 등의 표기가 두 자료간 많은 차이가 보인
다. 이와 같이 『日語類解』에는 『倭語類解』의 일본한자음과 많은 차이를
보이고 있고 일본한자음의 기재 방법에 있어서도 많은 차이가 있다. 이
러한 『日語類解』에 記載된 日本漢字音의 性格과 記載方法은 『倭語類解』의
日本漢字音의 性格과 記載方法을 比較해 보면 알 수 있을 것으로 推定된
다. 따라서 본 장에서는 『日語類解』에 기재되어 있는 일본한자음을 『倭語
類解』의 그것과 비교하여 『日語類解』의 일본한자음은 어떠한 형태를 지
니고 있으며 어떠한 성질의 한자음인가를 규명하고자 한다. 본 硏究에서
는 카나자와쇼우사부로(金澤庄三郎)가 『日語類解』에서 修正 補完한 것 중,
日本漢字音은 어떻게 修正 補完하고 있는가를 調査함으로써 『日語類解』의
日本漢字音의 記載方法을 糾明함과 同時에 『日語類解』에 記載되어 있는 日
本漢字音의 性格도 糾明할 수 있다고 생각된다. 아울러 『日語類解』의 編纂
에 있어 底本으로 사용한 『倭語類解』의 日本漢字音의 性格도 역으로 알
수 있을 것으로 推定된다.

---

137) 小倉進平(1964)『增訂補注　朝鮮語學史』(刀江書院)參照.

2. 問題提起 및 研究方法

『倭語類解』에 記載되어 있는 日本漢字音의 性格에 관해서는 筆者가 이미 다른 觀點에서 論한 바 있다. 즉 『倭語類解』의 日本漢字音을 中間에 두고, 『倭語類解』와 비슷한 性格을 가진 『落葉集』(1598年刊)에서 現代에 이르기까지의 日本漢字音의 變遷을 中心으로 살펴보면, 『倭語類解』의 日本漢字音은 一般的인 傾向에 一致하는 것 이외에 一致하지 않은 「學(カク)」「在(サイ)」「罪(サイ)」「暫(サン)」「樹(シュ)」「善(セン)」「藏(ソウ)」「談(タン)」「電(テン)」「動(トウ)」「獨(トク)」 등의 清音(특히 濁音과 清音이 吳音과 漢音으로 對應하는 漢字의 漢字音이 『倭語類解』에서는 清音〈漢音〉이 많이 記載되어 있다)表記와 「減(ガン)」「惑(コク)」「受(シュウ)」「授(シュウ)」「種(ショウ)」「妻(セイ)」「際(セイ)」「應(ヨウ)」「聽(テイ)」「嫡(テキ)」「埋(バイ)」「夢(ボウ)」 등의 日本漢字音 表記가 意外로 많이 보인다. 이러한 一般的인 傾向에 合致하지 않은 漢字音은 백과사전 성격인 『書言字考節用集』(1717年)에도 몇 개의 漢字音만이 보인다. 이러한 特殊한 日本漢字音은 當時의 儒學者 다자이슌다이(太宰春臺)가 著述한 『倭讀要領』(1728)에 보이는 讀書音과 相當히 一致하는 경우가 많은 것을 考慮해서 當時의 漢文訓讀에서의 讀書音으로 看做한 바 있다[138]. 또한 이러한 讀書音이 『倭語類解』에 日本漢字音을 記載하는 記載方法에 따라 漢字音의 性格이 다르다는 것을 發表한 바 있다[139]. 즉 『倭語類解』의 日本漢字音의 記載方法은 標題語의 左下에 日本漢字音이 기재되어 있고, 그 밑의 ○表示 下段에 日本語 訓을 表示하는 一字一音의 기재방법이 原則이다[140]. 그러나 例外的으로 『倭語類解』의 原則的인 體裁에서의 日本漢字音

---

138) 拙稿(1993a)「『倭語類解』の日本漢字音の性格」(『東北大學言語學論集』第2集)參照.

139) 拙稿(1993b)「『倭語類解』の日本漢字音とその記載方法と關聯のについて」(『岡大論稿』第21集)參照.

140) 『倭語類解』의 日本漢字音의 記載方法에 대해서는 京都大學(1958)『倭語類解』所收의 濱田敦의 「倭語類解解說」과 拙稿(1991)「『倭語類解』の刊本と寫本の體裁比較-描代川寫本『和語類解』の原本復元の試みから—」參照.

表記와, 標題語에 대한 日本語 訓이 記載되는 ○表示 下段에 日本語 訓 대신에 또 다른 日本漢字音이 記載가 되어 있는 一字二音의 體裁가 보인다. 또한 原則的인 體裁에 記載되는 日本漢字音은 省略되어 있고 ○表示 下段에 日本語 訓 대신에 日本漢字音이 記載가 되어 있는 一字一音의 體裁도 보인다. 위에서 讀書音으로 看做한 漢字音은『倭語類解』標題語 漢字에 대한 原則的으로 日本 漢字音이 記載되는 左側 下段 位置(「上의 日本漢字音」)에 記載되는 경우가 大部分이고, 一般通用音은 原則的으로는 日本語 訓이 記載되어야 할 ○表示 下段 位置(「下의 日本漢字音」)에 記載되는 傾向이 있다고 論한 바 있다[141]. 또한『倭語類解』에 記載되어 있는 日本漢字音의 性格과 體裁와의 關聯에서 「上의 漢字音」에 記載된 漢字音은 當時의『落葉集』이나『書言字考節用集』 등 當時의 一般的인 辭典에 記載되어 있는 漢字音과 一致되지 않는 傾向이 강하다. 또한『韻鏡』의 〈濁音字〉의 屬하는 淸音과 濁音이 漢音과 吳音으로 對應하는 漢字가『倭語類解』에는 淸音으로 記載되어 있으며 이것은 당시의 漢學에서『韻鏡』의 〈濁音字〉의 屬하는 漢字의 淸音形이 當時의 讀書音으로, 간주되었다는 사실과 일치한다. 「下의 漢字音」에 기재된 漢字音은 當時의 『落葉集』이나『書言字考節用集』 등의 當時의 一般的인 辭典에 記載된 漢字音 과 상당히 一致하는 것을 考慮해서 一般通用音으로 看做한 바 있다[142]. 또한 『倭語類解』에 있어서 日本漢字音의 淸音과 濁音의 記載原則을 보면, 標題語 漢字에 두개의 日本漢字音이 記載되어 있는 境遇는 淸音(漢音)이 元來 日本漢 字音이 記載되어 있는 位置에 記載되어 있는 것이 大部分(「上의 日本漢字音」) 이고, 濁音은 ○의 表示 밑에 기재되어 있는 것(「下의 日本漢字音」)이 大部分 이다. 이와 같이『倭語類解』에 記載되어 있는 日本漢字音은 一般的으로「上 의 漢字音」位置에 記載되어 있는 日本漢字音은 讀書音의 性格이 강하고, 「下 의 漢字音」位置에 記載되어 있는 日本漢字音은 一般通用音의 性格이 강하다

---

141) 拙稿(1993b)參照.
142) 拙稿(1993b)參照.

고 推測한 바 있다[143].

『日語類解』에 記載되어 있는 日本漢字音의 記載方法은 주로 『倭語類解』에 記載되어 있는 日本漢字音의 記載方法과 비슷한 方法을 취하고 있다. 그러나 細部的으로 보면, 『日語類解』에서의 日本漢字音 記載方法과 『倭語類解』의 그것과는 상당히 차이가 있는 것으로 보인다. 특히 日本漢字音의 記載方法에서 『倭語類解』에서 原則的으로 日本語 訓이 記載되어 야 할 位置인 「下의 漢字音」位置에 記載되어 있는 漢字音은 若干의 修正 외에는 거의 대부분 『倭語類解』의 日本漢字音을 그대로 記載하고 있으나, 原則的으로 日本漢字音이 記載되는 「上의 漢字音」位置에 記載되어 있는 日本漢字音은 相當한 部分이 修正되어 있다. 그러면 카나자와쇼우사부로(金澤庄三郎)는 『日語類解』에서 日本漢字音의 記載方法을 어떠한 基準에 따르고 있으며 그 주된 理由는 무엇인지를 분석해 본다.

본 장에서는 이러한 日本漢字音과 그 記載方法의 差異点을 兩書를 통해서 具體的으로 調査하고 『日語類解』에 記載된 日本漢字音의 性格과 그 記載方法을 『倭語類解』의 日本漢字音의 性格과 記載方法을 比較하면서 論하기로 한다. 特히 『倭語類解』에 記載되어 있는 日本漢字音 中, 讀書音의 性格이 강한 日本漢字音으로 推定되는 「上의 漢字音」位置에 記載된 漢字音과 當時의 一般通用音의 性格이 강한 「下의 漢字音」位置에 記載된 漢字音을 『日語類解』에는 各各 어떻게 取扱하고 있고 어떤 方式으로 修正하고 있는가 등을 中心으로 살펴보기로 한다. 以下에서는 『倭語類解』와 『日語類解』에 記載되어 있는 日本漢字音의 修正과 記載位置 變更이 많은 1) 原則的인 體裁에 記載되어 있는 日本漢字音의 修正과 2) 原則的인 體裁에서 日本漢字音이 記載되는 位置에는 日本漢字音이 記載되어 있지 않고 ○表示 下段의 日本語(訓)가 記載되어야 할 位置에 日本語 대신 日本漢字音이 記載되어 있는 것을 中心으로 살펴보기로 한다[144].

---

143) 拙稿(1993)參照.

3. 『日語類解』의 일본한자음의 기재방법

　『日語類解』의 일본어와 일본한자음의 기재 방법이 체재의 차이에 따라 다르다. 우선『日語類解』의 일본어와 일본한자음의 기재방법은『倭語類解』를 저본으로 해서 편찬된 것이기 때문에 당연히『倭語類解』의 체재와 상당히 관련이 많다. 따라서『倭語類解』와『日語類解』의 체재의 관련을 언급하면서 논하기로 한다.

　『日語類解』의 원칙적인 체재에서의 일본한자음의 기재방법은『倭語類解』에서의 원칙적인 체재와 같이 표제어 한자의 우측　상단에 표제어 한자에 해당하는 한글의 훈과 한자음을 기재하고 있고, 좌측 하단에는 일본한자음을 그 하단에는 일본어 훈을 기재하는 형식을 취하고 있다.『日語類解』에 기재되어 있는 일본한자음 중,『倭語類解』의 일본한자음의 수정이나 기재위치의 변경이 가장 많은 것을 중심으로 살펴보면 다음과 같다.

- 『倭語類解』에서 원칙적인 체재에 기재되어 있는 일본한자음(「上의 日本漢字音」)이『日語類解』에서는 다른 한자음으로 수정되어 있는 것이 가장 많이 보인다.
- 『倭語類解』에 표제어 한자의 左下의 위치에 기재되어 있는 일본한자음(「上의 日本漢字音」)이,『日語類解』에서는『倭語類解』에서의「上의 日本漢字音」을 수정하지 않고, 그대로『日語類解』의「上의 日本漢字音」과「下의 日本漢字音」의 위치에 동일한 한자음으로 동시에 기재되어 있다.

---

144) 以外에도『倭語類解』와『日語類解』의 兩書에 記載되어 있는 日本漢字音이『倭語類解』에서의「下의 日本漢字音」만이 記載되어 있는 漢字音이『日語類解』에서는『倭語類解』에 記載되어 있는 日本漢字音과 種類가 다른 漢字音이「上의 漢字音」에 記載되어 있는 體裁와 日本語 訓의 移動 등 漢字音과 體裁가 一致하지 않은 것도 많이 보인다. 以下에서는『日語類解』에 記載되어 있는 日本漢字音 중, 1. 原則的인 體裁에 記載되어 있는 日本漢字音의 移動과 2. 原則的인 體裁에는 日本漢字音이 記載되어 있지 않고 ○表示의 下段에 日本語(訓)이 記載되어야 할 部分에 日本語 訓 대신에 日本漢字音이 記載되어 있는 體裁를 中心으로 調査하여 漢字音의 移動과 體裁의 變化 등을 檢討한다.

· 『倭語類解』에서는 원칙적으로 훈읽기가 기재되는 위치에 표기된 일본한자음(「下의 日本漢字音」)이 『日語類解』에서는 「上의 日本漢字音」과 「下의 日本漢字音」의 위치에 동시에 기재되어 있다.

· 『倭語類解』에서 원칙적인 체재에서의 일본한자음 부분은 省略되어 있고 ○表示 下段(원칙적인 체재에서의 일본어 훈읽기가 기재되어야 할 위치)에 日本語 訓 대신에 日本漢字音(「下의 日本漢字音」)이 記載가 되어 있는 體裁 중, 『日語類解』에는 거의 대부분 『倭語類解』와 동일한 일본한자음 표기가 기존의 위치(「下의 日本漢字音」)와 함께 다른 기재위치(「上의 日本漢字音」)에도 있고 동일한 한자음이 동시에 기재되어 있다.

4. 『日語類解』의 일본한자음의 성격

『日語類解』에 記載되어 있는 日本漢字音 중, 『倭語類解』의 日本漢字音의 表記修正과 日本漢字音의 記載位置 變更이 가장 많은 것을 中心으로 調査하기로 한다. 우선, 『倭語類解』에서 原則的인 體裁에 記載되어 있는 日本漢字音(「上의 日本漢字音」)이 異形態의 다른 漢字音(「上의 日本漢字音」)으로 修正이 된 部分과, 『倭語類解』에서의 原則的인 體裁에는 日本漢字音이 記載되어 있지 않고 ○表示 下段에 日本語(訓)가 記載되어야 할 位置에 日本漢字音(「下의 日本漢字音」)이 記載되어 있는 體裁 중, 『日語類解』에는 大部分 『倭語類解』와 거의 같은 漢字音 表記가 旣存의 記載位置(「下의 日本漢字音」)에 또 다른 記載位置(「上의 日本漢字音」)에 記載되어 있어 두 개의 漢字音이 記載되어 있는 것 등을 중심으로 살펴보기로 한다. 以下에서는 漢字音의 變化로 斷定하기 어려운 경우는 제외하기로 한다. 以下에서는 日本漢字音의 記載方法을 中心으로 便宜上, 標

題語 漢字의 左側 下段에 原則的인 體裁에서 記載되는 位置의 日本漢字音
을「上의 漢字音」이라고 부르고, 原則的인 體裁에서 標題語 漢字의 訓
(日本語)이 記載되어야 할 ○表示의 下段에 訓 대신에 또 다른 日本漢字
音이 記載되어 있는 漢字音을「下의 漢字音」으로 부르기로 한다.

　일본한자음에 중점을 두어 『倭語類解』와 『日語類解』의 일본한자음의
가장 큰 이동 및 변화를 보면 원칙적인 체재 내에서 일본한자음의 변화가
가장 두드러진다. 이와 같이 두 자료의 가장 큰 표기의 변화를 보이는 원
칙적인 체재에서의 일본한자음(「上의 日本漢字音」) 변화만을 비교해 보면
다음과 같은 많은 변화가 보인다.

1) 『倭語類解』의 원칙적인 체재에서의 일본한자음과 『日語類解』의 일본한자음[145]

　①『倭語類解』에 표제어 한자의 左下의 위치에 기재되어 있는 일
본한자음(「上의 漢字音」)이 『日語類解』에서 수정되어 있는 한자음

　㉮ 『倭語類解』에서의 吳音이 『日語類解』에서는 漢音으로 기재된 것

　　同生(24.トウショウ→445.ドウセイ)儒生(28.ジュショウ→448.ジュ
セイ)忘(42.モウ→465.ボウ)端正(45.タンショウ→468.タンセイ)公正
(47.コウショウ→471.コウセイ)諸(56.ジョ→481.ショ)眠(61.メン→
487.ミン)讀(74.ドク→500.トク)正書(75.ソウショ→501.セイショ)亡
(78.モウ→505.ボウ)生(82.ショウ→509.セイ)雨粧(90.ウショウ→516.
ウソウ)着(92.ジャク→518.チャク)生(95.ショウ→522.セイ)服(103.ブ
ク→530.フク)梅實(125.マイジツ→548.バイジツ)層函(135.ゾウカン→
557.ソウカン)麝(157.ジャ→577.シャ)生鰒(162.ショウフク→582.セイ

---

145)『倭語類解』의 원칙적인 체재에서의 日本漢字音의 記載方法은 標題語의 左下에 標題語에 대한
　　日本漢字音(「上의 日本漢字音」)이 붙어 있고, 그리고 그 밑의 ○表示 下段에 標題語의 대한
　　日本語 訓을 表示하는 日本漢字音의 記載方法이 一字一音이 原則이다

フク)鬢(163.ザン→583.サン)寄生(168.キショウ→587.キセイ)梅花(169.
マイクワ→589.バイクワ)妄(179.モウ→599.ボウ)維(183.ユイ→604.イ)
示(186.ジ→607.シ)

㊴『倭語類解』에서의 漢音이『日語類解』에서는 吳音으로 기재된 것

日(1.7.ジツ→421.427.ニチ)日暈(1.ジツウン→421.ニチウン)暴風(3.
ホウフウ→422.ボウフウ)電(3.テン→422.デン)霧(4.ブ→424.ム)名日(7.
メイジツ→427.メイニチ)七夕(7.シツセイ→427.シチセイ)時(10-11.シ
→429-430.ジ.其時・此時・何時・子時・丑時・寅時・卯時・辰時・巳時・
午時・未時・申時・酉時・戌時・亥時)日影(12.ジツエイ→431.ニチエイ)
曝(12.ホウ→431.ボウ)郊(15.キョウ→434.コウ)洞(15.トウ→434.ドウ)
派(18.ハイ→438.ハ)濁(19.タク→439.ダク)上(22.ショウ→442.ジョウ)
内(22.ダイ→442.ナイ)傍(22.ホウ→442.ボウ)八方(22.ハツホウ→443.ハ
チホウ)曾祖父(23.ゾウソフ→ソ443.ウソフ)曾祖母(23.ゾウソウボウ→
443.ソウソボ)妻(24.セイ→444.サイ)同生(24.トウショウ→445.ドウセ
イ)妹(24.バイ→445.マイ)妹夫(24.バイフ→445.マイフ)曾孫(25.ゾウソ
ン→446.ソウソン)同婿(25.トウセイ→446.ドウセイ)孩兒(26,カイジ→
447.ガイジ)道士(28.トウシ→449.ドウシ)童(28.トウ→449.ドウ)小童
(28.ショウトウ→449.ショウドウ)匠人(29.ショウジン→450.ショウニ
ン)馬上才(30.バショウサイ→451.バジョウサイ)女妓(30.ジョキ→451.
ジョギ)濁(30.タク→452.ダク)頂(31.テイ→452.チョウ)瞳(31.トウ→
453.ドウ)無名指(34.ブメイシ→455.ムメイシ)壽(39シウ→461.ジュウ)
音(40.イン→463.オン)驚(41.ケイ→464.キョウ)忍(42.ジン→465.ニン)
情(43.セイ→466.ジョウ)善(46.セン→469.ゼン)殘忍(47.ザンジン→470.
ザンニン)惑(47.コク→471.ワク)問(49.ブン→472.モン)傳喝(50.テンカ
ツ→474.デンカツ)閑談(50.カンタン→474.カンダン)弄談(50.ロウタン
→474.ロウダン)付耳語(51.フジギョ→475.フジゴ)譖語(51.センギョ→
475.センゴ)語澁(52.ギョシウ→476.ゴシュウ)於(52.ヨ→476.オ)須(52.
シュ→477.ス)竟(54.ケイ→479.キョウ)應(56.ヨウ→479.オウ)動(57.ト
ウ→482.ドウ)擡(60.タイ→485.ダイ)夢(61.ボウ→487.ム)大内(62.タイ

ダイ→487.タイナイ)殿(62.テン→487.デン)房(63.ボウ→488.ホウ)臺(65.タイ→492.ダイ)城(66.セイ→493.ジョウ)濠(67.コウ→493.ゴウ)境(67.ケイ→493.キョウ)場(68.チョウ→495.ヂョウ)牧場(68.ボクチョウ→495.ボクヂョウ)任(71.ジン→497.ニン)問情(72.ブンセイ→498.モンジョウ)學(73.カク→499.ガク)敎(74.コウ→500.キョウ)防(78.ホウ→504.ボウ)和親(79.カシン→505.ワシン)鈍(80.トン→506.ドン)彈子(81.タンシ→507.ダンシ)八字(82.ハツジ→508.ハチジ)膳退(84.センタイ→511.ゼンタイ)絃(85.ケン→512.ゲン)彈(85.タン→512.ダン)喇叭(85.ラハツ→512.ラハチ)梳頭(87.ショトウ→513.ソトウ)梳(87.ショ→513.ソ)梳帖(87.ショトウ→513.ソチョウ)沐浴(87.ボクヨク→513.モクヨク)蠟油(88.ロウユウ→514.ロウユ)粧(88.ソウ→514.ショウ)鏡(88.ケイ→515.キョウ)油衫(90.ユウサン→516.ユサン)濁酒(93.タクシュ→519.ダクシュ)組(94.ショ→520.ソ)油(94.ユウ→520.ユ)味(96.ビ→522.ミ)病(99.ヘイ→525.ビョウ)失音(99.シツイン→525.シツオン)時病(99.シヘイ→525.ジビョウ)一目(102.イツモク→528.イチモク)救病(99.キュウヘイ→525.キュウビョウ)埋(104.バイ→530.マイ)祠堂(104.シトウ→530.シドウ)際(104.セイ→530.サイ)尼(105.ジ→531.ニ)罪(106.サイ→532.ザイ)杖(107.チョウ→533.ジョウ)一(108.イチ→534.イツ)七(108.シチ→535.シツ)八(108.ハツ→535.ハチ)九(109.キュウ→535.ク)十(109.シウ→535.ジュウ)同謀(112.トウボウ→538.ドウボウ)田(116.テン→539.デン)町(116.テイ→539.チョウ)鋤(116.ショ→539.ジョ)種(117.ショウ→540.シュウ)納(118.ドウ→541.ノウ)藏(118.ソウ→541.ゾウ)大豆(120.タイトウ→542.タイズ)小豆(120.ショウトウ→542.ショウズ)香蕈(122.コウシン→544.コウジン)木瓜(125.ボクカ→547.モクカ)玳瑁(127.タイボウ→550.タイマイ)琉璃(127.リウリ→550.ルリ)木綿(131.ボクメン→553.モクメン)苧布(131.チョホ→553.チョフ)布(131.ホ→553.フ)染(133.ゼン→554.セン)欌(135.ソウ→557.ゾウ)箱子(136.ショウシ→557.ソウシ)日傘(137.ジツサン→558.ニチサン)千里鏡(137.センリケイ→559.センリキョウ)眼鏡(138.ガンケイ→559.ガンキョウ)盤(138.ハン→560.バン)盆(140.ホン→561.ボン)組(140.ショ→562.ソ)燭臺(141.ショクタイ→562.ショクダイ)柁(147.タ→568.ダ)乘(569.ショウ→150.ジョウ)駝

(156.タ→576.ダ)狗(158.コウ→178.ク)馴(159.シュン→579.ジュン)古道
魚(161.コトウキョ→581.コドウギョ)全鰒(162.センフク→582.ゼンフ
ク)樹(166.シュ→586.ジュ)梢(168.ソウ→588.ショウ)材(168.サイ→588.
ザイ)花盆(170.クワホン→590.クワボン)莎(173.シャ→592.サ)大(174.
タイ→593.ダイ)全(174.セン→594.ゼン)減(175.カン→595.ゲン)事
(176.177.シ→596.598.ジ)侍(177.シ→597.ジ)無(179.ブ→599.ム)今(180.
キン→600.コン)暫(180.サン→601.ザン)害(181.カイ→602.ガイ)傳(183.
テン→603デン.)受(183.シウ→604.ジュウ)授(183.シウ→604.ジュウ)際
(189.セイ→610.サイ)饒(191.ジョウ→612.ニョウ)向(193.キョウ→614.
コウ)相(194.ショウ→614.ソウ)弟(196.テイ→616.ダイ)

⑭ 『倭語類解』에서의 吳音・漢音의 동일 형태가『日語類解』에서는 慣
用音으로 기재된 것

霰(4.セン→423.サン)注(20.シュ→440.チュウ)鑄匠(29.シュショウ→
450.チュウショウ)唾(40.タ→462.ダ)憎(46.ソウ→469.ゾウ)立(57.リウ
→481.リツ)打(60.タ→485.ダ)鏃(80.ソク→507.ゾク)盖(80.カイ→508.
ガイ)枕(91.シン→517.チン)吞(97.トン→523.ドン)紡(131.ホウ→553.ボ
ウ)盖(140.カイ→560.ガイ)跦(165.チュ→584.シュ)接(192.ショウ→613.
セツ)次(196.シ→616.ジ)

⑮ 『倭語類解』에서의 漢音이『日語類解』에서는 慣用音으로 기재된 것

乙(12.イツ→431.オツ)土(15.ト→435.ド)窟(16.コツ→436.クツ) 湧(20.
ヨウ→440.ユウ)婦(25.フウ→445.フ)從兄弟(25.ショウケイテイ→446.
ジュウケイテイ)再從(25.サイショウ→446.サイジュウ)乳母(25.ジュボ
ウ→446.ニュウボ)巫(30.ブ→451.フ)乞人(30.キツジン→452.コツジン)
乳(34.ジュ→456.ニュウ)臀(34.トン→456.デン)勇(44.ヨウ→467.ユウ)
迷(47.ベイ→471.メイ)空言(50.コウゲン→474.クウゲン)訥(51.ドツ→
476.トツ)拔(78.ハツ→505.バツ)洞簫(86.トウショウ→512.ドウショウ)
屐(92.ケキ→518.ゲキ)脫(92.タツ→518.ダツ)斬(108.サン→534.ザン)銅

(127.トウ→550.ドウ)烏銅(128.ウトウ→551.ウドウ)銅綠(134.トウリョ
ク→556.ドウリョク)皿(135.メイ→567.ベイ)負(151.フウ→571.フ)雀
(154.シャク→574.ジャク)獸(155.シウ→575.シュウ)鯨(162.ケイ→581.
ゲイ)蝱(164.モウ→584.ボウ)蝌蚪(165.クワトウ→585.クワト)狹(174.コ
ウ→593.キョウ)封(176.ホウ→596.フウ)同(179.トウ→599.ドウ)奪(183.
タツ→603.ダツ)負(188.フウ→609.フ)隙(189.ケキ→610.ゲキ)

⑪ 『倭語類解』에서의 慣用音이『일어유해』에서는 漢音으로 기재된 것

　　方物(72.ホウモツ→498.ホウブツ)禮物(72.レイモツ→498.レイブツ)
物貨(110.モツカ→536.ブツカ)卜物(146.ボクモツ→567.ボクブツ)物
(176.モツ→596.ブツ)

⑫ 『倭語類解』에서의 吳音이『日語類解』에서는 慣用音으로 기재된 것

　　偶(22.グ→443.グウ)雜技(150.ゾウキ→570.ザツキ)雜(194.ゾウ→
615.ザツ)

⑬ 『倭語類解』에서의 慣用音이『日語類解』에서는 吳音・漢音이 동일한
형태로 기재된 것

　　灘(18.ダン→437.タン)輸(149.ユ→569.シュ)

⑭ 『倭語類解』에서의『일어유해』에서는 吳音・慣用音이 동일한 형태로
기재된 것

　　浮(20.フウ→440.フ)盒(138.コウ→559.ゴウ)毛(159.ボウ→578.モウ)
合(182.コウ→603.ゴウ)横(185.コウ→605.オウ)務(186.ブ→607.ム)

㉔ 『倭語類解』에서의 吳音이 『日語類解』에서는 漢音·慣用音이 동일
한 형태로 기재된 것

可否(49.カフ→473.カヒ)

㉕ 잘못된 表記의 修正

月(1.5.ケツ→421.424.ゲツ)逆風(2.ケキフウ→422.ギャクフウ)霹靂
(3.ベキレキ→422.ヘキレキ)閏月(6.ジュンケツ→426.ジュンゲツ)月夜
(9.ケツヤ→429.ゲツヤ)丑(13.チク→432.チュウ)岸(14.カン→434.ガ
ン)谷(15.ゴク→434.コク)逆水(19.ケキスイ→439.ギャクスイ)溺(20.デ
キ→440.デイ)　濕(20.イウ→440.シツ)外(22.クワイ→442.グワイ)叔父
(23.シクフ→444.シュクフ)叔母(23.シクボウ→444.シュクボ)民(28.メ
ン(?)→449.ミン)額(31.カク→452.ガク)髮(33.バツ→454.ハツ)白髮(33.
ハクバツ→454.ハクハツ)可欠(39.カカン→462.カケン)哀(45.ヤイ→
469.アイ)妄發(52.モウバツ→476.モウハツ)仰(57.キョウ→482.ギョウ)
蹴(61.シク→486.シュク)宿(61.シク→487.シュク)柱(63.チョ→489.
チュウ)站(67.サン→494.タン)外(67.クワイ→494.グワイ)答狀(73.トウ
チョウ→499.トウヂョウ)畫(75.カ→501.ガ)侵(77.ジン→504.シン)逼迫
(77.ボウハク→504.ヒツハク)饌(92.션→519.セン)外感(99.クワイカン
→525.グワイカン)佛(105.ボツ→531.ブツ)拿(106.タ→532.ダ)石(109.셕
→535.セキ)證人(111.ジョウジン→537.ショウニン)　獻(116.ホウ→539.
ホ)杵(118.チョ→541.ショ)綿紬(130.メンユウ→553.メンチュウ)軟草色
(133.センソウショク→555.ナンソウショク)蚊帳(137.フンチョウ→
558.ブンチョウ)杯(138.バイ→560.ハイ)籠(140.キョ→561.コ)鳥(151.
チョ→571.チョウ)梟(153.ギョウ→573.キョウ)鳥餌(155.チョジ→575.
チョウジ)觸(159.ゾク→579.ショク)魚(160-161.キョ→579-581.ギョ.鯉
魚·鯔魚·鈔魚·鰊魚·魴魚·鱸魚·八梢魚·大口魚·銀口魚·民魚·家
鷄魚·鮒魚·廣魚·鮪魚·洪魚·芒魚·鰍魚·鱣魚·烏賊魚·古道魚·松
魚·鮻魚·河魨·鮎魚·鏡魚·石魚·鰍魚·鯖魚·乾古魚)大口魚(160.大
イコウキョ→580.タイコウギョ)蚊(164.フン→584.ブン)蠢(166.ジュン

→585.シュン）椵(167.カ→587.タン）朽(169.ウ→588.キュウ）藥(171.スイ
→591.ズイ）重(174.チュウ→593.ジュウ）初(180.ジョ→600.ショ）嚇(181.
キャ→602.カク）翫(182.クワン→602.グワン）續(183,ソク→604.ゾク）綻
(185.テン→605.タン）限(189.コン→610.ゲン）建(190.건→610.ケン）擾
(194,ヨウ→615.ジョウ）逆(182.ケキ→603.ギャク）軟(184.セン→604.ナ
ン）民(28.メン 면→449.ミン）

早(9.ソウ→420.チョウ）妻男(25.セイナン→446.サ(?)イナン）鬋(33.ゼ
ン→454.セン）謀(44.ボウ→468.ボ）訟(51.ショウ→475.ソウ）撑(60.トウ
→485.ショウ）怯(78.キョウ→505.ゴウ）櫛(87.シツ→513.セツ）笠(89.リ
ウ→515.リツ）蓑笠(90.サリウ→516.サリツ）粥(92.シク→519.ジュク）簇
子(136.ソクシ→558.ゾクシ）鷁(153.イツ→572.エキ）羖(羔)(157.コ→
577.コウ）鮎魚(161.デンキョ→581.テンギョ）

위의 漢字音은『倭語類解』의 日本漢字音이『日語類解』에서 修正이 된 用例
이다. 위의 용례에서『倭語類解』의 일본한자음과『日語類解』에 기재된 일본한
자음은 많은 차이가 보인다. 그 중 가장 두드러진 변화는 ㉯에 보이는 바와
같이『倭語類解』의 한음이『日語類解』에서 오음으로 수정된 것이 많이 보인다.
그러나 ㉑의 용례에서 알 수 있듯이『倭語類解』의 오음이『日語類解』에서
한음으로 수정된 것은 상당히 적게 보인다. 一般的으로 近世나 明治時代에
이르기까지 漢字音의 歷史的 變遷으로 보면, 吳音에서 漢音으로 語形變化된
用例가 상당히 많이 보이고 漢音에서 吳音으로 語形變化된 例는 극히 적다고
주장되고 있다146). 그러나『日語類解』에 記載되어 있는 日本漢字音은『倭語類

---

146) 佐藤喜代治(1962)「近世における 漢語の語形變化」(『文化』26-3), 飛田良文(1968)「明治大正におけ
る漢音吳音 の交替」(『近代語の研究』第2集. 武藏野書院 所收), 佐藤亨(1973)「近世初期の漢語の語
形」(『文藝研究』73) 등에 의하면, 中世와 近世 및 明治時代에 이르기까지의 日本漢字音의 歷
史的 變遷을 살펴보면, 一般的으로 吳音에서 漢音으로 語形 變化된 것이 壓倒的으로 많고
漢音에서 吳音으로의 語形 變化는 상당히 적은 傾向이 있다고 한다.

解』로부터 修正된 漢字音이 日本漢字音의 一般的인 變遷으로부터 逸脫한 漢音에서 吳音으로 變化된 것이 壓倒的으로 많이 보이고 吳音에서 漢音으로 어형 변화된 용례는 상당히 적게 보여진다. 이러한 현상은 『倭語類解』에서 漢音이 當時의 一般的인 資料와 一致하지 않는 漢字音에 한음, 즉 讀書音이 많이 記載되었기 때문으로 생각된다. 특히 『倭語類解』에서 『韻鏡』의 〈濁音字〉에 속하는 한자의 淸音形(漢音)과 「妻」(セイ) 등과 같은 讀書音으로 看做되는 漢音이 많이 記載되어 있기 때문에 『日語類解』에서는 당시 一般通用音인 吳音으로 修正된 것으로 생각된다. 이와 같이 카나자와쇼우사부로(金澤庄三郎)가 『倭語類解』에 記載되어 있는 讀書音(「上의 漢字音」)의 일부를 『日語類解』에서 當時 一般的으로 通用되는 漢字音으로 修正한 것으로 推定된다. 이제까지 필자는 『倭語類解』의 편자가 홍순명으로 되어 있지만, 편찬과정에 있어 일본인 이메노모리호우슈(雨森芳洲)의 협력 하에 편찬되었다는 점과 『倭語類解』에 기재되어 있는 일본한자음이 同時代의 다른 자료 등에 보이는 일본한자음과 많은 차이가 있다는 점, 특히 일본한자음 중, 한음이 많이 보이고 있다는 점을 예로 들어서 『倭語類解』의 일본한자음은 유학에서 많이 사용되는 독서음이 기재되어 있다고 주장한 바 있다[147]. 그 주장이 『日語類解』의 일본한자음을 비교해 봄으로 인해 더욱더 확고한 방증으로 나타나고 있다고 판단된다. 따라서 『倭語類解』의 吳音이 『日語類解』에서 漢音으로, 『倭語類解』의 漢音이 『日語類解』에서는 吳音으로 각각 통용음으로 수정된 것으로 생각된다.

그리고 위의 ㉺,㉻,㉼,㉽,㉾,㉿,㊀에 提示한 漢字音의 用例는 『倭語類解』에 記載된 日本漢字音이 讀書音(「上의 漢字音」)을 記載한 것에 비해, 『日語類解』에서 語形變化된 日本漢字音은 日本漢字音의 性格을 優先해서 表記한 것보다, 『日語類解』의 編纂時期 當時에 一般的으로 使用된 通用音을 記載하려는 記載方法을 優先으로 해서 記載한 것으로 생각된다. 따라서 ㉫의 『倭語類解』에서의 오음이 『日語類解』에서는 한음으로 기재된 것과 위의 『倭

<hr>

147) 拙稿(1993a, b)참조.

語類解』에서의 吳音·漢音의 동일 형태가『日語類解』에서는 慣用音으로
기재된 것 등의 변화는 더 이상『倭語類解』의 일본한자음이 사용되지 않
아서『日語類解』에 기재된 일반통용음으로 바꾸어서 기재해야 할 필요성
이 있다고 판단되었기 때문으로 생각된다. ㉧에 提示한 用例는『倭語類解』
에 記載된 日本漢字音 중, 淸·濁音이 잘못된 表記 및 拗音의 漢字音을 반
영하지 않은 表記 등 日本漢字音이 잘못 記載된 表記 등을『日語類解』에서
當時 通用되고 있는 漢字音을 基準으로 하여 正確한 漢字音으로 修正한 用
例이다. 이러한『倭語類解』에서의 잘못된 한자음 表記를 저자인 카나자와
쇼우사부로(金澤庄三郎)가 인지하여 修正한 것으로 보인다. 또한 ㉩에 提示
한 用例는『倭語類解』에서의 바른 漢字音을『日語類解』에서 日本漢字音으로
存在하지 않은 漢字音으로 잘못 修正된 用例이다. 그 외에 百姓읽기나 원
음의 영향 등의 원인으로 인해 잘못 표기된 것도 보인다.

　이와 같이『倭語類解』의 原則的인 體裁에 記載되어 있는 日本漢字音(「上의
日本漢字音」)과『日語類解』에 記載되어 있는 日本漢字音을 比較해 본 結果,
『倭語類解』의 吳音에서 漢音으로 變化된 用例는 적고 漢音에서 吳音으로 語
形變化된 漢字音이 壓倒的으로 많이 보이는 日本漢字音의 變遷에 있어 逸脫
한 現象이 보인다. 위의 ㉮에서 ㉧까지의 用例에서 보이는 바와 같이 全般的
으로『日語類解』에 記載되어 있는 日本漢字音은 當時의 一般的으로 通用된
漢字音이 많이 記載되어 있는 傾向이 강하고, 逆으로『倭語類解』에 記載되어
있는 日本漢字音은 全體的으로 漢音이 상당히 많이 記載되어 있다는 것을
알 수 있다.

② 『倭語類解』에 표제어 한자의 左下의 위치에 기재되어 있는 일본
한자음(「上의 한자음」)이, 『日語類解』에서는 『倭語類解』에서의 「上
의 한자음」을 수정하지 않고, 그대로 『日語類解』의 「上의 한자음」과
「下의 한자음」의 위치에 나타나는 한자음

> 小人(『倭』上14ウ.ショウジン〈上〉コビト〈下〉→『日』上14ウショウジ
> ン〈上,下〉)書吏(『倭』上36オ.ショリ〈上〉カキヤク〈下〉→『日』上39.オ
> ショリ〈上,下〉)記録(『倭』上37オ.キロク〈上〉シルス〈下〉→『日』上40オ.
> キロク〈上,下〉)
>
> 이외 「褒貶」「印」「草書」「諺文」「伏兵」「斧」「帽子」「肉」「決斷」「勺」「商船」
> 「漁船」「駿馬」「蘭」「類」「灣」「鬢」

『倭語類解』의 원칙적인 체재에서의 「上의 한자음」이 수정되지 않고 그
대로 『日語類解』의 「上의 한자음」과 「下의 한자음」 위치에 기재되어 있다.
이러한 『倭語類解』의 「上의 한자음」이 당시 통용된 일본한자음이었기 때
문에 『日語類解』의 편찬시 그대로 기재된 것으로 생각된다.

2) 『倭語類解』의 예외적인 체재(1)에서의 일본한자음과 『日語類解』의 일본한자음[148]

『日語類解』의 「上의 日本漢字音」과 「下의 日本漢字音」 위치에 『倭語類解』
의 「下의 日本漢字音」이 기재되어 있다.

> 今年(『倭』上3オ.キンネン〈上〉コンネン〈下〉→『日』上2ウ.コンネン
> 〈上,下〉)水晶(『倭』下8オ.スイセイ〈上〉スイショウ〈下〉→『日』下6ウ.ス

---

148) 『倭語類解』의 예외적인 체재(1)에서의 일본한자음의 기재방법은 『倭語類解』의 原則的인 體
裁에서의 日本漢字音(「上의 日本漢字音」) 表記와, 標題語에 대한 日本語 訓이 記載되는 ○表示
下段에 日本語 訓 대신에 또 다른 日本漢字音(「下의 日本漢字音」)이 記載가 되어 있는 一字二音
의 體裁이다.

イショウ〈上,下〉)象(『倭』下22ウ.ショウ〈上〉ゾウ〈下〉→『日』下19オ.ゾウ〈上,下〉)豹(『倭』下22ウ.ホウ〈上〉ヒョウ〈下〉→『日』下19オ.ヒョウ〈上,下〉)

　그 외「明年」「正月」「二月」「三月」「四月」「五月」「六月」「七月」「八月」「九月」「十月」「十一月」「十二月」「今月」「明月」「立春」「今夕」「膀胱」「題」「倍」「賃」「犀角」「分」「鉢」「犀」

　위의 용례는『倭語類解』의 예외적인 체재(1)로 분류된 체재이다. 표제어 한자의 左下에 일본한자음(「上의 한자음」)이 기재되고 원칙적인 체재에서는 일본어 훈읽기가 기재되어야 할 위치인 ○표시 하단에 훈읽기가 기재되지 않고「上의 한자음」과 다른 한자음이 기재되어 합해서 2개의 일본한자음이 기재되어 있다. 이 체재의 경우『日語類解』에서는「上의 한자음」과「下의 한자음」위치에『倭語類解』의「下의 한자음」이 기재되어 있다. 필자는 이미『倭語類解』의 예외적인 체재(1)의「上의 한자음」을 독서음으로,「下의 한자음」을 일반통용음에 해당된다는 인식이 있었기 때문에 일반통용음에 바탕을 둔 편찬방침에서『倭語類解』의「上의 한자음」(독서음)은 삭제되고「下의 한자음」을 통용음으로 간주해서『日語類解』의「上」「下」양 위치에『倭語類解』의「下의 한자음」을 기재했다고 생각된다.

3) 『倭語類解』의 예외적인 체재(2)에서의 일본한자음과 『일어유해』의 일본한자음 [149)]

　이 체제는『倭語類解』에서 原則的인 體裁의 日本漢字音 位置에는 漢字音이 記載되어 있지 않고 原則的으로 日本語(訓)가 記載되어야 할 ○表示 下段에

---

149)『倭語類解』의 예외적인 체재(2)에서의 일본한자음의 기재방법은 原則的인 體裁에 記載되는 日本漢字音은 省略되어 있고 ○表示 下段에 日本語 訓 대신에 日本漢字音(「下의 日本漢字音」)이 記載되어 있는 一字一音의 體裁이다.

日本漢字音(「下의 漢字音」)이 記載되어 있는 體裁이다. 그러나, 『日語類解』에
는 大部分 『倭語類解』와 거의 同一한 漢字音 表記가 『倭語類解』에 記載된
位置(「下의 漢字音」)뿐만 아니라 또 다른 記載位置(「上의 漢字音」)에도 記載되
어 있는 位置變化이다. 따라서 『日語類解』에는 都合 두 개의 同一한 漢字音이
記載되어 있는 體裁이다.

當年(5.下.トウネン.424.上・下)翌年(5.下.ヨクネン.424.上・下)去年(5.
下.キョネン.424.上・下)來年(5.下.ライネン.424.上・下)豊年(5.下.ホウ
ネン.424.上・下)凶年(5.下.キョウネン.424.上・下)當月(6.下.トウゲ
ツ.426.上・下.上・下)去月(6.下.キョゲツ.426.上・下)來月(6.下.ライゲ
ツ.426.上・下)時節(7.下.ジセツ.427.上・下)端午(7.下.タンゴ.427.上・下)
重陽(7.下.チョウヨウ.427.上・下)冬至(7.下.トウジ.427.上・下)翌日(7.下.
ヨクジツ.427.上・下)卽日(7.下.ソクジツ.427.上・下)地震(14.下.チシ
ン・ジシン.433.上・下)平地(14.下.ヘイチ.433)水路(14。下.スイロ435)
四方(22.下.シホウ.443.上・下)四面(22.下.シメン.443.上・下)養父(23.下.
ヨウフ.444.上・下)養母(23.下.ヨウボウ・ヨウボ.444.上・下)後室(24.下.
コウシツ.444.上・下)夫婦(24.下.フフウ・フウフ.444.上・下)養子(24.下.
ヨウシ.445.上・下)同官(26.下.ドウカン.447.上・下)別號(27.下.ベツゴ
ウ.447.上・下)聖人(27.下.セイシン.448.上・下)君子(27.下.クンシ.448.
上・下)忠臣(27.下.チュウシン.448.上・下)孝子(27.下.コウシ.448.上・下)
烈女(27.下.レツシ.448.上・下)隱士(27.下.インシ.448.上・下)英雄(27.下.
エイユウ.448.上・下)豪傑(27.下.ゴウケツ.448.上・下)術者(29.下.ジュツ
シャ・ジュツシャ.450.上・下)漁翁(29.下.ギョオウ.450.上・下)飛脚(29.
下.ヒキャク.450.上・下)骨髓(35.下.コツズイ.457.上・下)五臟(36.下.ゴ
ソウ・ゴゾウ.458.上・下)三膲(36.下.サンジョウ.458.上・下)脉(36.下.
ミャク.458.上・下)精神(39.下.セイシン.462.上・下)津液(39.下.シンエ
キ.462.上・下)興(42.下.キョウ.464.上・下)德(42.下.トク.464.上・下)才
(43.下.サイ.466.上・下)聰明(43.下.ソウメイ.467.上・下)淫亂(48.下.イン
ラン.472.上・下)公論(49.下.コウロン473.上・下)拜(58.下.ハイ483.上・
下)欄干(64.下.ランカン490.上・下)宗廟(66.下.ソウビョウ492.上・下)社

稷(66.下.シャショク.492.上・下)驛(67.下.エキ.494.上・下)故郷(68.下.コキョウ494.上・下)閭閻(68.下.リョエン494)皇帝(69.下.コウテイ495.上・下)皇后(69.下.コウゴウ495.上・下)太子(69.下.タイシ.495.上・下)東宮(69.下.トウグウ.495.上・下)王(69.下.オウ.496.上・下)世子(69.下.セイシ.496.上・下)宗室(69.下.ソウシツ.496.上・下)公主(69.下.コウシュ.496.上・下)朝廷(69.下.チョウテイ.496.上・下)宰相(70.下.ザイショウ.496.上・下)大將(70.下.タイショウ.496.上・下)勅使(70.下.チョクシ.496.上・下)官員(70.下.カンイン.496.上・下)軍官(71.下.グンカン.497.上・下)職(71.下.ショク.497.上・下)功名(73.下.コウメイ.498.上・下)目錄(73.下.モクロク.499.上・下)點(75.下.テン.501.上・下)能筆(75.下.ノウヒツ.501.上・下)寶劍(79.下.ホウケン.506.上・下)客(83.下.キャク.510.上・下)淸酒(93.下.セイシュ.519).上・下豆腐(93.下.トウフ.520.上・下)蜜(93.下.ミツ.520.上・下)傷寒(99.下.ショウカン.525.上・下)霍亂(99.下.カクラン.525.上・下)氣絶(102.下.キゼツ.528.上・下)命藥(103.下.メイヤク.529名藥.上・下)塔(105.下.トウ.531.上・下)百(109.下.ヒャク.535.上・下)千(109.下.セン.535.上・下)萬(109.下.マン.535.上・下)億(109.下.オク.535.上・下)斤((109.下.キン.535.上・下)兩(109.下.リョウ.535.上・下)升(109.下.ショウ.536.上・下)寸(109.下.スン.536.上・下)財産(112.下.ザイサン.538.上・下)茘枝(124.下.レイシ.546.上・下)五味子(126.下.ゴミシ.548.上・下)胡椒(126.下.コショウ.548.上・下)山椒(126.下.サンショウ.548.上・下)泥金(126.下.デイキン.549.上・下)琥珀(127.下.コハク.550.上・下)珊瑚(127.下.サンゴ.550.上・下)焰硝(129.下.エンショウ.551.上・下)紗(130.下.シャ.552.上・下)香爐(140.下.コウロ.561.上・下)大船(146.下.タイセン.567.上・下)櫓(147.下.ロ.568.上・下)艙房(147.下.ソウホウ.568.上・下)沙工(148.下.シャコウ.568.上・下)漂泊(149.下.ヒョウハク.569.上・下)翡翠(152.下.ヒスイ.571.上・下)鸚鵡(152.下.オウム.571.上・下)鷓鴣(153.下.下.シャコ.572.上・下)麒麟(155.下.キリン.575.上・下)蝶(?163.下.チョウ.583.上・下)芍藥((169.下.シャクヤク.589.上・下)金錢花((170.下.キンセンカ.590.上・下)鳳仙花(170.下.ホウセンカ.590.上・下)石竹(170.下.セキチク.590.上・下)芙蓉(170.下.フヨウ.590.上・下)蘇鐵(172.下.ソテツ.591.上・下)

위의 用例는 『日語類解』에서 『倭語類解』의 「下의 日本漢字音」이 「上」
의 위치에도 「下」의 위치에도 기재되어 있는 체재이다. 『倭語類解』에서
原則的인 日本漢字音 記載位置인 「上의 漢字音」位置에 記載되지 않고 日本
語 訓이 記載되어야 할 位置인 ○表示 下段의「下의 漢字音」位置에 記載되
어 있다. 이러한 日本漢字音은 當時 『落葉集』이나 『書言字考節用集』·『和
英語林集成』등에 많이 記載되어 있고 「冬至」「術者」「三膲」등의 漢字音
표기가 連濁인 것을 고려하면 一般通用音으로 推定된다. 또한 『日語類解』
에서 日本漢字音을 地震(14.下.チシン·ジシン.433.上·下)夫婦(24.下.フフ
ウ·フウフ.444.上·下)術者(29.下.ジュツシャ·ジュツシャ.450.上·下)五臟
(36.下.ゴソウ·ゴゾウ.458.上·下)를 除外하고는 거의 『倭語類解』에 記載
되어 있는 漢字音을 그대로 記載하고 있으며 記載位置도 『倭語類解』에
記載되어 있는 「下의 漢字音」位置뿐만 아니라 「上의 漢字音」位置에도 同
時에 記載하고 있다. 이러한 日本漢字音은 編者가 當時 一般的으로 通用
된 漢字音이기 때문에 修正하지 않고 『倭語類解』에 記載되어 있는 漢字
音을 그대로 記入한 것으로 생각된다.

이와 같이 前述한 1)에 提示한 『倭語類解』에서의 原則的인 體裁에 記載
된 日本漢字音(「上의 漢字音」)과 2)와 3)에 提示한 『倭語類解』에서의 例外
的인 體裁에서의 日本漢字音(「下의 漢字音」)이 各各 「上의 日本漢字音」=讀
書音(漢文訓讀音), 「下의 日本漢字音」=一般通用音이라는 漢字音의 性格을
가지고 있다. 따라서 『日語類解』에서의 日本漢字音의 記載方法은 『倭語類
解』의 「上의 日本漢字音」은 大部分 當時의 一般通用音으로 修正을 加하였
고, 「下의 日本漢字音」은 『倭語類解』에서 一般通用音을 記載했기 때문에 『
日語類解』에서도 거의 『倭語類解』의 日本漢字音을 修正하지 않고 그대로
記載한 것으로 생각된다.

4. 結語

　이상,『日語類解』에 記載되어 있는 日本漢字音의 性格과 記載方法을 알기 위해 編纂의 底本으로 使用한『倭語類解』의 日本漢字音 및 그 記載位置를 比較해 보았다. 그 結果,『倭語類解』와『日語類解』의 체재가 일본한자음의 기재방법의 관점에서 보면『倭語類解』의 원칙적인 체재에서의 일본한자음이『日語類解』에서는 많이 수정되어 있고 그 기재 위치도 조금 다르게 나타나고 있다.『倭語類解』의 原則的인 體裁에 記載되어 있는「上의 漢字音」이『日語類解』에서는 相當 部分이 修正되어 나타내고 있다. 그 중에서도『日語類解』에 기재되어 있는 일본한자음은 한음에서 오음으로 수정된 것이 압도적으로 많이 보이고, 오음에서 한음으로 수정된 것은 상당히 적다. 이러한 현상은『倭語類解』에서는 당시 일반적인 자료에 보이는 일본한자음과 일치하지 않는 독서음(漢音 중심)이 많이 기재되었기 때문으로 생각된다. 특히 漢音에서 吳音으로 修正된 漢字音 중,『韻鏡』의 〈濁音字〉에 속하는 漢字의 淸音形(漢音)과「妻」(セイ) 등의 漢音系統의 日本漢字音이『日語類解』에서 吳音으로 修正된 것이 많이 보인다. 이러한 漢字音은『倭語類解』에서 讀書音으로 取扱했기 때문인 것으로 推定되며,『日語類解』에서는 一般的으로 通用이 된 一般通用音으로 修正했기 때문으로 생각된다. 또한『倭語類解』에서 日本漢字音의 記載方法에 있어 例外的으로 分類되는 體裁로, 日本漢字音이 一般的으로 記載되어야 할 標題語 漢字 左下의 位置에는 日本漢字音이 記載되어 있지 않고 ○表示 下段에 日本語(訓)가 記載되어야 할 位置에 日本漢字音(「下의 漢字音」)이 記載되어 있는 體裁가 있다. 그러나『日語類解』에는 大部分『倭語類解』에 기재되어 있는 일본한자음과 거의 同一한 漢字音이 既存의 記載位置(「下의 漢字音」) 뿐만 아니라 또 다른 記載位置(「上의 漢字音」)에 記載된 것이 많이 보인다. 이 體裁의 日本漢字音 記載方法은『倭語類解』에 記載되어 있는 日本漢字音을 거의 修正을 하지 않고『日語類解』에 記載하고 있다. 이러한 體裁에 記載되어

있는 日本漢字音은 當時의 一般的인 辭典에도 많이 記載되어 있는 점과『日語類
解』에『倭語類解』의 日本漢字音을 大部分 修正하지 않고 그대로 收錄하고
있는 것을 考慮하면, 編者인 카나자와쇼우사부로(金澤庄三郎)가 一般通用音
으로 看做했기 때문으로 생각된다.

9장
나에시로가와(苗代川)사본 『和語類解』의 일본어 誤記 표기

1. 緖言

　『倭語類解』의 사본으로 일본 가고시마현(鹿兒島縣) 사쯔마(薩摩)나에시로가와(苗代川)의 『和語類解』(天保8년 1837년 朴伊圓書寫)가 전해진다. 나에시로가와 사본『和語類解』는 일본에 있어서의 한국인 渡來人 사이에 행해졌던 한국어 학습서이다.

　나에시로가와 사본『和語類解』의 체재에 대해서 야스다아끼라(安田章)는 다음과 같이 논하고 있다(安田章〈1980〉『朝鮮資料と中世國語』)

> 　每半張八行, 三段が本文の原則である。見出しとして揭げられた漢字の左下に、見出し漢字の朝鮮漢字音があり(日本漢字音はない)、その下に双記して右には見出し漢字に当る朝鮮語, 左には見出し語に對する日本語を、何れも諺文を以って註する。ただし、下卷末の「口訣斡旋」以下の日本語註記は、刊本同, 片假名である。「伊呂波間音」はない。

　『倭語類解』의 표기는 일본어 탁음에 상당한 특징이 보인다. 간본『倭語類解』의 본문에 보이는 유성음인 が행·ざ행·だ행·ば행음의 표기를 나타내기 위해 대부분 간본의 간말에 「伊路波間音」의「ᅌᄀ」(ŋk「ᅀ」)(z)「ㄸ」(nt)「ㅃ」(mp)의 표기를 가지고 나타내고 있지만,『和語類解』에서는 일본어 탁음을 나타내기 위해「ㄱ」(k)「ㅅ」(s)「ㄷ」(t)「ㅂ」(p)와 같은 한글 문자에 「ㄱ″」「ㅅ″」「ㄷ″」「ㅂ″」과 같이 우측 상단에 2개의 점(탁점)으로 일본어의 탁음을 나타내고 있다. 그러나『和語類解』에서는 탁음이 예상되는 일본어 표기에 탁점이 붙어있지 않은 표기도 많이 보이고 있어『和語類解』의 전체적인 표기에 상당한 誤記표기가 많이 보인다[150].

---

150) 위의 『和語類解』의 誤記표기로 간주하는 것은 우선 탁음은 『和語類解』에서는 일본어 탁음을 나타내기 위해「ㄱ」(k)「ㅅ」(s)「ㄷ」(t)「ㅂ」(p)과 같은 한글 문자에 「ㄱ″」「ㅅ″」「ㄷ″」「ㅂ″」과 같이 우측 상단에 2개의 점(탁점)을 나타내어 일본어의 탁음을 표기하는 것이 일반적임에도 불구하고 우측 상단에 2개의 탁점을 반영하지 않은 예를 지칭한다. 또한 『和語類解』의

이와 같이 간본인 『倭語類解』와 사본인 『和語類解』의 두 자료간의 일본어 표기가 많이 차이가 있다고 해서 하마다아쯔시(濱田敦)는「これ(苗代川寫本『和語類解』を指す〈引用者注〉)を金澤博士本(永平寺本『倭語類解』を指す〈引用者注〉)に比較すると甚だしい異同が認められ、朝鮮語も日本語も著しく後世的な形となっている」라고 언급한 적이 있다. 또한 그 후 야스다아끼라(安田章)는 이것에 대해서 나에시로가와사본(苗代川寫本)『和語類解』는 에이헤이지본(永平寺本)『倭語類解』의 사본이 아니고 영평사본의 祖本인 原『倭語類解』계의 사본일 것이라고 추정하고 있다.

에이헤이지본(永平寺本)『倭語類解』의 卷末의 刊記에 「鱗整官」이 있는 것으로 보아 간본『倭語類解』의 舊本, 즉 原『倭語類解』가 존재하고 이 原『倭語類解』를 개수한 것이 현존의 간본(永平寺本・한국의 중앙도서관본)이라고 생각하고 있는 것 같다. 그러나 原『倭語類解』가 현재까지 발견되지 않고 있기 때문에 그 책의 성격을 알 길이 없다. 야스다아끼라(安田章)가 언급한대로 나에시로가와사본(苗代川寫本)『和語類解』의 원본이 현존의 간본이 아니고 原『倭語類解』계통일 것이라고 한다면 현존의 간본(永平寺本・한국의 중앙도서관본)과 어느 정도 차이가 있는지 의문이 든다.

또한 나에시로가와사본(苗代川寫本)『和語類解』의 원본이 현존의 간본계통일 가능성은 전혀 없는지를 본 장에서 간본 상호간의 관계도 고려하면서 간본과 사본의 본문에 나오는 일본어 표기를 비교하면서 살펴본다.

장단음 표기를 간본인 『倭語類解』의 표기와 대조하여 장음 표기를 반영하지 않은 용례를 誤記 표기로 간주한다.

2. 연구내용 및 방법

　『倭語類解』(1809년前後 刊行) 는 韓國에서 最初로 編纂된 韓國語와 日本語의 對譯辭典이다. 이 辭典은 朝鮮時代의 司譯院에서 當時의 譯科 充實을 위해 使用된 日本語 語彙集이면서도 敎科書로 사용된 資料이다.『倭語類解』의 本文 體制는 上・下 2권으로 構成되어 있고 〈天文〉〈時候〉〈干支〉〈地理〉 등의 項目을 意味分類하고 있으며 標題語 漢字에 韓國語의 音과 訓, 그리고 日本語의 音과 訓을 記載하고 있다.

　『倭語類解』의 編者는 洪舜明으로 일컬어지고 있으며, 編者가 編纂하는 데에 있어 日本人 儒學者 雨森芳洲(아메노모리호우슈우)의 協力을 받았다는 事實이『通文館志』第7卷에 기록되어 있다. 전술한 바와 같이 日本人 儒學者 雨森芳洲의 協力을 받았다는 事實이 記錄으로 나타나기 때문에 이 資料에 나타나고 있는 日本語와 日本漢字音은 雨森芳洲의 至大한 影響을 받았을 것으로 推測된다. 한편『倭語類解』의 사본으로 알려지고 있는『和語類解』는 1837년 朴伊圓에 의해 서사된 것으로 현재 일본 경도대학에 소장되어 있다.

　본 장에서는『倭語類解』에 記載되어 있는 日本語와 사본인『和語類解』의 일본어 표기를 비교・분석하여 사본인『和語類解』의 원본을 규명하고자 한다. 또한『和語類解』에 기재되어 있는 일본어와『倭語類解』의 일본어 표기는 어떠한 관계에 있는가도 규명하고자 한다.

　『倭語類解』가 標題語 漢字를 媒介로 하여 韓國語와 日本語가 記載되어 있으므로『和語類解』에 기재되어 있는 日本語의 相互 관련 등을 糾明한 후에 간본인『倭語類解』와 사본『和語類解』의 관계도 알 수 있을 것으로 추정된다.

　이러한 朝鮮資料를 통한 원본 규명硏究를 試圖하여 「朝鮮資料」에 의한 日本語硏究는 물론 다른 「朝鮮資料」의 日本語 出處 硏究에도 도움이 될 것으로 생각된다. 또한 日本語史에 있어서의 「朝鮮資料」의 重要性을 認識시키며 朝鮮資料를 통한 日本語 硏究에도 도움이 될 것으로 생각된다.

3. 간본『倭語類解』와 사본『和語類解』의 일본어 표기

본 연구에서는 간본인『倭語類解』의 일본어 표기와 사본인『和語類解』의 일본어 표기를 비교하여『和語類解』의 원본이 현존의 간본인『倭語類解』의 가능성이 없는지를 비교 조사한다.

다음은『倭語類解』와『和語類解』의 자료에 보이는 일본어 표기를 비교한 것이다.

1)『倭語類解』와『和語類解』가 동일한 표기로 되어 있는 것

天(そら、あめ)日(ひ)日蝕(にっしょく)月蝕(かっしょく)日暈(ひのかさ)月暈(つきのかさ)星(ほし)老人星(ろうじんせい)東風(こちかぜ)飄風(ひょうふう)風止(かぜがやんだ)雲(くも)雷(いかずち)霹靂(かみなり)雨(あめ)急雨(むらさめ)驟雨(ゆうだち)細雨(こまあめ)祈雨(あまごい)曀(くもる)晴(はるる)雪(ゆき)등

『倭語類解』와『和語類解』의 일본어 표기가 일치하는 용례가 濁音・促音・撥音 등 두 자료의 일본어가 일치하는 용례가 무수히 많다.

그러나 다음에 나타내는 용례에는『倭語類解』와『和語類解』의 표기가 일치하지 않는 용례도 다음과 같이 많이 보인다.

2) 『和語類解』에 보이는 濁音의 淸音 誤記표기에 대하여

①が行 (『倭』→『和』)

北東風(2.기다오지→기다고지)殘風(3.나이가셰→나기가셰″)霖雨(3.나
아아메→나가아메)正月(5.쇼우와쯔→쇼우과즈)七月(6.시찌와쯔→시즈과
즈)八月(6.하찌와쯔→하지과즈)九月(6.구와쯔→규우과즈)今月(6.곤예쯔→
곤계쯔″)當月(6.도우아쯔→도우계즈)去月(6.교아쯔→교계즈)上弦(7.쇼우
옌→쇼″우겐)下弦(7.예겐→계겐)晦(7.스모오리→스모고리)曉(9.히우레→
히구레)陰(11.가예→가계)朗(11.호아라까→호가라가)禿山(14.하예야마→
하계야마)嶺(14.도우예→도우계)渚(18.나이사→나기사)溪(18.호소아와→
호소가와)流(19.나아루루→나가루루)濁(19.니오루→니고루)涵(20.가즈우
→가즈구)曾孫(25.히마오→히마고)豪傑(27.오우계즈→고우계스)漁翁(29.
요오우→교으우)戲子(29.교우옌→교유겐)現(30.간나이→간나기)寡(30.오
계→고계)孤(30.미나시오→미나시고)眸(31.마나오→마나고)臂(33.시다히
예→시다히계)顋(33.아이→아기)掌(33.다나오고로→다나고고로)嬢(38.미
우루시→미구루시)影(39.가예→가계)氣(39.기예→기계)歎(40.나예기→나
계기)驚(41.다마아루→다마가루)禮(43.레이이→레이기)和(45.야와라우→
야와라구)

위의 『倭語類解』의 「伊路波間音」에 의한 が행「ガギグゲゴ」의 탁음표기 「아
이우예오」의 표기를 『和語類解』에는 「影(39.가예→가계)」「和(45.야와라우
→야와라구)」와 같이 청음 표기로 誤記된 것이 많이 보인다.

②ざ行 (『倭』→『和』)

逆風(2.무고우가셰→무고가셰)暴風(3.하야셰→하야셰)急風(3.규유나가
셰→규우나가셰)虹(4.니싀→니시)瑞氣(4.스이기→스이기)十月(6.싀우예쯔
→시우과즈)十一月(6.싀우이찌와쯔→시우이지과즈)十二月(6.싀우니와쯔
→시우니과쓰)望(7.싀웅고니지→시웅고″니지)除夕(8.쇼야→쇼야)壬(13.미
스노예→미스노예)癸(13.미스노또→미스노도)磧(15.미스아사노이시→미

스아사노이시)細沙(16.고마스나→고마스나)坎(16.다마리미스→다마리미
스)江(17.미스우미→미스우미)湖(17.미스우미→미스우미)泉(17.이스미→
이스미)瀑布(다기노미스→다기노미즈)潭(17.요또미미스→요도미미스)灣
(18.마와리미스→마와리미스)灣(18.호도리미스→호도리미스)波(18.미스
마다→미스마다)磵(18.다니미스→다니미스)渠(18.미소→미소)水(19.미스
→미스)潦(19.아마미스→아마미스)水鈴(19.미스다마→미스마다)湧(20.미
스와구→미스와구)泡(20.미스노아와→미스노아와)甥(25.고시우도→고시
우도)妻男(25.고슈우도→고슈우도)一族(26.이지소구→이지속)儒(28.샤→
슈샤)常人(28.다시다→시다시다)下人(28.모시모→시모시모)術者(29. 즈샤
→슈즈샤)卜者(29.우라나이샤→우라나이샤)冶匠(29.가시→가시)婢(30.계
죠→계죠)肘(33.히시노후시→히시노후시)臍(34.소→호소)骨髓(35.고쯔스
이→고즈스이)筋(35스시→스지)三膲(36.산쇼우→신쇼우)態(38.와사→와
사)痕(38.기스아도→기스아도)感(42.가다시계나이→가다시계나이)感(42
간스루→간스루)志(43고고로사시→고고로사시)順(45고우슌→고우슌)

위의 『倭語類解』의 「伊路波間音」에 의한 ざ행「ザジズゼゾ」의 탁음표기 「사
시스세소」의 표기를 『和語類解』에는 「細沙(16.고마스나→고마스나)」「態(38
와사 →와사)」와 같이 청음 표기로 誤記된 것이 많이 보인다. 이러한 표기는
청탁음의 구분에 의한 誤記로 판단된다. 또한 『和語類解』의 「聖人(27『倭』세
이신→『和』셰이인)」의 표기는 일본어의 한글 표기의 轉寫시에 발생하는 착오
에 의한 誤記로 생각된다.

③だ行 (『倭』→『和』)

潭(17.요또미미스→요도미미스)滴(20.시다따루→시다다루)間(아이따→
아이다)祖父(23.씨시→지시)同官(26.또우관→도우관)田夫(28 뗀뿌→덴부)
獵戸(29.가리우또→가리우도)流涎(40.즈 기요따레→즈바기요다레)驚(41오
또로구→오도로구)謙(44혜리구따루→혜리구다루)

『倭語類解』의 「伊路波間音」에 의한 だ행「ダデド」의 탁음표기 「따뗴또」
의 표기를 『和語類解』에는 「滴(20.시다따루→시다다루)」「間(아이따→아이
다)」와 같이 청음 표기로 誤記된 것이 많이 보인다.

④ば行 (『倭』→『和』)

石壁(14.뽀우뀨이와→보우부이와)石樂(15.즈뿌데→즈부데)曾祖母(23.
히꺄바→히바바)無名指(34뼤니사시유비→볘니사시유비)六腑(36론뿌→론
부)困(42구다삐례→구다비례)

『倭語類解』의 「伊路波間音」에 의한 ば행「バビブベボ」의 탁음표기 「빠
삐뿌뻬뽀」의 표기를 『和語類解』에는 「曾祖母(23.히꺄바→히바바))」「困
(42구다삐례→구다비례))」와 같이 탁음을 표기하고 있지만, 『倭語類解』
의 「伊路波間音」표기와 다른 〔P(ㅂ)〕으로 표기된 것이 많이 보인다.

위의 탁음 표기를 청음으로 기재된 용례는 ざ행이 가장 많이 보이고 있고
그 다음이 が행에 많이 보인다. 간본『倭語類解』의 본문에 보이는 유성음인
が행·ざ행·だ행·ば행음의 표기를 나타내기 위해 대부분 간본의 卷末에
「伊路波間音」의 「ㆁㄱ」(ŋk)「ㅿ」(z)「ㄸ」(nt)「ㅁㅂ」(mp)의 표기로 나타내고 있
지만, 『和語類解』에서는 일본어 탁음을 나타내기 위해 「ㄱ」(k)「ㅅ」(s)「ㄷ」(t)
「ㅂ」(p)와 같은 한글 문자에 「ㄱ˝」「ㅅ˝」「ㄷ˝」「ㅂ˝」과 같이 우측 상단에
2개의 점(탁점)으로 일본어 탁음을 나타내고 있다. 그러나 위의 용례에서도
알 수 있듯이 『和語類解』에서는 탁음이 예상되는 일본어 표기에 탁점이
붙어 있지 않은 표기도 많이 보이고 있어 『和語類解』에 전체적으로 誤記
표기가 많이 보인다.

3) 『和語類解』에 보이는 장음의 단음으로 된 誤記표기

逆風(2.무고우가셰→무고가세)養母(23.요우뽀우→요우보˝)喧(41야가마시→야가마시이)

위의 용례는 『倭語類解』의 장음 표기를 사본 『和語類解』에서는 단음으로 표기된 용례이다. 「喧」의 일본어는 『倭語類解』에는 ク활용형용사의 종지형인 「-レ」형태가 『和語類解』에는 イ음편형을 취한 연체형 「-い」를 취한 것으로 생각된다. 「喧」의 표기는 역으로 단음을 장음으로 표기한 용례이다.

4) 『和語類解』에 보이는 だ행음이 ら행음으로 된 誤記표기

旱(히데리→히레리)

5) 『和語類解』에 보이는 다른 일본어 誤記표기

春(4.하루→하˝루)望(7.싀웅고니지→시웅고˝니지)卽日(8.소구싀쯔→소구시˝즈˝)姉(24.아네→아데)從兄弟(25.이도고→이고도)親(26.시다시이→시디시이)別號(27.뻬쯔꼬우→베즈고˝우)市人(28 마지닌→마지인)輕才人(29 가루와사→갈와사)傀(29 가루와사시→갈와시˝)身(31미→마)面(37오모데→어모데)息(39야스무→여스무)唾(40즈바기하구→즈바기하˝구)鬱(41후사가루→호사가루)

6) 『和語類解』의 濃音표기

旬(도우가 →도우까)

7) 『和語類解』의 入聲音표기

六月(6.29.로꾸→록)中伏(7.쥬우후꾸→주우훅)翌日(8.요구ㅅ즈→욕시˝
즈)飛脚(히갸구→히걍)脉(36먀구→먁)德(43도구→독)慾(46요구신→욕신)

8) 『倭語類解』와 『和語類解』의 促音표기 차이

再昨日(8.읻사구ㅅ즈→잇가구시즈)明後日(8.아삳데→아삿데)何日(8.읻
가→잇가)窗(16.아나혼데→아나홋데)夫(24.온도→옷도)一家(26.읻계,　일
가→잇계,잇가)丁(28　닫샤모노→닷샤모노)

위의 『倭語類解』에는 일본어의 촉음 표기가 「ㄷ」으로 표기되어 있고 『和語
類解』에는 「ㅅ」으로 표기되어 있는 것이 일반적이다.
　간본과 사본의 두 자료에 보이는 한글 훈에서도 「ㄷ」과 「ㅅ」이 대응되
는 표기로 다음과 같이 보인다.

畫(9.낟→낫), 澤(몯→못), 淵(17.몯→못),外(22.받→밧), 表(22.받→밧),
傍(22.겯→겻), 底(22.믿→밋), 鬚(33나론→나롯), 髻(33나론→나롯), 肩
(33얻게→엇게), 面(37늗→늣),唾(40춤받틀타→춤밧틀타)

위의 3), 4), 5), 6), 7), 8)의 표기들은 사본『和語類解』의 일본어가 전혀
별개의 자료에 의해 전사된 것이 아니고 간본 『倭語類解』계통의 자료를
전사할 때 나타날 수 있는 誤記 표기로 생각된다.

9) 『倭語類解』에 보이는 誤記표기를 『和語類解』에서 수정한 표기

潮水(19.미ㅅ시오→미스˝시오)祖母(23.빠바→바˝바˝)叔母(23.오바→오
바˝)夫婦(24.후후우→후우후)兄弟(24.교우다이→교우다˝이)　童(28　와라→

와라베)敏(45시도시→사도시)

　위의「童」의 표기는 에이헤이지본(永平寺本)에서는「와라」로 표기되어
있지만 한국국립중앙도서관본에는『和語類解』와 동일한 표기인「와라베」
로 표기되어 있다. 또한「敏」표기는 한국 중앙도서관본에는『和語類解』와
동일한 표기인「사도시」로 표기되어 있다. 따라서 사본『和語類解』의「童」
「敏」의 일본어 표기가 에이헤이지본『倭語類解』와 동일 판본으로 알려진
국립중앙도서관본과 일치하는 것으로 보아, 사본『和語類解』의 원본은 현
재의 간본『倭語類解』계통이 원본일 가능성이 높다.

10)『倭語類解』에 보이는 誤記표기를『和語類解』에서도 그 대로 표기한 것

　　浮(20.우가무→우가무)沈(20시즈무→시스무)左(21.히다리→히다리)四
面(22.시면→시면)

　『倭語類解』의「浮」(うかむ)와「左」(ひたり) 등의 일본어의 誤記표기가『
和語類解』에서도 잘못된 일본어 표기를 그대로 사용했다는 것은 사본의
원본은 현재의 간본 계통일 가능성이 매우 높다고 할 수 있다.
　『倭語類解』의 誤記 표기를『和語類解』에 그대로 표기한 것은 아니지만,
한국중앙도서관본의 표기를 보고 서사한 것으로 판단되는 표기가 다음과
같이 보인다. 奴(30)는『倭語類解』에는「이즈꼬」로 표기되어 있으나『和語類
解』에는『倭語類解』의 한국중앙도서관본의「야즈꼬」와 비슷한 표기인「야
즈˝고」로 표기되어 있다. 따라서 사본『和語類解』의 원본은 한국중앙도서관
본 계통의 간본일 가능성이 매우 높다고 할 수 있다.

11)『倭語類解』에 ŋ운미의 표기가『和語類解』에서 표기되지 않은 용례

戲子(29 사룽가구→사루가구)肘(33힌싀노후시→히시노후시)聖(43힌지리→히지리)

간본『倭語類解』의 ŋ韻尾 표기는 중세의 濁音前鼻音 표기가 잔존한 것을 나타낸 것이고 사본『和語類解』의 시기는 ŋ운미가 없어진 표기를 나타낸 것으로 판단된다[151].

이외에도 두 자료에 보이는 일본어의 표기 차이 중, 특히 ㄱ의 표기에 상당한 차이가 보인다.

子(10. 고고노쯔기→고고노즈기)丑(10.야쯔도기→야즈도기)寅(10.나나쯔도기→나나즈도기))卯(10.무쯔도기→무즈도기)辰(10.이즈쯔도기→이즈즈도기)巳(10.요쯔도기→요즈도기)午(10.고고노쯔도기→고고노즈기)未(10.야쯔도기→야즈도기)申(11.나나쯔도기→나나즈도기)酉(11,무쯔도기→무즈도기)戌(11.이즈쯔도기→이즈즈도기)亥(11.요쯔도기→요즈도기)後室(24고우시쯔→고우시즈)唑(40시다우쯔→시다우즈)

다음과 같은 ㄷ의 표기에도 상당한 차이가 보인다.

乙(기노또→기노도)丁(히노또→히노도)己(즈찌노또→즈지노도)辛(가노또→가노도)癸(미스노또→미스노도)鬱(41우또시→우도시)

(ㄱ의 표기차이)
醉(38미니꾸시→미니구시)樂(45오모시로꾸→오모시로구)

---

151) 중세시대에 탁음 앞에 鼻音的 要素의 음운현상이 존재했으나 에도(江戶)시대에 들어와서 소멸되었다고 전해진다. 濁音前鼻音이라는 용어 외에 鼻母音, 鼻濁音 등의 용어가 있으나 편의상 濁音前鼻音으로 사용한다.

〈か의 표기차이〉

  愁(41기즈까이→기즈가이)戀(41나즈까즈시우→나즈가시우)恥(41)하즈
까시→하즈가시)

이러한 『和語類解』의 誤記표기는 『倭語類解』의 표기와 일치하지 않는
표기로 생각되나 일치되는 표기도 많이 보인다. 일치하지 않는 표기는 사
본『和語類解』의 일본어가 전혀 별개의 자료에 의해 전사된 것이 아니고,
간본 『倭語類解』계통의 자료를 전사할 때 나타날 수 있는 誤記 표기로 생
각된다. 또한 에이헤이지본 『倭語類解』와 사본의 차이가 있는 표기는 동
일 판본으로 알려진 한국의 국립중앙도서관본과 일치하는 것으로 보아,
사본『和語類解』의 원본은 현재의 간본『倭語類解』계통일 가능성이 높다.

4. 結語

이제까지 『和語類解』의 원본은 현존의 간본인『倭語類解』가 아니고 현
존의 간본 이전에 原『倭語類解』가 존재해서 그 原『倭語類解』를 서사했을
가능성이 높다고 일컬어져 왔다. 그러나 필자는 『倭語類解』의 간본과 사
본의 체재비교를 통해서 나에시로가와사본『和語類解』의 원본 복원을 시
도한 적이 있다[152].

  본 장에서는 『倭語類解』와 『和語類解』의 본문의 일본어 표기를 비교하여
『和語類解』의 원본을 추정하는 연구이다. 간본과 사본의 일본어를 비교한

---

152) 拙稿(1991), 「『倭語類解』の刊本と寫本の體裁比較-苗代川寫本『和語類解』の原本復元の試みから-」
    (日本 『東北大學文學部日本語學科論集』第1集)에서 사본『和語類解』와 간본『倭語類解』의 체재
    를 비교 분석한 결과, 『和語類解』의 본문에 『倭語類解』에 기재되어 있는 일본한자음이
    기재되어 있다는 사실과, 『倭語類解』의 체재와 사본인 『和語類解』의 체재가 서로 대응하
    고 있다는 사실 등을 고려하여 『和語類解』가 현존의 간본인 영평사본·한국 중앙도서
    관본『倭語類解』를 원본으로하여 만들어진 것으로 추정한 바 있다.

결과, 두 자료에 보이는 일본어 표기의 가장 두드러진 차이는 간본의 탁음표기가 사본에는 청음으로 표기된 용례이다. 이는 간본에는 탁음을 표기하는 「伊路波間音」이 명확히 제시되어 있는 반면, 사본에는 간본과 같은 명확한 탁음 표기가 제시되어 있지 않고 탁음 표기를 「ㄱ」(k)「ㅅ」(s)「ㄷ」(t)「ㅂ」(p)와 같은 한글 문자의 우측 상단에 2개의 탁점으로 나타내고자 했기 때문에 오류가 많이 발생한 것으로 추정된다. 그 외에 간본의 장음 표기가 사본에는 단음으로 표기된 용례, 간본의 바른 일본어 표기가 사본에서는 誤記된 표기 등이 보이고 있으나 단순히 옮겨 적을 때의 오류로 추정된다. 또한 촉음을 나타내는 표기에서는 『倭語類解』에는 일본어의 촉음 표기가 「ㄷ」으로 표기되어 있고 사본 『和語類解』에는 「ㅅ」으로 표기되어 있다. 이것은 간본과 사본의 두 자료에 보이는 한글 훈에도 많이 나타나는 현상으로 한글표기의 변화에 의한 것 등으로 생각된다. 이상 두 자료에 보이는 일본어 표기를 비교한 결과, 두 자료간의 연계성은 부인할 수 없다고 생각된다. 따라서 사본 『和語類解』의 원본은 현존하는 간본 『倭語類解』일 가능성이 충분히 있다고 판단된다.

10장
『兒學編』의 日本漢字音

1. 緖言

　『兒學編』(增訂版, 1908年)의 增訂版은 원래 丁若鏞에 의해 순조 4년(1804)
에 만들어진 原本을 바탕으로 해서 1908년에 中國語와 日本語, 英語 등을
追加하여 만들어진 資料이다. 『兒學編』의 原本 內容은 旣存의 『千字文』 內容을
새롭게 2000千字文을 만들어서 上有形千字, 下無千字로 分類하여 漢字의 下段
에 한글로 音과 訓을 記載하고 있다. 韓國漢字音은 주로 『奎章全韻』(1792年)의
漢字音에 따르고 있다고 전해진다[153]. 그러나 增訂版은 池錫永의 委囑에 의해
田龍圭라는 人物이 原本의 『兒學編』을 바탕으로 해서 標出漢字 2000字에
한글注는 漢字音·한글과 함께 새로운 形으로 改訂되고, 原本에 없었던 華音
(근대 중국어음), 篆文, 所屬 韻名 및 日本語(音과 訓), 英語가 한글 表記와
함께 追加되어 近代的 辭典으로 발전하게 되었다[154].

　본 장에서는 『兒學編』을 통해 韓國資料에 있어서의 近代 日本語의 漢字
音이 어떻게 記載되었으며 어떤 性格의 漢字音이 反映되고 있는가를 糾明
하고자 한다. 이 연구를 위해 當時 一般的으로 使用되는 日本漢字音이 많이
記載되어 있고 『兒學編』과 同一한 한글資料이면서 同時代의 資料인 近代의
韓日對譯辭典 『日語類解』(1912年刊)의 日本漢字音을 比較하면서 『兒學編』
의 日本漢字音 性格을 糾明하기로 한다[155].

---

153) 日本 朝鮮學會編(1966)「第17回 朝鮮學會 資料展示目錄」(『朝鮮學報』 第42輯)參照

154) 京都大學國文學部國語學國文學硏究室編(1971)『兒學編·日語類解·韓語初步』(京都大學國文學會)에
　　 所收되어 있는 濱田敦의 「兒學編·日語類解·韓語初步 開題」 參照.

155) 『日語類解』에 대해서는 京都大學文學部國語學國文學硏究室編(1970)『兒學編·日語類解·韓語初步』
　　 (日本 京都大學國文學會)와 鄭光(1988)『諸本集成 倭語類解〈解說, 國語索引影印, 本文 索引〉』(太學社)
　　 의 資料를 竝行해서 參照했다.

2. 問題點

　『兒學編』과 거의 同一한 性質의 對譯辭典이고 거의 同時期에 編纂된 『日語類解』의 日本漢字音을 比較해 보면, 두 資料의 編纂時期가 불과 4年 差異가 있으나 두 資料에 보이는 日本漢字音은 相當한 差異를 보이고 있다. 특히 『兒學編』에 보이는 日本漢字音의 表記 중,「學」「樹」「上」「談」「童」「動」 등의 漢字音은 淸音으로 記載되어 있으나, 『日語類解』에는 濁音形의 日本漢字音이 많이 記載되어 있어 두 資料에 보이는 日本漢字音 表記에 많은 差異를 나타내고 있다. 『日語類解』는 카나자와쇼우사부로(金擇庄三郎)에 의해 이미 旣存에 存在하는 韓國에 있어서의 最初의 韓日對譯辭典인 『倭語類解』를 底本으로 編纂되었다. 『日語類解』는 當時의 日本에서 通用되는 日本漢字音을 記載한다는 方針으로 改訂・修正한 資料이므로 當時의 日本漢字音을 잘 反映한 것으로 생각된다. 그러나 『兒學編』에 記載되어 있는 日本漢字音에 대해서는 지금까지 전혀 言及되어 있지 않고, 漢字音의 出處에 대해서도 지금까지 거의 硏究된 바가 없다. 그러면 前述한 『兒學編』과 『日語類解』의 日本漢字音 차이는 무엇을 意味하는 것일까? 또한 『兒學編』에 記載되어 있는 日本漢字音이 『日語類解』의 編纂에 底本으로 使用된 『倭語類解』의 日本漢字音과 一部 相當히 一致하고 있는 理由 등에 대해 살펴본다.

　『日語類解』는 當時의 日本人에 의해 日本漢字音이 記載되어 있고, 當時 一般的으로 使用되고 있는 日本漢字音을 反映한 것이다. 따라서 『日語類解』의 漢字音과 差異가 있는 『兒學編』의 日本漢字音의 性格을 糾明할 必要가 있다고 생각된다.

　以下에서는 『兒學編』의 日本漢字音을 糾明하기 위해 『日語類解』에 記載되어 있는 日本漢字音을 考慮하여 그 差異를 中心으로 檢討하기로 한다.

3. 『兒學編』의 日本漢字音

　『兒學編』의 體裁는 標題語 漢字가 記載되어 있고 右側 첫 번째 줄에 漢字의 訓과 音이 우리말로 세로로 記載되어 있으며 右側 두 번째 줄에는 近代 中國語音 華音과 四聲을 表示한 四聲標가 세로로 記載되어 있다. 日本語는 標題語 漢字의 左側 첫 번째 줄에 日本語 카타까나(片假名)로 日本語 訓과 마지막에 日本漢字音을 세로로 記載하고 있다. 左側 두 번째 줄에는 카타까나로 記載되어 있는 日本語의 訓과 音을 한글로 記載하고 있다. 標題語 漢字의 下段 첫 번째 줄에는 英語의 알파벳을 가로로 記載하고 있으며 그 下段에는 英語 音을 한글로 表記하고 있다. 以下에서는 當時의 日本漢字音을 알기 위한 것이므로 日本漢字音만을 調査對象으로 한다.

　『兒學編』과 『日語類解』에 記載되어 있는 日本漢字音의 큰 差異는 『韻鏡』의 〈濁音字〉에 屬하는 漢字 중, 日本漢字音의 漢音과 吳音이 同一 形態로 清音과 濁音으로 對應되는 日本漢字音이 『兒學編』에는 清音으로 많이 記載되어 있으나, 當時 一般的으로 使用되는 漢字音을 反映하고 있는 『日語類解』에는 濁音이 많이 보인다는 事實이다. 이와 같이 『兒學編』의 日本漢字音의 큰 特徵은 『韻鏡』의 〈濁音字〉에 屬해 있는 日本漢字音 중, 同一 形態의 清音과 濁音이 漢音과 吳音으로 對應되는 漢字에 清音形으로 記載되어 있는 것이다156). 따라서 『兒學編』의 日本漢字音을 糾明하기 위해서는 清濁音을 區分할 경우 日本漢字音의 性質, 즉 吳音(慣用音) 漢音과 關聯이 있으므로 近世 日本에 널리 流布된 『韻鏡』에 基準을 두어 『兒學編』의 漢字音을 分析하기로 한다.

---

156) 『韻鏡』의 〈濁音字〉에 屬하는 一部 漢字에 「學」(カク・ガク)「上」(ショウ・ジョウ)「田」(テン・デン)「童」(トウ・ドウ) 등의 漢字의 漢字音이 同一 形態로 清音과 濁音이 漢音과 吳音으로 對應하고 있는 漢字의 漢字音을 指稱한다.

4. 『兒學編』의 日本漢字音의 淸濁과 『韻鏡』에 의한 分類

1) 『韻鏡』의 〈濁音字〉에 屬하는 漢字의 漢字音

① 『韻鏡』의 〈濁音字〉에 屬하는 漢字의 漢字音이 淸音(漢音)으로 記載되어 있는 漢字音

學(カク1オ)樹(シュ14ウ)上(ショウ34ウ)堂(タウ21ウ)壇(タン23オ)談(タン44ウ)淡(タン51ウ)電(テン6ウ)轉(テン47オ)田(テン9ウ)童(トウ2ウ)動(トウ52オ)(注)房(ハウ21ウ)丈(チャウ61ウ)寺(シ21ウ)殿(テン21オ)寺(シ21ウ)房(ハウ21ウ)堂(タウ21ウ)柁(タ24オ)牘(トク17ウ)盤(ハン26オ)膳(セン31オ)豪(カウ33オ)上(シャウ24ウ)贈(サウ39オ)傳(テン39ウ)字(シ39ウ)讀(トク40オ)學(カク40オ)陳(チン40オ)乘(ショウ40ウ)談(タン44ウ)序(ショ48オ)存(ソン49オ)邪(シャ49ウ)鈍(トン50ウ)淡(タン51ウ)沈(チン52オ)動(トウ52オ)合(カウ52ウ)同(トウ54ウ)獨(トク57ウ)

② 『韻鏡』의 〈濁音字〉에 屬하는 漢字의 漢字音이 濁音(吳音)으로 記載되어 있는 漢字音

杖(ジヤウ27オ)善(ゼン32ウ)時(ジ33ウ)前(ゼン34ウ)坐(ザ43ウ)事(ジ48ウ)十(ジウ61ウ)分(ブン61ウ)順(ジュン50オ)純(ジュン52オ)藏(ゾウ56オ)

①의 用例는 『兒學編』과 거의 同時代 資料인 『日語類解』에 記載되어 있는 日本漢字音과 相當한 差異를 보이고 있다. 위의 『兒學編』에는 『韻鏡』의 〈濁音字〉에 屬해 있는 漢字로 漢音인 淸音形으로 記載되어 있는 「學」「樹」「談」「淡」「電」「童」「動」「房」「殿」「房」「柁」「膳」「乘」「鈍」「獨」「田」 등이 있으나 『日語類解』에서는 거의 濁音形의 日本漢字音으로 記載되어 있다. 위의 『兒學編』의 淸音形의 日本漢字音은 『日語類解』의 底本으로 使用된 『倭語類

解』에서도『兒學編』의 淸音形과 同一한 日本漢字音이 많이 記載되어 있어
『倭語類解』의 日本漢字音의 性格과 關聯이 있을 것으로 생각된다.

또한「上」「堂」「田」「同」「傳」등의 漢字音은『倭語類解』에는 淸音과 濁音이
同時에 記載되어 있다. 그러나『日語類解』에는「堂」(淸音으로 記載되어 있음)
을 除外하고는 모두 吳音인 濁音形만으로 記載되어 있다157).『兒學編』에서는
(「上」(34ウ 淸音)「堂」(22 뒤 淸音)「田」(9ウ 淸音)「同」(54ウ 淸音)「傳」(39ウ
淸音)과 같이 모두 淸音으로 記載되어 있다. 이와 같이『兒學編』의 日本漢字音
의 淸音形은 거의『日語類解』의 日本漢字音과는 많은 差異를 보이고 있고
近世인 江戶시대의 讀書音(漢文訓讀音)이 많이 記載되었다고 전해지는『倭語
類解』의 日本漢字音과 相當히 一致하는 것을 알 수 있다.

위의「寺」「豪」「字」「讀」의 漢字音은『倭語類解』에는 濁音形만이 記載되
어 있다.『日語類解』에서도「讀」(40ウ 淸音)을 除外하고는 모두 濁音形으
로 記載되어 있다. 그러나『兒學編』에서는「寺」(21ウ 淸音)「豪」(33オ 淸音)
「字」(39ウ 淸音)「讀」(20オ 淸音)과 같이 漢音인 淸音形으로 記載되어 있다.
이러한 一部 漢字音에는 漢音이 相當히 많이 記載되어 있다고 전해지는
『倭語類解』에서도 濁音(吳音)으로 記載되어 있는 漢字音을『兒學編』에서는
淸音이 記載되어 있어, 오히려『倭語類解』보다 漢音의 傾向이 强하다는 事
實을 알 수 있다. 이러한『韻鏡』의 〈濁音字〉에 屬하는 漢字의 漢字音은 大
部分『倭語類解』에서는 漢音인 淸音을 記載하고 있는 경우가 많다158). 또

---

157)「上」「堂」「田」「同」「傳」등의 漢字音은『日語類解』에는 「上」(上卷11ウ 濁音)「堂」(下卷39オ 淸音,
　　當年 上卷2ウ 淸音, 當月 上卷3ウ 淸音, 當付 上卷27オ 淸音)「田」(下卷1オ 濁音, 田夫 上卷15オ
　　濁音)「同」(下卷31オ 濁音, 上卷13オ 同生濁音, 同婿 上卷13ウ 濁音, 同官〈『倭語類解』 上卷13ウ
　　濁音』〉上卷14オ 濁音, 同謀 上卷59ウ)「傳」(下卷33オ 濁音, 上卷27ウ 傳喝 濁音, 傳令〈『倭語類解』
　　上卷36ウ 淸音〉 上卷39ウ濁音, 傳語官〈『倭語類解』[官名] 下卷 濁音 〉『日語類解』에는 용례가 없음)
　　과 같이「堂」을 除外하고는 거의 吳音인 濁音形으로 記載되어 있다.
158)『韻鏡』의 〈濁音字〉에 屬하는 漢字音은『倭語類解』에는 淸音이 많이 記載되어 있는 경우가
　　大部分이나 濁音形도 보인다. 그러나『倭語類解』에는 標題語 漢字의 記載 位置에 따라 筆者는
　　이미 拙稿(1993년)에서 漢字音의 性格에 差異가 있다고 記述한 바 있다. 여기에서 指稱하는
　　淸音形이 많이 記載되어 있다는 說明은『倭語類解』의 標題語 漢字의 左側 下段에 記載되어 있는

한 위의 『韻鏡』의 濁音字 중, 「壇」「序」「存」「邪」의 日本漢字音은 『倭語類解』와 『日語類解』에는 보이지 않으나 『兒學編』에서는 모두 漢音인 淸音으로 記載되어 있다[159].

이와 같이 『韻鏡』의 〈濁音字〉에 속하는 일부 한자의 漢字音 중, 『兒學編』에는 漢音인 淸音이 많이 記載되어 있다는 事實을 알 수 있다.

②의 用例는 『韻鏡』의 〈濁音字〉에 屬해 있는 漢字로 『兒學編』에는 吳音인 濁音形으로 記載되어 있는 漢字音이다. 『兒學編』에 〈濁音字〉의 漢字音이 모두 濁音으로 記載되어 있어 『日語類解』에 記載되어 있는 濁音形과 거의 一致하고 있다. 위의 用例 중, 「杖」「善」「藏」의 日本漢字音은 『倭語類解』에서는 각각 淸音形인 「チョウ」「セン」「ソウ」로 記載되어 있으며, 「時」「前」「事」「十」「分」「純」의 漢字音은 淸音形과 濁音形이 同時에 記載되어 있다. 또한 「順」「坐」「純」의 漢字音은 『倭語類解』에서도 濁音으로 記載되어 있어 『兒學編』의 漢字音과 同一하게 記載되어 있다[160].

『兒學編』에 濁音으로 記載되어 있는 「杖」「善」「藏」「前」「事」「十」 등의 漢字音은 『日語類解』에서도 濁音으로 記載되어 있어 이 種類의 漢字의 一般的인 漢字音은 濁音으로 推定된다.

위의 『兒學編』에 濁音으로 記載되어 있는 『韻鏡』의 〈濁音字〉에 屬하는

「上의 漢字音」位置에 記載되어 있는 讀書音 또는 漢文訓讀音의 記載位置로 推定되는(筆者敍述)部分에는 거의 淸音形으로 記載되어 있다. 그러나 一部 「上의 漢字音」의 記載位置에 「自」「純」 등의 漢字音은 『倭語類解』에서도 濁音形으로 記載되어 있다. 이 濁音形의 日本漢字音에 대해서 筆者는 拙稿(1998)에서 流派에 따라 差異가 있으나 吳音인 濁音形도 『倭讀要領』 등에 보이는 例를 들어 讀書音으로 看做하는 流派도 있다고 論한 바 있다. 그러나 當時의 傳統的인 漢學에서의 規範的인 讀書音은 漢音이 原則이다.

159) 『兒學編』에 記載되어 있는 漢字音은 다음과 같다. 「壇」(23オ 淸音)「序」(48 オ 淸音)「存」(49オ 淸音)「邪」(49ウ 淸音) 등이 있다.

160) 이러한 漢字音은 『倭語類解』에서는 다음과 같이 記載되어 있다.
「杖」(チヤウ27オ)「善」(セン22ウ)「時」(シ・ジ34オ)「前」(セン・ゼン34ウ)「坐」(ザ43ウ)「事」(シ・ジ48ウ)「十」(シウ・ジウ61ウ)「分」(フン・ブン61ウ)「順」(ジュン50オ)「純」(ジュン52オ)「藏」(ソウ56オ)
그러나 『日語類解』와 『兒學編』에는 이러한 漢字의 漢字音이 모두 濁音으로 記載되어 있어 一部 『倭語類解』의 淸音形과는 差異를 보이고 있다.

漢字의 漢字音은 이 時期 大部分 濁音形인 吳音으로 변한 形態가 많이 使用되었으므로 『兒學編』에도 濁音形의 漢字音을 記載한 것으로 보인다.

『韻鏡』의 〈濁音字〉에 屬하는 이러한 漢字의 漢字音은 에도(江戸) 末期에서 明治初期의 日本語 語彙資料로 重要한 와에이고린슈우세이(『和英語林集成』)(헤본저〈ヘボン著〉 초판 1867년 2판 1872년 3판)에도 「無如在(ジョサイナシ)」의 「在」등의 극히 限定된 用例에만 淸音形이 보일 뿐 거의 모두가 濁音形으로 記載되어 있어 당시 一般的으로 通用된 漢字音은 『日語類解』에 보이는 漢字音과 동일한 濁音形이 많이 使用되었을 것으로 判斷된다[161].

특히 『兒學編』과 編纂時期가 비슷한 『日語類解』에서는 「學」「樹」「上」「談」「童」「動」「房」「傳」「同」 등의 漢字音이 『日語類解』의 編纂에 使用된 『倭語類解』의 淸音形을 濁音形으로 修訂한 用例가 많이 보이고 있다. 또한 『兒學編』에는 『韻鏡』의 〈濁音字〉에 속하는 漢字 중, 濁音形으로 표기되어 있는 「杖」「善」「時」「事」「十」「藏」등의 漢字音은 『日語類解』에서도 濁音形으로 記載되어 있어, 當時의 『韻鏡』의 〈濁音字〉에 屬하는 漢字의 漢字音은 漢音인 淸音形에서 吳音인 濁音形으로 交替된 것이 많다는 것을 알 수 있다.

그러나 『兒學編』에 〈濁音字〉의 漢字音이 淸音形이 많이 記載되어 있다는 것과 關聯해서, 일찍이 近世의 漢學에서는 『韻鏡』의 〈濁音字〉의 경우, 淸音(漢音)=讀書音・漢文訓讀音, 濁音(吳音) = 一般通用音으로 區分 使用했다는 것으로 보아 位相的으로 漢學의 讀書音과 相當히 關聯이 있을 것으로 생각된다.

이와 같이 『兒學編』의 日本漢字音과 『日語類解』의 日本漢字音이 거의 같

---

161) ヘボン 의 『和英語林集成』는 初版本(1867年)과 2版本(1872年)은 日本 東北大學校 狩野文庫所藏本을 參照했고 제3版本(1886)은 1980年에 講談社學術文庫로 影印된 圖書를 參照했다.

은 時期의 資料이므로 두 資料에 나타나는 日本漢字音은 거의 同一한 漢字音의 記載가 豫想되나, 淸濁音에 있어 많은 差異를 보이고 있다는 것은 이러한 位相的인 것과 關聯이 있을 것으로 判斷된다.

明治初期의 日本漢字音의 位相에 關聯해서 마쯔이토시히고(松井利彦)는 明治初期의 辭典 『新令字解』(明治 元年)와 『增補新令字解』(明治 元年), 『新撰字解』(明治5년)의 3種類의 漢語字書에서 同一 熟語를 構成하는 똑 같은 漢字語의 音讀을 調査한 結果, 漢音과 吳音의 記載量이 編纂 時期와는 關係가 없고 同一 熟字를 構成하는 하나의 한자가 漢音으로 읽는가 吳音으로 읽는가는 그 辭典의 編纂者 箇箇人의 意圖에 따라 差異가 나는 경우가 많다는 것을 言及하고 있다. 따라서 明治初期에는 日本漢字音이 位相的이고 非統一的이었다는 것을 알 수 있다. 이는 當時의 漢字音은 階層에 따라 漢字音이 區分되어 使用하였으며 각 個人에 따라 同一한 語彙의 漢字音이 漢音·吳音·慣用音 등을 資料에 따라 제각기 使用되었다는 事實을 엿볼 수 있다. 漢音이 많은 資料는 漢字音과 漢語의 意味가 位相的으로 呼應하고 있다는 것이고, 漢音 그 自體도 漢文(訓讀文)적인 것을 나타내고 있다. 한 편 吳音이 많은 資料는 通俗的인 意味가 記錄된 것으로 吳音 그 自體도 通俗的인 性格을 가지고 있다는 것을 나타내고 있다. 여기에 明治初期의 漢音과 吳音의 位相을 看取할 수 있다.

따라서 明治初期에는 同一한 한 개의 熟字(熟語)가 또는 同一 辭典 內에서도 漢音으로 읽히기도 하고 吳音으로 읽히기도 했다는 事實로 보아 몇 種類의 漢字音으로 읽혀진 것이 많았다는 것을 알 수 있다[162].

또한 마쯔이(1969)는 近世 漢學에 있어서는 漢音과 吳音이 位相的으로 다른 性格의 音으로 認識하는 경우가 많아, 漢音은 學問的이고 格式있는 漢字音으로 認識되었고, 吳音은 通俗的인 音으로 認識이 되어 있다고 言及하고 있다.

---

[162] 松井利彦(1969)「明治初期の漢音と吳音」(日本 『國語國文』38卷 11号)參照.

이와 같이 위의 두 資料의 性格은 位相的으로는 『日語類解』가 通俗的인
또는 一般的인 漢字音과 聯關이 있을 것으로 생각되며 『兒學編』은 規範的
이고 漢音 中心의 位相과 關聯이 있을 것으로 생각된다. 『兒學編』이 千字文
등을 바탕으로 한 資料의 性格, 單字레벨에서의 漢字音의 記載方式 등을 考
慮하면 漢學의 讀書音을 反映했다고 판단된다.

　또한 히다요시부미(飛田良文)에 의하면, 一部의 漢語 「東京」「言語」의 漢
字音이 明治末年까지 漢音과 吳音이 竝行해서 使用된 것으로 보아 一部 漢
語의 漢字音이 明治末年까지 非統一的으로 양쪽의 漢字音이 竝行해서 使用
되었다는 것을 알 수 있다[163].

　그 후 明治 35 年 小學校 就學率이 90%정도 到達하고 있고 明治 37年에
는 全國 共通의 敎科書가 使用되어 敎科書의 語彙가 日本語의 規範이 되고
漢字의 읽는 方法도 그 基準이 되었다. 따라서 명치 末年에 義務敎育이 施
行되기에 이르러서는 一部 漢語를 除外하고 大部分의 漢語의 漢字音(音讀)
은 統一하는 형태로 進行되었다고 할 수 있다.

　明治·大正期의 漢音과 吳音의 交替 現象과 關聯해서 히다요시부미(飛田良
文)는 近世(江戶)에서 近代(明治)까지의 一般的인 日本漢字音의 變化는 漢音에
서 吳音으로의 交替보다 吳音에서 漢音으로 交替한 것이 壓倒的으로 많았다고
言及하고 있다[164]. 만약 『兒學編』과 『日語類解』에 보이는 日本漢字音 差異를
時代的인 漢字音의 變遷으로 取扱한다면 『兒學編』의 淸音(漢音)이 『日語類解』
에서는 濁音(吳音)으로 交替된 것으로 看做되어, 위의 히다(飛田)의 主張과는
相反된 結果가 된다. 또한 『倭語類解』와 『日語類解』의 日本漢字音의 比較에서,
江戶時代의 讀書音을 많이 反映한 『倭語類解』와 明治 末期의 通用音을 反映한
『日語類解』의 漢字音 差異를 보면, 同一 形態로 漢音과 吳音이 淸濁音으로

---

163) 日本 文化廳(1978)『ことばのシリーズ8 和語漢語』所收의 飛田良文「漢語の讀み方と同音語」參照.
164) 飛田良文(1968)「明治大正期における漢音吳音の交替」(『近代語の硏究』第2集 所收)參照.

區分되는 『韻鏡』의 〈濁音字〉에 屬하는 漢字의 漢字音이『倭語類解』에 記載되어 있는 淸音形(漢音)을, 『日語類解』에서는 濁音形(吳音)으로 修訂하고 있다. 이것은『日語類解』의 編纂時期에는 一般的인 漢字音이 이미 淸音(漢音)에서 濁音(吳音)으로 交替되었다는 것을 알 수 있다.

따라서 明治後期 資料인『兒學編』과『日語類解』에 보이는 同一한 單字의 漢字音이 위에서 살펴 본 바와 같이 相當한 差異가 보이는 것은 日本漢字音의 通時的 變化를 나타낸 것이 아니고 漢字音의 位相的인 差異를 나타낸 것으로 보인다.

또한 히다요시부미(飛田良文)에 의하면 明治初期資料인『和獨對譯字林』(明治10년)에는「時」(片時)의 濁音形이,『改正增補 和英英和語林集成』(明治19)에는 「上」(上達)·「分」(分明)의 濁音形이,『漢英對照いろは辭典』(明治21) 에는「上」(上席 上欄)의 濁音形이,『言海』(明治24)에는 分(分別)의 濁音形이,『日本大辭典ことばの泉』(明治33)에는「上」(身上) 의 濁音形이 各各의 資料에 보이고 있다. 이러한『韻鏡』의 〈濁音字〉에 屬하는 漢字 중, 淸音과 濁音이 吳音과 漢音으로 區分되는 一部 漢字의 漢字音이 漢音인 淸音에서 吳音인 濁音으로 交替되는 것으로 보아, 이러한 漢字의 日本漢字音은 當時 濁音이 一般的인 것으로 생각된다. 따라서 淸音에서 濁音으로의 交替가 明治初期 以前부터 이미 交替가 시작되었고, 위의 明治 初期·中期 資料에 보이는 一部의 交替는 交替의 마지막 段階를 나타낸 것으로 推定된다[165]. 따라서『兒學編』의 日本漢字音은 漢音이 많이 보이는 것으로 보아 漢學의 傳統을 이어받은 것으로 생각되며 位相的으로 漢學의 規範的인 漢字音과 相當히 關聯이 있을 것으로 判斷된다. 이제까지『兒學編』의 일본한자음의 형태와 성격을 살펴본 결과 讀書音이 記載되었다고 판단된다. 그 經路는 編纂時期의 前時代의 漢學資料에 의한 日本漢字音의 反映, 또는『兒學編』이 傳統的인 漢學의 性格이었다는 点 등을 考慮해서 讀書音을 反映했을 것으

---

165) 飛田(1968)參照.

로 생각된다.

2) 『韻鏡』의 〈淸音字〉〈次淸音字〉에 屬하는 漢字의 漢字音

① 『韻鏡』의 〈淸音字〉〈次淸音字〉에 屬하는 漢字의 漢字音이 淸音으로 記載되어 있는 漢字

膏(カウ5ウ)土(トフオ)獸(シウ20オ)降(カウ34ウ)呑(トン36ウ)斷(タン51オ)張(チャウ53ウ)終(シュウ54ウ)充(シュウ56オ)

② 『韻鏡』의 〈淸音字〉〈次淸音字〉에 屬하는 漢字의 漢字音이 濁音으로 記載되어 있는 漢字

蒸(ジョウ46ウ)分(ブン61ウ)[166]

①의 用例에서 「膏」「斷」의 漢字는 〈濁音字〉에도 屬하는 複聲字이므로 論考에서 除外한다. 「土」「獸」「降」「呑」「張」「終」의 漢字音은 『倭語類解』에서도 淸音인 漢音으로 記載되어 있어 『兒學編』의 日本漢字音은 『倭語類解』의 漢字音과 同一한 表記가 많이 보인다. 그러나 『日語類解』에 보이는 「降」「終」의 淸音形은 『兒學編』의 漢字音과 一致하고 있으나, 「土」「獸」「呑」「充」의 濁音形의 漢字音과는 많은 差異가 보인다. 『日語類解』에 보이는 濁音形 漢字音은 當時의 通用音으로 推定된다.

「充」의 淸音形은 『倭語類解』에서는 濁音形「ジュウ」로 記載되어 있어 『兒學編』의 漢字音과 差異를 보인다.

『韻鏡』의 〈淸音字〉〈次淸音字〉에 屬하는 漢字의 漢字音은 漢音과 吳音이 一般的으로 淸音形이다. 그러나 濁音으로 記載된 것이 조금 보인다.

---

166) 「分」은 複聲字이다.

②의 用例는『倭語類解』와『日語類解』에 똑같이「蒸」은 濁音形만 보이고「分」은 濁音形과 淸音形이 同時에 보인다. 특히「蒸」의 漢字音에 注目해서 일찍이 江戸時代의 다자이슌다이(太宰順臺)가 著述한『倭讀要領』(1728)에「蒸(ジョウ46ウ)」의 漢字音이 讀書音「ショウ」로 읽어야 하고 俗儒에서 濁音ジョウ로 읽는 것은 アヤマリデアルト」로 論하고 있는 것으로 보아 다자이슌다이가 말하는 讀書音은 아니지만, 俗儒에서 使用된 讀書音이라는 사실을 알 수 있다. 따라서 위의 〈淸音字〉〈次淸音字〉의 경우도 漢字音의 位相과 關聯이 있을 것으로 생각된다.

3) 『韻鏡』의 〈淸濁音字〉에 屬하는 漢字의 漢字音

① 『韻鏡』의 〈淸濁音字〉에 屬하는 漢字의 漢字音이 淸音으로 記載되어 있는 漢字

奴(ト3オ 한글 음주 노)

② 『韻鏡』의 〈淸濁音字〉에 屬하는 漢字의 漢字音이 濁音으로 記載되어 있는 漢字

輭(ゼン51オ)染(ゼン46オ)

『韻鏡』의 〈淸濁音字〉에 屬하는 漢字의 漢字音은 漢字의 聲母가 疑母, 孃母, 泥母, 日母이다. 一般的으로 疑母는 漢音·吳音 모두 ガ行音이고, 孃母와 泥母는 漢音이 ダ行音이고 吳音이 ナ行音이다. 日母는 漢音이 ザ行音이고 吳音이 ナ行音이다.

①의「奴」의 漢字音는 漢音은「ド」이고 吳音은「ノ」이다.『兒學編』의「奴」의 한글 音注에는「노」로 記載되어 있어 日本漢字音의 吳音을 나타내고 있다.

그러나「奴」의 카타까나 表記에는 淸音인「ト」로 記載되어 있다. 近世의 〈淸濁音字〉의 淸音形과 關聯해서 마쯔이토시히꼬(松井利彦)에 의하면 延寶2年版『聚分韻略』과『倭玉篇』에 濁点이 없는 것으로 보아 淸音形으로 推定하였고 이 淸音形의 漢字音은「淸音は〈濁字音〉では漢音であり、〈淸音字〉〈次淸音字〉では規範的な漢文訓讀音であるために、〈淸濁音字〉に對しても淸音は漢文訓讀音, 濁音は漢文訓讀音ならざる字音という類推が働き、その結果〈淸濁音字〉の淸音形が使用されることもあったのであろう。」라고 推定하고 있다167). 따라서 〈淸濁音字〉의 淸音 用例는 극히 少數이지만 決定的으로 〈淸濁音字〉의 類推音으로 推定되는 淸音形이『兒學編』에 보이는 것으로 보아 漢學의 讀書音과 聯關이 있을 것으로 推定된다.

　②의 〈淸濁音字〉의 日本漢字音은 淸音形은 吳音이고 濁音形은 漢音이다. 〈淸濁音字〉에서도 濁音인 漢音을 많이 記載하고 있다. 近世의 傳統的인 漢學에서의 規範的인 讀書音은 讀書音=漢音이라는 意識을 反映한 것으로 보인다.

　以上과 같이『兒學編』의 日本漢字音은 當時의 一般的인 漢字音을 많이 記載하고 있는『日語類解』의 日本漢字音과는 많은 差異가 보인다. 또한『兒學編』의 漢字音과 江戶末期부터 明治時代에 이르기까지의 漢字音이 많이 記載된 헤본저서(ヘボン著)와에이고린슈우세이(『和英語林集成』)(제1판 1867년 2판 1872년 3판 1876년)의 漢字音과도 比較해 본 結果, 相當히 차이를 보이고 있다는 것을 確認했다. 그러나 두 種類의 日本漢字音이 淸濁으로 區分되는『韻鏡』의 〈濁音字〉가『兒學編』에는 淸音(漢音)으로 記載되어 있는 漢字音이 많이 보이며,『日語類解』의 底本인『倭語類解』에 記載되어 있는 淸音形(청음)과 상당 部分이 一致하고 있다. 따라서『倭語類解』의 日本漢字音의 性格과 密接한 關聯이 있을 것으로 생각되며 일찍이『倭語類解』의 日本漢字音에 관해서는

---

167)　松井利彦(1979)「近世前半期の漢字音の淸濁」(『國語國文』45-1』)參照.

이미 筆者가 讀書音이 많이 記載되었다는 事實을 提示한 바 있다[168].

이와 같이『兒學編』과『日語類解』에 記載되어 있는 日本漢字音의 差異는『日語類解』에는 當時 通用되는 一般的인 漢字音을 많이 反映한 結果이고『兒學編』의 漢字音은 讀書音을 反映했기 때문으로 推定된다.

5. 結語

近代에 增訂된『兒學編』의 日本漢字音의 性格을 中心으로 調査해 보았다. 그 結果『兒學編』에 記載되어 있는 日本漢字音은『韻鏡』의 〈濁音字〉에 屬하는 漢字 중, 清音과 濁音이 同一형태로 漢音과 吳音으로 對應하는 漢字의 漢字音이 清音(漢音)으로 많이 記載되어 있다는 事實을 알았다.『兒學編』과 비슷한 時期에 편찬된『日語類解』에 記載되어 있는 濁音形(吳音)의 日本漢字音과는 많은 差異를 보이고 있다.

『日語類解』는 카나자와쇼우사부로(金澤庄三郎)에 의해 最初의 韓日對譯 辭典인『倭語類解』를 底本으로 해서 日本語와 日本漢字音을 改訂・補完한 資料이다. 특히 日本漢字音에 있어서는『倭語類解』의 日本漢字音을『日語類解』에서는 相當히 많은 日本漢字音을 修訂・改訂하고 있다. 그 중에서도『韻鏡』의 〈濁音字〉에 屬하는 漢字 중, 清音과 濁音이 同一形態로 漢音과 吳音으로 분류되는 한자의 漢字音이『倭語類解』의 清音形을『日語類解』에서는 明治 當時 一般的으로 使用된 通用音을 反映하여 濁音形(吳音)으로 修訂하고 있다. 이 種類의 一般的인 日本漢字音은 吳音인 濁音形이었다는 것

---

168) 拙稿(1993)「『倭語類解』における日本漢字音の性格」(日本　東北大學『言語學論集』　第2集). 拙稿(1993)「『倭語類解』の日本漢字音とその記載方法との關聯について」(日本　岡山大學『岡大國文論考』21號)拙稿(1998)「『倭語類解』의 日本漢字音 清濁에 관해서」(『日本學報』41. 韓國日本學會)參照.『倭語類解』와『日語類解』의 日本漢字音의 關聯에 대해서는 拙稿(1999)「『日語類解』의 日本漢字音의 性格과 記載方法에 대하여」(『日本學報』43. 韓國日本學會)가 있다.

을 알 수 있다. 따라서『兒學編』에 記載되어 있는〈濁音字〉의 淸音形(漢音)은 當時 漢學의 讀書音과 같은 位相的인 漢字音과 相當히 關聯이 있을 것으로 推定된다.

『韻鏡』의〈濁音字〉의 이러한 種類의 漢字音은『兒學編』에는 淸音形(漢音)으로 記載되어 있어, 當時의 一般的인 漢字音을 많이 反映한『日語類解』의 濁音形(吳音)과는 많은 差異를 보이고 있다. 그러나『倭語類解』에서 보여지는 淸音形(漢音)인 讀書音(主로 漢音)系統과는 一致하는 漢字音이 많이 보이고 있다.〈濁音字〉의 이러한 種類의 漢字音은 近世 漢學에서의 傳統的이고 規範的인 讀書音이 漢音이고, 漢音=淸音이 讀書音(漢文訓讀音)이라는 漢字音의 認識에 따라『兒學編』의 淸音形(漢音)은 傳統的인 讀書音을 反映한 것으로 생각된다.

〈淸音字〉〈次淸音字〉의 濁音形의 漢字音도 漢學의 讀書音과 關聯이 있을 것으로 推定되며,〈淸濁音字〉에서도 漢音이 많이 보이고 있다.〈淸濁音字〉에서는 吳音과 漢音이 아닌 淸音形의 類推音도 보이고 있어〈濁音字〉의 規範的인 讀書音이 漢音=淸音이라는 認識에 따라 淸音으로 類推되어 記載한 것으로 보이며 이 淸音形의 漢字音은 讀書音으로 記載하고 있다는 事實을 傍證하고 있다고 생각된다.

11장

增訂版『兒學編』의 日本語와 日本漢字音의 誤記 表記

1. 緒言

近代的 辭典인『兒學編』(增訂版 1908년)은 日本語 對譯에 붙여진 日本語와 單字레벨에서의 日本漢字音은 當時 韓國에 있어서 日本語가 어떻게 受容되었는가를 알 수 있는 重要한 資料로 생각된다. 그러나 지금까지『兒學編』에 記載되어 있는 日本語 硏究에는 表記와 音韻에 관한 연구와 日本漢字音에 관한 硏究 등 극히 一部에 불과하다[169].

본 장에서는『兒學編』에 보이는 日本語와 日本漢字音에 당시의 日本語로 보기 어려운 잘못된 表記를 當時 一般的으로 使用된 辭典類와 比較하여 그 表記가 어떠한 理由에 의해 誤記되었는가를 糾明하고자 한다[170].

2. 『兒學編』에 보이는 日本語·日本漢字音의 表記와 問題點

『兒學編』에 記載된 日本語와 日本漢字音을 中心으로 살펴보면, 全體的으로는 標題語 漢字에 記載된 日本語와 日本漢字音을 大部分 正確하게 記載하고 있다. 그러나 一部 日本語와 日本漢字音 表記 중, 標題語 漢字와 동떨어진 表記와 標題語 漢字에 該當되는 日本語와 日本漢字音의 誤記 表記도 많이 보인다. 예를 들면 標題語 漢字의 日本語 訓의 カタカナ 表記 중, 濁音表記가 예상되는 곳에 淸音으로 誤記된 예, 또는 標題語 漢字에 該當되는 日本漢字音의 カタカナ 表記에도 濁音이 豫想되는 表記에 淸音으로 誤記된 表

---

169) 奧村和子(1997)「ハングル『兒學編』の日本語表記—表記から音韻へ—」(日本『女子大文學』48). 拙稿 (2001)「『兒學編』의 日本漢字音에 관하여」(『韓國日本近代學會』第2集)
170) 『兒學編』의 日本語 表記의 正誤 判斷은 便宜上,『和英語林集成』(ヘボン著)『言解』(大槻文彦著)『海辭』(金田一京助著) 등 當時의 文獻과 比較하여 分類했고 日本漢字音의 正誤 判斷은 諸橋轍次・鎌田正・米山寅太郎『廣漢和辭典』(大修館書院) 등을 參照했다.

記 등이 많이 보인다. 이러한 現象은『兒學編』의 日本語와 日本漢字音 表記
가 韓國人들이 區分하기 어려운 有聲音과 無聲音의 區分, 즉 淸音과 濁音의
區分이 어려운 관계로 잘못 表記된 것으로 推定된다. 이것에 대해서는『兒
學編』에 보이는 當時의 日本語를 正確하게 反映한 部分과 誤記된 部分을 明
確히 區分할 必要가 있다고 생각된다.

　現在『兒學編』에 記載되어 있는 日本語의 誤記 表記에 관해서는 지금까
지 硏究된 바가 없다. 따라서『兒學編』에 보이는 日本語와 日本漢字音의
이러한 誤記 表記는『兒學編』의 語彙出處와도 關聯이 있어 硏究의 必要性
이 있다고 생각된다.

3.『兒學編』의 日本語 · 日本漢字音 誤記表記

1) 日本語 訓의 誤記表記

　『兒學編』의 本文에 보이는 日本語 表記는 序頭에 提示하고 있는「日本國
文」에 따르고 있다. 그 중 本文의 日本語 表記 中,「鱫」(18 ウ.イシモチ→이
시못지)과 같은 日本語 促音의 한글 表記에는 一般的으로 終聲「ㅅ」으로 나
타내고 있어 促音 뒤의 音을 無聲音으로 표기하기 위한 것으로 생각된
다[171]. 또한 日本語와 日本漢字音 表記에「鼈」(18ウ ベツ→베쓰)의「ツ」를
한글 音注에는 大部分「쓰」로 나타내고 있으며「狐」(17ウ キツ子)의「子」
(ネ) 등의 표기도 보인다[172]. 그러나『兒學編』의 全體的인 카나(假名)綴字

---

171) 日本語 學習書『倭語類解』에서는 日本語 促音 表記를「ㄷ」받침으로 表記하는 것이 一般的이다.
　　그러나『兒學編』에서는 大部分「ㅅ」으로 表記하고 있다.
172) 二葉亭四迷의『浮雲』(第1篇 明治20年,1887年)「さうだらう子。かわい(可愛)むすこ(息子)さん
　　のそば(側)へく(來)るんだものヲ。それを子ーどこ(何處)かのしと(人)みたやうに。おや
　　(親)をばか(馬鹿)にしてサ」(제1편 86페이지) 등에 日本語「ね」의 表記로「子」가 많이 使用되
　　고 있다.

法은 레끼시가나즈까이(歷史假名遣い)에 따르고 있다[173]. 이러한 表記에 대해서는『兒學編』의 日本語 表記 方針으로 取扱한다.

標題語 漢字에 該當하는 日本語의 訓과 日本漢字音이 카다까나(片假名) 表記 와 카타까나의 한글 音注가 大部分 正確하게 記載되어 있다. 그러나 一部 日本語의 音과 訓 中, 다음에 提示하는 誤記 表記가 많이 보인다. 日本語와 漢字音의 用例 中, 訓인「體」(6オ カラタ→カラダ)「蟋」(19オ キリキリス→キリ ギリス) 등의 用例와, 漢字音의「泥」(テイ9オ 漢音デイ吳音 ナイ)「玉」(キョク10 オ 漢音ギョク 吳音ゴク) 등의 表記에는 濁音이 기대되는 用例에 清音으로 記載되어 있는 등 당시의 日本語로 생각되지 않는 것들이 많이 보인다. 이러한 誤記 表記는 當時 널리 使用된 日本 國內辭典과도 많은 差異가 있어 以下에서는 이러한 誤記 表記를 中心으로 日本語 訓과 日本漢字音으로 分離해서 調査하고 그 誤記된 表記의 原因을 糾明해 보기로 한다[174].『兒學編』의 全體的인 日本語 訓에 보이는 카타까나 表記에는 韓・日 兩國語의 音聲・音韻체계에 있어 서로 相異한 日本語의 有聲音과 無聲音(清音과 濁音)에서 誤記된 表記가 많이 보인 다. 우선 誤記된 表記의 清濁音과 長短音, 類似한 카타까나(カタカナ) 文字에 의한 誤記表記 등을 列擧하면서 그 原因에 대해서도 論하기로 한다.

① 清・濁音의 誤記表記

다음에 나타내는『兒學編』의 表記는 濁音 表記가 清音으로 記載되어 있 는 것과 清音 表記가 濁音으로 記載된 用例를 分類한 것이다.

---

173) 蠶(19オ カヒコ) 등과 같이 大部分 歷史假名遣い의 綴字法을 따르고 있다.
174) 一部 用例에는 標題語 漢字의 日本語와 한글 對譯이 意味上 一致하지 않는 것도 조금 보인다.
　　　예들 들면 標題語 漢字「嶺」(7ウ)의 日本語「やまみち」와 韓國語「고개」는 서로 意味가 一致
　　　하지 않는다.

<濁音이 淸音으로 誤記된 表記>

筋(5ウ　スチ(스치)→スヂ、スジ)體(6オ　カラタ→カラダ)縣(9オ　ア
カダ→アガタ)井(ヰ9オ　ヰト→ヰド,イド)幣(10ウ　ミテクラ→ミテグ
ラ)菖(11オ　<菖蒲>ショウフ→ショウブ)葡(12オ　フドウ(<葡萄>부도우)
→ブドウ)　萄(12オ　フドウ(<葡萄>부도우)→ブドウ)175)葑(12ウ　タイコ
ン→ダイコン)楸(13ウ　キササケ→キササゲ)楓(14オ　モミチ→モミ
ヂ、　モミジ)鰍(18ウ　トジヤウ→ドジヤウ)鮎(18ウ　ナマツ→ナマヅ、
ナマズ)蛤(19オ　ハマクリ→ハマグリ)蟀(19オ　キリキリス→キリギリ
ス)蟋(19オ　キリキリス→キリギリス)蟾(19ウ　ヒキカヘル→ヒキガヘ
ル)雌(20ウ　メントリ→メンドリ)雄(20ウ　ヲントリ→ヲンドリ)門(22オ
カト→カド)竈(22オ　カマト→カマド)簾(23オ　スタレ→スダレ)棺(23ウ
ヒツキ→ヒツギ)柁(24オ　カチ→カヂ(ジ))梳(25ウ　サカツキ→サカヅ
(ズ)キ)鋸(27オ　ノコキリ→ノコギリ)髢(30ウ　カモシ→カモジ176)晡(34
オ　ヒクレ→ヒグレ)間(34ウ　アイタ→アイダ)降(34ウ　クタル→クダ
ル)翠(35ウ　ミトリ→ミドリ)味(36オ　アチハヒ→アヂハヒ)彩(36ウ　イ
ロトリ→イロドリ)衄(38オ　ハナチ→ハナヂ)擁(42ウ　イタク→イダク)
蹴(43ウ　ツマツク→ツマヅ(ズ)ク)農(45オ　タツクリ→タヅクリ)耘(45
ウ　クサキル→クサギル)戴(47オ　イタタク→イタダク)券(47オ　テカタ
→テガタ)政(47オ　マツリコト→マツリゴト)辱(48オ　ハツカシム→ハ
ヅ(ズ)カシム)貧(49ウ　マツシ→マヅシ)正(49ウ　タタシ→タダシ)短(50
オ　ミチカシ→ミヂカシ)鋭(50ウ　スルトシ→スルドシ)沈(52オ　シツム
→シヅ(ズ)ム)出(52オ　イツル→イヅ(ズ)ル)靜(52オ　シツカ→シヅ(ズ)
カ)縮(53オ　チチム→チヂム)煩(53ウ　ワツラワシ→ワヅラワシ)秀(55ウ
ヒイツル→ヒイヅル)壞(56オ　クツス→クズス)脫(57オ　ヌク→ヌグ)接
(57ウ　チカツク→ツカヅク)受辛(58オ　ユツル→ユヅル)志(58オ　ココロ

---

175) 「菖」의 「菖蒲」(ショウブ)와 「葡」・「萄」의 「葡萄」(ブドウ)는 漢字音이나 日本語 訓의 位置에
記載되어 있어 便宜上 日本語 訓으로 分類했다.

176) 「髢」(カモジ 髮文字)의 標題語 漢字는 「カミ」 意味의 にょうぼうことば(女房詞)이다. 그러나
標題語 漢字「髢」의 韓國語 訓에 「첩자」와 日本語의 「カミ」의 意味와는 差異가 있다. 日本語
「カモジ」(髢)와 同一한 發音인 「カモジ」(母文字)와 混同된 것이 아닌가 推定된다. 이러한 韓
國語 訓과 日本語와 意味上 一致하지 않은 標題語 漢字도 보인다.

サシ→ココロザシ)慙(59ウ　ハツル→ハヅル)羞(59ウ　ハチ→ハヂ)恥(59
ウ　ハツカシム→ハヅカシム)遜(60ウ　ユツル→ユヅル)酷(59ウ　ヒトシ
→ヒドシ)雅(60オ　タタシ→タダシ)黙(60オ　タマル→ダマル)謙(60ウ
ヘリクタル→ヘリクダル)淫(61オ　ミタル→ミダル)寸(61ウ　ワスカ→
ワズカ)型(63オ　イカタ→イガタ)177)

〈淸音이 濁音으로 誤記된 表記〉

提(38ウ　ヒツザグ→ヒツサグ濁音→淸音)

위의 用例는 日本語의 濁音表記가 淸音으로 잘못 表記된 것과 淸音表記
가 濁音表記로 잘못 표기된 用例이다. 淸音表記가 濁音으로 된 것은 1개의
用例만 보일 뿐, 濁音表記가 淸音으로 잘못 表記된 것이 壓倒的으로 많이
보인다. 이는 日本語의 無聲音과 有聲音 區分이 되지 않은 韓國語에서 가장
잘못 表記될 可能性이 있는 것으로 생각된다.

日本語의 淸濁音의 한글表記는 이미 朝鮮時代의 日本語 學習書에서도 特
別히 考案된 것이 있으나 이제까지의 日本語 學習書에서도 日本語 濁音을
나타내는 한글 表記에 誤記가 많이 보인다178).

이러한 『兒學編』에서의 카타까나(カタカナ)의 誤記 表記는 淸濁音 區分
이 明確하지 않은 韓國人 話者에 의해 그 區分이 混同되었기 때문으로 推定
된다.

---

177) 「辰」(6オ) 의 標題語 漢字에는 日本漢字音「シン」이 表示되어 있고 日本語 訓의 位置에 또 다
　　른 漢字音인「辰」「ホクト」(北斗)가 記載되어 있다. 그러나 カタカナ의 한글 音注에는「복
　　구도」로 記載되어 있어「北斗」의 韓國漢字音「북두」의 影響으로 濁音 表記인「복구도」로 表
　　記된 것으로 推定된다.

178) 朝鮮時代의 日本語 學習書에서의 濁音 表記는『捷解新語』나『倭語類解』등 여러 種類의 表記가
　　보이고 있으나 이제까지 日本語 濁音 表記를 나타내기 위한 表記法으로 가장 體系的이고 合
　　理的인 表記법은『倭語類解』의 卷末에 보이는「伊呂波間音」의 表記 (「ガ」〔ᵒ ŋg〕「ザ」〔ᴧ
　　z〕「ダ」〔ㄸ nd〕「バ」〔ᵐ mb〕)라고 할 수 있다.

② 短音의 長音 誤記表記

다음 用例는 原語의 短音을 長音으로 表記한 用例이다.

蜻(19オ　トンボウ→トンボ)蜓(19オ　トンボウ→トンボ)

위의 「蜻」「蜓」의 表記는 日本語의 短音表記를 長音 表記된 用例이다. 現在의 日本語 教育에서도 長短音 表記의 誤記가 많이 보이고 있어 當時의 韓國人 日本語 學習者에 의한 誤記로 想定된다.

③ 類似한 카타까나(カタカナ)에 의해 誤記된 表記

다음 用例는 유사한 카타까나의 影響으로 誤記된 것으로 생각된다.

「肱」(3ウ　ヒテ→　ヒヂ)違(52ウ　タガウ→チガウ)劣(53オ　ホトル→オトル)179)

「肱」의 「ヒテ」表記 「テ」는 日本語 「チ」의 表記와 混同하여 誤記된 것으로 보이며 同時에 濁音「ヒヂ」의 清音도 誤記 表記로 생각된다. 「違」의 日本語 表記「チガウ」의 카타까나 表記「チ」를 「タ」로 認知하여 「チガウ」를→「タガウ」로 잘못 表記한 것으로 생각된다180).

이상, 日本語 訓에 보이는 誤記 表記에 대해서 用例를 提示하면서 그 誤記된 表記에 대해서 살펴보았다. 그 結果 日本語 訓에 보이는 가장 두드러진 誤記 表記는 濁音인 原音(日本語)이 清音으로 表記된 用例가 壓倒的으로 많이 보이며 長短音의 誤記 表記와 類似한 카타까나(カタカナ) 表記에 끌려서 誤記된 것도 조금 보인다. 『兒學編』의 日本語 訓에 濁音을 清音으로 表

179) 「頰」(4オ　ホウ호우→ホオ、ホホ)의 表記는 日本語 母音의 混同에 의한 誤記로 推定된다.
180) 이외에도 「災」(49オ　ソクフ→ソコナフ)의 용례와 같이 原音이 脫落된 것으로 보이는 用例도 보인다.

記한 것은 有聲音과 無聲音이 區別이 없는 言語體系에서는 當然한 結果이 겠지만, 淸濁音의 區別이 되는 카타까나(カタカナ)에 誤記 表記가 많이 보 인다는 事實은 韓國語 話者 田龍圭라는 人物이 編纂했다는 것과 關聯해서 間接的으로 韓國語의 影響을 받아 誤記된 것으로 推定된다.

2) 日本漢字音의 誤記表記

『兒學編』에 記載되어 있는 日本漢字音에 대해서는 이미 拙稿(2001)에서 筆者가 調査해 본 結果,『兒學編』에 보이는 日本漢字音의 큰 特徵은『韻鏡』의 〈濁音字〉에 屬하는 日本漢字音이 淸音으로 記載되어 있는 것이 많이 보인다는 事實이다[181]. 또한『兒學編』에 淸音으로 記載되어 있는 漢字音이『兒學編』과 編纂年度가 거의 비슷한『日語類解』에는 濁音으로 記載되어 있어 當時의 漢字 音을 잘 反映하고 있다는『日語類解』의 日本漢字音과는 相當한 差異를 보이고 있다는 事實을 알았다. 따라서『兒學編』의 日本漢字音은 位相的인 漢字音(讀書 音)을 反映하고 있거나『兒學編』의 編纂時期 이전 資料에 의한 것이 아닌가 推定한 바 있다[182].

①日本漢字音의 淸·濁音의 誤記表記

『兒學編』의 標題語 漢字에 보이는 日本漢字音의 表記도 1)에 提示한 日本 語 訓에 보이는 現象과 같이 淸濁音의 誤記 表記가 많이 보인다.

---

181) 拙稿(2001)「『兒學編』의 日本漢字音에 관하여」(『韓國日本近代學會』第2集)參照.
182) 『日語類解』에 대해서는 京都大學文學部國語學國文學硏究室編(1970)『兒學編·日語類解·韓語初步』
    (日本 京都大學國文學會)와 鄭光(1988)『諸本集成 倭語類解〈解說, 國語索引影印, 本文 索引〉』(太學社)
    의 資料를 並行해서 參照했다. 『日語類解』의 日本漢字音에 관해서는 拙稿(1999)「『日語類解』의
    日本漢字音의 性格과 記載方法에 대하여」(『日本學報』43. 韓國日本學會)가 있다.

〈濁音이 清音으로 誤記된 것〉

原(ケン7オ　漢音ゲン　呉音　ガン)額(カク4オ漢音ギヤク　呉音ガク)眼(カン　4オ　漢音ガン　呉音ゲン)巌(カン7ウ　漢音呉音　ガン)岸(カン7ウ　漢音　呉音ガン)泥(テイ9オ　漢音デイ呉音　ナイ)玉(キヨク10オ　漢音ギヨク　呉音ゴク)鴈(カン16オ　漢音ガン　呉音ゲン)鵝(カ　16オ　漢音　呉音ガ)烏(ク16ウ　漢音オ　呉音ウ　唐音ウ)鮎(テン18ウ　漢音デン　呉音ネン　)蛾(カ　19オ　漢音　呉音ガ)芝(ジ11オ　漢音　呉音シ)艾(カイ11ウ　漢音　呉音　ガイ)裘(ク29オ　漢音キュウ　呉音グ)麺(ヘン31オ　漢音ベン呉音メン)蘖　(ケツ32オ　漢音ゲツ　呉音　ゲチ)仁(チン32オ　漢音ジン　呉音　ニ・ニン)外(　クワイ35オ　漢音ガイ呉音ゲ唐音ウイ)　後(コ34ウ　漢音　コウ　呉音　ク　慣用音　ゴ)藝(ケイ39オ　漢音　呉音ゲイ)御(キヨ39ウ漢音ギヨ　呉音ゴ)畵(クワ39ウ　漢音カイ　呉音ゲ　慣用音ガ)　臥(クワ43ウ　漢音　呉音ガ)言(ケン44オ　漢音ゲン　呉音ゴン)遇(ク45オ　1.漢音　呉音グ　慣用音　グウ)漁(　キヨ45ウ　漢音ギヨ　呉音ゴ)號(コ47ウ漢音コウ　呉音ゴウ)辱(チヨク48オ　漢音ジヨク　呉音ノク・ニク　)壯(49ウシヤウ　漢音ソウ　呉音　ジヨウ)逆(ケキ50オ　漢音ゲキ呉音ギヤク)凝(キヨウ55オ　漢音　呉音ギヨウ)鑷(　テウ30ウ　漢音ジヨウ(デフ)　呉音ニヨウ)瘧(41ウ　キヤク　漢音ギヤク　呉音ガク)　玩(47ウ　クワン　漢音・呉音ガン(グワン))汝(62オ　ショ　漢音ジヨ　呉音ニヨ)傲(60ウカウ→　漢音呉音ゴウ)堯(63オ　キヨウ　漢音　呉音ギヨウ)煤(10ウ　セキダン→セキタン〈石炭〉)　183)

〈清音이 濁音으로 誤記된 것〉

鰗(ジュウ18ウ　漢音シュウ　呉音シュ)楮(ジヨ14オ　漢音　呉音　チヨ)

위의 用例는『兒學編』에 보이는 日本漢字音 중, 漢音・呉音・慣用音・唐音에 該當되지 않은 잘못 表記된 漢字音이다. 이러한 漢字音 表記는 日本漢字音으로써 存在하지 않은 用例로 主로 濁音形을 清音形으로 잘못 記載된

---

183) 標題語 漢字「煤」의「セキタン〈石炭〉」의 用例는 日本語 訓의 位置에 記載되어 있으나 日本漢字音이므로 便宜上 漢字音 誤用 表記로 分類했다.

用例, 淸音形을 濁音形으로 記載한 用例이다. 특히 韓國語와 같이 有聲音과
無聲音이 區別되어 있지 않은 淸濁音의 表記, 그 중에서도 濁音 表記가 淸
音形으로 記載된 用例가 거의 大部分을 차지하고 있다. 前述한 1)의 ①에
예를 들은 日本語 訓의 誤記 表記와 같이 日本漢字音의 淸音의 誤記表記도
有·無聲音의 區分이 되지 않는 韓國語 話者에 의한 誤記로 推定된다.

② 長·短音의 誤記表記

『兒學編』의 本文에 보이는 日本語의 長音 表記는 한글 文字의 우측 上段
에「、」과 같은 点을 찍어서 表記하는 것이 一般的이다. 日本語의 長音 表
記는 카타까나를 그대로 表記하는 것이 原則이다.

그러나 日本漢字音의 카타카나 表記에는 長音이 나타나지 않는 表記에
도 長音表記가 보이고 長音인 表記에는 短音으로 나타낸 用例가 보인다.

다음에 提示하는 用例는 短音을 長音으로, 長音을 短音으로 表記한 用例
이다.

〈長音을 短音으로 表記한 用例〉

道(ト9ウ 漢音トウ 吳音ドウ)胃(チュ29ウ 漢音チュウ 吳音 ジュウ)毛
(モ20ウ 漢音ボウ 吳音モウ 慣用音モウ)蹈(ト36ウ 漢音トウ 吳音ドウ)
柔(ジュ51オ 漢音ジュウ 吳音ニュウ)舳(23ウ チュ 漢音チュウ 吳音ジ
(ヂ)ュ 慣用音ジク)

〈短音을 長音으로 表記한 用例〉

屛(23オ 屛風ビヤウブウ→ビヤウブ)[184]阻(57オ ソウ 漢音ショ 吳音ソ)

위의 長短音의 誤記 表記에는 日本漢字音의 拗長音에 많이 보이는 것으

---

184) 『兒學編』의 본문에는 「屛」의 「ビヤウブ」(屛風)表記가 日本語 訓의 위치에 記載되어 있어나
　　「ビヤウブ」가 한자음이므로 편의상 한자음의 誤記로 분류했다.

로 보아 當時의 韓國人의 日本語 學習者가 拗長音 發音에 熟達되지 않았기
때문에 나타나는 誤記表記로 判斷된다. 이러한 日本語의 拗長音은 韓國語
로 표기할 때에 拗音은 反映하고 있으나 長音까지는 잘 나타내지 않는 傾
向이 있었을 것으로 推定된다185).

③ 잘못된 音符의 類推(百姓讀み)로 인한 誤記表記

柴(シ10ウ 漢音サイ 吳音ゼ〈 紫 漢音 吳音 シ〉)註(シュ39ウ 漢音・吳
音 チュウ)

위의 用例 중, 標題語 漢字「柴」의 漢字音은 漢音이「サイ」이고 吳音이「ゼ」
이다. 그러나『兒學編』에는「シ」로 表記되어 있어「此」를 音符로 類推해서
「シ」로 表記했을 것으로 推定된다. 또는「柴」의 漢字와 類似한「紫」(漢音・
吳音 シ)와 같은 漢字音의 影響으로도 推定된다.「註」의 漢字는 漢音과 吳音
이「チュウ」이다. 그러나「主」를 音符로 類推해서「シュ」로 誤記된 것으로
생각된다186).

④ 類似한 카타까나(片仮名) 文字에 의한 誤記(寫し間違い)

蝶(ケフ 교우 19オ 漢音チョウ(テウ ・テフ) 吳音ジョウ))砧(27ウ テ
ン 漢音・吳音チン)涕(38オ ケイ 漢音テイ 吳音タイ)

---

185) 現在 韓國에서 日本語의 拗長音을 한글로 表記할 경우, 長音을 反映하지 않고 表記하는 傾向이
  강하다. 예를 들면 東京(とうきょう)를 表記할 때「도쿄」또는「토쿄」로 表記하는 傾向이
  있다.
186) 以外에도 類似 漢字의 漢字音을 類推한 것으로 생각되는 誤記 表記에는 다음과 같은 것이
  있다.
  「闓」(22オ カイ)의 漢字音은 漢音이「ケイ」이고 吳音이「カ」이다. 그러나「闓」에는「カイ」로
  記載되어 있어「カイ」의 音을 가진 類似 漢字「佳」「卦」「口圭」「挂」 등의 漢字音을 類推한 것으로
  推定된다.

위의 用例는 日本語의 카타까나의 類似 文字에 의해 日本語 表記가 잘못
된 用例이다. 「蝶」의 日本漢字音은 漢音이 「チョウ(テフ)」이고 吳音은「ジョ
ウ」이다. 그러나 「蝶」의 漢字音 表記에는 「ケフ」로 表記되어 있어 카타카
나 表記가 유사한 「テフ」를 잘못 表記한 것으로 생각된다. 또한「砧」의 日
本漢字音은 漢音・吳音이 「チン」이다. 그러나 「チン」의 「チ」가 「テ」로 認識
되어 「テン」으로 誤記된 것으로 判斷된다187). 「涕」의 日本漢字音은 漢音이
「テイ」이고 吳音이 「タイ」이다. 그러나 日本漢字音 表記에는 「ケイ」로 表記
되어 있다. 이것은 「ケイ」와 類似文字인 漢音「テイ」를 잘못 表記한 것으로
推定된다.

⑤ 그 외의 日本漢字音 誤記表記

叔(シク 2オ シュク)臟(シヤウ 5オ 漢音ソウ 吳音ゾウ)商(サウ(ソ
ウ)2ウ 漢音吳音シャウ)鑿(サツ 27オ 漢音 吳音サク)組(ヨ26オ 漢音
ショ 吳音ソ)側(ショク 34ウ 漢音ソク 吳音シキ)夢(ユウ 37ウ 漢音ボウ
吳音 ム)織(シヤク46オ 漢音 ショク 吳音シキ)難(ラン 53ウ 漢音 ダン
吳音ナン)增(ショウ54オ 漢音 吳音 ソウ 慣用音ゾウ)舊(54ウ キ 漢音
キュウ 吳音グ 慣用音ク)迎(エイ 58オ 漢音ゲイ 吳音ギョウ) 几(25オ
イ(기))→キ(漢音 吳音キ)188)囊(26ウ ダウ(노)→(漢音 吳音ノ(ナ)ウ)椎

---

187) 『兒學編』에 記載되어 있는 「砧」의 漢字音 「テン」은 類似 漢字「鉆」과 같은 漢字音「テン」의
　　 類推로도 생각할 수 있다.
188) 『兒學編』에는 다음에 提示하는 用例에 日本語 音注와 한글 音注가 서로 相異한 것이 보인다.
　　 이러한 用例에 記載되어 있는 日本漢字音의 한글 音注는 大部分 바른 日本漢字音을 나타내고
　　 있는 반면 카타까나의 表記는 標題語 漢字의 日本漢字音이 아닌 誤記 表記가 보인다.
　　　　　几(25オ イ→기〈キ〉(漢音・吳音 キ)囊(26ウ ダウ →노〈ノ(ナ)ウ〉漢音・吳 音ノ
　　　　　(ナ)ウ)孟(63ウ バウ→ 모우〈モウ〉 漢音モウ 吳音ミョウ)
　　 이러한 日本語 音注와 한글 音注가 서로 相異한 表記 用例 中, 「囊」의 用例는 日本語 音注에는
　　 ダ行으로 表記되어 있고 한글 音注에는 ナ行으로 表記되어 있다. 이것은 韓國人이 發音上
　　 日本語의 ダ行과 ナ行이 混同되었기 때문으로 생각되며, ダ行과 ナ行이 서로 類似하게 들
　　 리는 데서 비롯된 誤記로 생각된다. 「孟」의 日本語 音注「バウ」→한글 音注「モウ」도 同一한
　　 原因으로 인한 誤記로 判斷된다.
　　 그러나 日本漢字音의 한글 音注와 日本語의 카타까나 音注가 서로 相異한 用例 中, 카타까나

(27オ タイ 1)漢音ツイ 呉音ズ(ヅ)イ 2. 漢音・呉音スイ) 戟(28オ ケイ
漢音ケキ 呉音キャク 慣用音ゲキ)條(29オ トウ 漢音チョウ(テウ) 呉音
ヂ(ジ)ョウ (デウ)) 斲(46オ イク 漢音 呉音 タク)陟(48オ チャク 漢音
チョク 呉音チキ) 匿(56オ ニャク 漢音 ジョク 呉音ニョク)畏(59オ ク
ワイ 1)漢音・呉音イ, 2) 漢音・呉音 ワイ)僞(59ウ ヰ→漢音 呉音 ギ)頑
(60ウ エン 漢音・呉音 ガン)孟(63ウ バウ모우 漢音モウ 呉音ミョウ)

위의 用例는『兒學編』에 日本漢字音의 表記가 잘못된 用例이다. 위의 用例
중,「叔」의 日本漢字音은 呉音과 漢音이「シュク」이다.『兒學編』에는「シク」로
記載되어 있으나 拗音「シュ」가「シ」로 直音化되는 現象은 日本語史에 있어
近世初부터 明治時代以後 現代까지 나타나는 音韻현상으로 當時의 音韻을
잘 反映하고 있다고 할 수 있다189).「臓」「側」「増」의 日本漢字音은 각각「ソウ
(ゾウ)」「ソク」「ソウ(ゾウ)」로 呉音과 漢音이 直音임에도 불구하고『兒學編』에
서는 拗音인「シャウ」「ショク」「ショウ」로 誤記되어 있다. 또한「俎」「舊」의
表記에는 拗音「ショ」「キュウ」가 豫想되나 拗音이 아닌「ソ」「キ」로 잘못 表記되
어 있다.「夢」의 日本漢字音은 漢音이「ボウ」이고 呉音이「ム」이다. 그러나
呉音과 漢音이 아닌「ユウ」로 表記되어 있다. 이것은 日本語 訓인「ユメ」의
影響으로 推定된다.

의 表記가 바른「奴」(3オ ド 노〈ノ〉) 用例도 보인다.「奴」의 日本漢字音은 漢音은「ド」이고
呉音은「ヌ」이다. 한글 音注「노」는 標題語 漢字의 韓國漢字音 表記「노」의 影響으로 생각된
다. 以外에도 日本漢字音의 誤記 表記 中,「奴」와 같은 韓國漢字音의 영향으로 誤記된 表記가
많이 있을 것으로 推定된다.

189)「叔」의 漢字音인「シク」는 당시 東京語의 音韻을 잘 反映한 것으로 생각되나 便宜上 誤記表記
로 分類했다.「叔」의 元來 漢字音인 拗音「シュク」의 ヤ行拗音「シュ」가「シ」로 直音化되어서
「シク」로 된 音韻現象이다. 이 現象은 日本語史에 있어 江戸初期의 文獻인『浮世風呂』『浮世床』
『音曲玉淵集』등 江戸語에도 보이고 있어 當時 江戸語에서는 일반적으로 행해져왔을 것으로
推定된다. 또한 初期인 上方語에도 存在한 것으로 전해진다. 이러한 音韻現象이 明治時代에
도 二葉亭四迷의『浮雲』(1887年 初版本)의 初版本에서도 拗音「シュ」가「シ」로 混同(ゆれ)되
어 사람에 따라 區分使用하고 있다는 記述이 보인다.『兒學編』에서의「シ」의 直音化 表記는
當時의 日本語 音韻 현상을 잘 反映하고 있다고 할 수 있다. 그 후 二葉亭四迷의『浮雲』의
再版本(1888年版)에서는 바른 形態로 統一시켜서 表記하는 傾向이 있다.

拗音「陟」(チャク)・「匿」(ニャク)는 각각 漢音「チョク」와 吳音「ニョク」의 誤記로 拗音 表記에도 약간의 差異가 보인다.

이러한 日本語의 拗音 誤記는 日本語 音韻體系에 의한 混同으로 判斷된다. 以外에도 ラ行과 ナ行의 混同에 의해 誤記된 것으로 推定되는「難」(ラン)→(吳音ナン)表記, 日本語의 鼻音에 의해 誤記된 것으로 推定되는「迎」(エイ)→(漢音ゲイ)表記, 日本語의 ダ行과 ナ行의 混同으로 推定되는「囊」(26ウ ダウ→吳音・漢音 ノ(ナ)ウ)表記 등 日本語의 發音이 韓國語 話者에게 混同되는 音韻 現象에 誤記 表記가 많이 보인다. 이러한 日本漢字音의 誤記 表記는 韓國語와 日本語의 音韻體系의 差異에 의한 誤記 表記로 생각된다.

以上,『兒學編』에 記載된 日本語와 日本漢字音 중, 誤記된 用例를 中心으로 살펴보았다. 그 結果,『兒學編』에 記載되어 있는 日本語와 日本漢字音의 誤記 表記에는 濁音을 淸音形으로 表記된 用例, 拗長音을 短音으로 表記된 用例 등이 많이 보여, 韓國語에 存在하지 않는 日本語의 音聲・音韻의 差異에 의해 誤記된 것으로 推定된다.

4. 結語

增訂版『兒學編』에 記載되어 있는 日本語와 日本漢字音을 나타내는 카타까나(片假名) 表記 중, 誤記된 表記를 中心으로 調査하여 그 原因을 糾明해 보았다. 그 結果,『兒學編』에 記載되어 있는 日本語 訓(日本語)에서는 原語인 日本語의 濁音을 淸音으로 記載하고 있는 表記가 壓倒的으로 많아 보이고 있고, 短音의 長音表記와 類似한 카타까나(片假名)에 의한 誤記 表記 등도 보인다는 事實을 알았다. 또한 日本漢字音의 誤記 表記에 대해서도 살펴본 結果, 日本語 訓에서와 마찬가지로 濁音을 淸音으로 表記한 用例가 많이 보이고 있다. 이러한 濁音을 淸音으로 誤記된 表記는 日本語의 有聲音과 無聲音의 區分이 되지 않는 韓國語 話者에 의한 誤記로 判斷된다. 또한 日本漢字音의 誤記 表記 중, 또 다른 特徵은 拗長音 表記를 短音으로 表記된 用例이다. 이 表記는 韓國語에서는 익숙지 않은 音韻 現象에 의해 起因된 것으로 推定된다. 그 외 日本漢字音의 誤記 表記에는 類似 漢字의 音符 類推에 의한 誤記 表記, 類似한 카타까나 文字에 의한 誤記 表記 등도 보인다.

이와 같이 『兒學編』에 記載되어 있는 日本語와 日本漢字音의 誤記 表記에는 全體的으로 淸音과 濁音, 拗長音 등 韓國語와 日本語의 音聲·音韻의 構造 差異에 의한 誤記 表記가 두드러지게 많이 보인다는 사실을 알았다. 이러한 誤記 表記는 現在의 日本語의 敎育的인 觀點에서도 活用될 수 있을 것으로 생각된다.

12장
『兒學編』과 『日語類解』의 淸濁音

1. 緒言

　增訂版『兒學編』은 2000개의 한자에 中國語와 日本語, 英語 등을 追加하여 만들어진 近代的 辭典이다. 특히 이 資料에는 單字레벨에서의 日本漢字音의 청탁음 표기를 어떻게 反映하고 있는지를 알 수 있는 重要한 資料로 생각된다.

　『日語類解』는 근대적인 한·일어대역 사전이다. 이 자료에 기재되어 있는 日本漢字音은 근대적인 성격의 한자음이 많이 기재되어 있고,『倭語類解』의 일본한자음과 비교하면 일본한자음의 변천을 알 수 있는 좋은 자료로 판단된다.

　본 장에서는 近代 韓日對譯辭典인『日語類解』(金澤庄三郎著, 1912年刊)와『兒學編』(1908)의 日本漢字音의 청탁음을 비교하고 그 차이점을 糾明하고자 한다.『日語類解』는 當時 一般的인 日本漢字音이 많이 記載되어 있으며,『兒學編』과 同一한 한글자료인 同時에 거의 同時代의 資料이기 때문에 최상의 비교 대상으로 생각된다[190]. 이하에서는 중세와 近世의 日本漢字音의 規範으로 많이 使用된『韻鏡』의 〈濁音字〉〈淸濁音字〉〈淸音字〉〈次淸音字〉에 屬하는 漢字로 분류해서 청탁음의 비교를 통하여 그 차이를 확인하고 원인을 분석한다.

---

190)　『日語類解』에 대해서는 京都大學文學部國語學國文學硏究室編(1970)『兒學編 · 日語類解 · 韓語初步』(日本 京都大學國文學會)와 鄭光(1988)『諸本集成 倭語類解〈解說, 國語索引影印, 本文 索引〉』(太學社)의 資料를 並行해서 參照했다.

2. 『韻鏡』의 分類와 『兒學編』과 『日語類解』의 日本漢字音의 清濁音 比較

　『兒學編』과 『日語類解』에 記載되어 있는 日本漢字音을 『韻鏡』의 〈濁音字〉〈清音字〉〈次清音字〉〈清濁音字〉로 分類한 結果, 『兒學編』의 日本漢字音은 『韻鏡』의 〈濁音字〉에 屬해 있는 日本漢字音 중, 同一 形態의 清音과 濁音이 漢音과 吳音으로 對應되는 漢字에 清音形으로 記載되어 있는 것이 많이 보인다[191]. 반면 이러한 漢字의 日本漢字音은 『日語類解』에는 濁音形이 많이 보인다. 따라서 『兒學編』의 日本漢字音을 糾明하기 위해서는 清濁音을 區分할 경우 日本漢字音의 性質, 즉 吳音과 漢音과 關聯이 있으므로 近世 日本에 널리 流布된 『韻鏡』에 基準을 두어 『兒學編』의 漢字音을 分析하기로 한다.

　우선 『韻鏡』의 〈濁音字〉에 屬하는 漢字 중, 日本漢字音이 카나(假名)의 形態가 同一하고 漢音과 吳音이 清音과 濁音으로 區分되는 漢字가 『兒學編』에 清音으로 記載된 다음과 같은 漢字音이 있다.

1) 『韻鏡』의 〈濁音字〉에 屬하는 漢字의 漢字音

　① 『兒學編』에서는 清音으로, 『日語類解』에는 濁音으로 記載되어 있는 用例

　　『兒』–清音, 『日』–濁音[192]

---

191) 『韻鏡』의 〈濁音字〉에 屬하는 一部 漢字에「學」(カク・ガク)「上」(ショウ・ジョウ)「田」(テン・デン)「童」(トウ・ドウ) 등의 漢字의 漢字音이 同一 形態로 清音과 濁音이 漢音과 吳音으로 對應하고 있는 漢字의 漢字音을 指稱한다.

192) 以下, 用例의 出處를 밝힐 境遇는 便宜上, 『兒學編』의 用例는 『兒』로 記載하고, 『日語類解』의 用例는 『日』로 略稱하여 나타낸다.

學(『兒』カク1オ ,『日』40オ.ガク(gaku))

樹(『兒』シュ14ウ,『日』下卷24ウ.ジュ(zyu))

電(『兒』テン 6ウ,『日』1ウ.デン(den))

童(『兒』トウ 2ウ,『日』15オ.ドウ(dou))

動(『兒』トウ52オ,『日』31ウ.ドウ(dou))(注)

房(『兒』ハウ21ウ,『日』24ウ.ボウ(bou))

盤(『兒』ハン26オ),『日』下卷11ウ.バン(ban))

鈍(『兒』トン50ウ,『日』43ウ.ドン(don))

乘(『兒』ショウ40ウ,『日』下卷16オ.ジョウ(zyou))

獨(『兒』トク57ウ,『日』16ウ.ドク(doku))

上(『兒』ショウ34ウ),『日』11ウ.ジョウ(zyou))

堂(タウ21ウ?))祠堂(『日』55ウ.シドウ(sidou))

談(『兒』タン44ウ)閑談(『日』27ウ.カンダン(kandan))弄談(『日』27ウ.
ロウダン(roudan))

田(『兒』テン 9ウ,『日』下卷1オ.デン(den))田夫(『日』15オ.デンブ(denbu))

傳(『兒』テン39ウ, 『日』下卷33オ.デン(den))傳喝(『日』27ウ.デンカツ
(denkatsu))傳令(『日』39ウ.デンレイ(denrei))

同(『兒』トウ54ウ,『日』下卷31オ.ドウ(dou)) 同生(『日』13オ.ドウセイ
(dousei))同婿(『日』13ウ.ドウセイ(dousei))同謀(『日』59ウ.ドウボウ
(doubou))同官(『日』13ウ.ドウカン(doukan))

寺(『兒』シ21ウ,『日』56オ.ジ(zi))

字(『兒』シ39ウ,『日』14オ.ジ(zi))

　위의 用例는『韻鏡』의 〈濁音字〉에 屬하는 漢字 중, 同一 形態의 清音
과 濁音이 漢音과 吳音으로 對應되는 漢字로,『兒學編』에서는 清音인 漢
音으로 記載되어 있고,『日語類解』에는 濁音인 吳音으로 記載되어 있다.

　〈濁音字〉에 속해 있는 한자의 漢字音은 `近世 漢學에서의 規範的인 讀書
音은 漢音이고, 漢音=清音이 一般的이다. 이러한 漢字音은 일찍이『韻鏡』
의 〈濁音字〉와 관련해서 마쯔이토시히꼬(松井利彦)는 延保2년『聚分韻略』

(1678년 나까무라테키사이〈中村惕斎〉編)의 漢字音 및 表記에 보이는 제3
의 特徵으로 淸音符號(゜)와 濁点 符號(〃)를 『韻鏡』의 〈濁音字〉의 속한
漢字의 右側 上段의 表示로 인해 當時 淸音形과 濁音形의 2種類의 日本漢字
音을 表示하고 있다고 주장하고 있다. 따라서 이 濁音形은 一般通用音(吳音
관용음)을 나타내고, 淸音形은 漢文訓讀音(=讀書音. 漢音)을 나타내고 있다
고 推定하고 있다[193]. 그것이 近世 漢學에 있어 日本漢字音의 淸濁이 세이
뗀(盛典)의 『讀書譜心編』과 카이하라에끼겐(貝原益軒)의 『点例』, 다자이슌
다이(太宰春臺)의 『倭讀要領』의 例를 들어 讀書音(漢文訓讀音)에 漢音(淸
音)을 使用하는 것을 原則으로 하였다고 例示하고 있다. 따라서 위의 『韻
鏡』의 〈濁音字〉에 속하는 漢字의 淸音形은 讀書音(漢文訓讀音)이라는 認識
이 있었기 때문에 『兒學編』에 보이는 淸音形(漢音)은 傳統的인 讀書音을 反
映한 것이라고 생각된다[194]. 『韻鏡』의 〈濁音字〉에 속하며 同一 形態의 淸
音과 濁音이 漢音과 吳音으로 對應되는 漢字로 『日語類解』에 記載되어 있
는 濁音形은 슈우분인럌구(聚分韻略)(1678)에 記載되어 있는 用例와 關聯해서
추정하면 傳統的인 一般通用音으로 判斷된다.

　따라서 『兒學編』에 보이는 淸音(漢音)의 日本漢字音은 傳統的인 讀書音
을 反映한 것이고 『日語類解』에 보이는 濁音(吳音)은 一般通用音을 反映한
것으로 생각된다.

② 『兒學編』과 『日語類解』에 모두 淸音으로 記載되어 있는 用例

『兒』–淸音, 『日』–淸音

淡(『兒』タン51ウ, 『日』51ウ.タン(tan)、下卷9タン)
轉(『兒』テン47オ, 『日』下卷16オ.テン(ten))
犢(『兒』トク17ウ, 『日』19ウ.トク(toku))

---

193) 松井利彦(1976)「『近世前半期の漢字音の淸濁」(京都大學『國語國文』45-1) 參照.
194) 前揭(註193) 松井利彦(1976)參照.

陳(『兒』チン40オ，17下卷1ウ．チン　下卷11オ．チン)
沈(『兒』チン，『日』10ウ．チン(tʃin))
讀(『兒』トク40オ)讀(『倭』74．ドク(doku)．上→『日』40ウ．トク(toku))

　『韻鏡』의 〈濁音字〉에 屬하는 漢字 中, 同一 形態의 清音과 濁音이 漢音과 吳音으로 對應되는 漢字로,『兒學編』과『日語類解』에서 모두 清音인 漢音으로 記載되어 있다.

　『兒學編』에 記載되어 있는 清音形은『聚分韻略』에 보이는 바와 같이 傳統的인 讀書音을 나타낸 것으로 판단된다. 그러나『日語類解』에 보이는 清音形 漢字音은 저자인 카나자와쇼우사부로(金澤庄三郎)가『日語類解』의 編纂時 底本인『倭語類解』의 日本漢字音을 修正한 것을 보면, 清音을 濁音으로 修正한 것이 大部分이다. 위의 用例는『日語類解』에서『倭語類解』의 清音形을 濁音形으로 修正하지 않고, 清音形을 그대로 記載된 상당히 特殊한 用例이다195). 이러한『日語類解』의 清音形의 日本漢字音은 編纂 意圖인 當時의 通用音을 記載한 一般通用音으로 생각된다. 따라서『日語類解』에서의 清音은『倭語類解』와『兒學編』에서 보이는 바와 같이, 元來는 讀書音이었으나 이러한 清音形의 讀書音이『日語類解』에서 清音形이 그대로 通用音化된 것으로 보인다.

③『兒學編』과『日語類解』에 모두 濁音으로 記載되어 있는 用例

『兒』-濁音,『日』-濁音

杖(『兒』ジヤウ27オ,『日』57オ．ジョウ(zyou))
善(『兒』ゼン32ウ,『日』25オ．ゼンzen)
藏(『兒』ゾウ56オ,『日』下卷2オ．ゾウ(zou))
時(『兒』ジ33ウ,『日』5オ．5ウ．ジ(zi))時病(『日』53オ．ジビョウ(zibyou))
時節(『日』40．ジセツ(zisetsu)　上＝下)

---

195) 拙稿(1999)參照

前(『兒』ゼン34ウ, 『日』11ウ.ゼン (zen))

事(『兒』ジ48ウ,『日』下卷29ウ.下卷30ウ.ジ(zi))通事(『日』39オ.ツウジ
(tsuuzi))

十(『兒』ジウ61ウ, 『日』58オ.ジュウ(zyuu))十月(『日』3ウ.ジュウガツ
(zyuugatsu))十一月(『日』3ウ.ジュウイチガツ(zyuuitʃigatsu))十二月(『
日』3ウ.ジュウニガツ(zyuunigatsu))

分(『兒』ブン61ウ, 『日』58オ.フン (hun))196)

順(『兒』ジュン50オ, 『日』24ウ.ジュン (zyun))順流(『日』10オ.ジュン
リュウ(zyunryu))順風(『日』1ウ.ジュンフウ(zyunhuu))

純(『兒』ジュン52オ)純朴(『『日』24ウ.ジュンボク(zyunboku))純直(『日』
24ウ.ジュンチョク(zyuntʃoku))

　위의 用例는 『韻鏡』의 〈濁音字〉에 屬하는 漢字 중, 同一 形態의 清音과
濁音이 漢音과 吳音으로 對應되는 漢字로, 『兒學編』과 『日語類解』에서 모
두 濁音인 吳音으로 記載되어 있다. 이러한 『兒學編』에 記載되어 있는 日本
漢字音은 讀書音일 可能性이 높다는 것은 이미 論한 바 있다197). 그 理由로
는 본 장의 ①에 論한 當時의 一般通用音이 많이 記載되어 있는 『日語類解』
의 日本漢字音과 『兒學編』의 日本漢字音이 서로 相異한 漢字音이 많이 보
이며, 또한 日本의 傳統的인 讀書音과 同一한 漢字音이 많이 보이기 때문이
다. 따라서 『兒學編』에 記載되어 있는 日本漢字音을 讀書音으로 看做하고
『兒學編』에 記載되어 있는 위의 用例의 濁音形을 考慮할 때 많이 參考가
되는 것이 다자이 슌다이(太宰春臺)의 『倭讀要領』의 內容에 다음과 같은
記述이 보인다.198).

---

196) 「分」은 複聲字이다.
197) 拙稿(2001)參照.
198) 吉川幸次郎(1969)『漢語文典叢書』(汲古書院)所收의 『倭読要領』參照.

倭音説

倭音トハ。日本ニ伝ハレル字音ナリ。倭音ニ二種アリ。一ツニハ
漢音。二ツニハ呉音ナリ。此二種ノ音ヲ。異国ノ音ナリトテ。古ヨリ
習傳フレドモ。今ヨリ観レバ。皆中華ノ音ニアラズ（後略）。

倭音正誤

（前略）儒書ニハ漢音ヲ用ヒ。仏書ニハ呉音ヲ用ヒ。其余ノ書ハ。呉漢
兼用テ読ムコト。古来ノ相伝ナレバ。是ニ従フベキコト勿論ナリ。然
レドモ二トモ音倶ニ中ムコト。古来ノ相伝ナレバ。是ニ従フベキコト
勿論ナリ。然レドモ二音倶ニ中華ノ正音ニアラザレバ。混用ストモ何
ノ不可ナルコトカアラン。

必シモ是ニ拘泥スベカラズ。況ヤ俗間ニハ。二音竝行ハルレバ。書
ヲ読ム者。法ニ拘ハリテ。人ノ聽ヲ駭スベカラズ。必字音ヲ正サント
シテ。人ノ聽ヲ駭スハ。風雅ノ道ニアラズ。既ニ是倭音ナリ。正スト
モ竟ニ何ノ益カアラン。只耳ニカカラズ。聽ニクカラザル様ニ。書ヲ
バ読ベキナリ。若必字音ヲ正サントオモハバ。韻学ヲ講ズベシ。韻学
ハ華音ニアラザレバ明ナラズ。今ノ人華音ヲ知ラズシテ。字音ヲ議ス
ルハ。痴人ノ夢ヲ説ガ如シ華音トハ。俗ニイフ唐音ナリ。志アラン者
ハ、余力ニコレヲ学ブベシ。(中略) 若俗儒ノ誤レル音ハ。コレヲ　正
シテ人ヲ駭スニ至ラザルホドハ。改正センコト可ナリ。今倭音ノ誤リ
読テ。義ニ害アル者若干字ヲ挙テ。初学ニ示スコト左ノ如シ。

위와 같이 다자이 슌다이는 讀書音(漢文訓讀音)에 原則的으로는 漢音을
使用하는 것이지만, 漢音이외에 呉音과 慣用音도 許容하고 있다. 『韻鏡』의
〈濁音字〉에 속해있는 漢字의 濁音形의 漢字音이 讀書音으로 許容되었다는

것은 이외에도 야마모또쇼우이쯔(山本焦逸)의 『童子通』, 게이햐구넨(溪百年)의 『經典余師』, 카이하라에끼겐(貝原益軒)의 『点例』 등의 자료에서도 讀書音에 漢音을 使用하는 것이 原則이라고 論하고 있지만, 一部의 漢字에 吳音과 慣用音 使用도 許容하는 것으로 보아 〈濁音字〉의 一部 漢字에 吳音도 讀書音으로 許容된 것으로 判斷된다. 그러나 『日語類解』의 濁音形은 편찬 當時의 一般通用音으로 생각되나, 漢音이 吳音으로 變化된 것인지[199], 傳統的인 一般通用音이 記載되었는지 그 直接的인 原因을 一律的으로 判斷하기 어렵다.

2) 『韻鏡』의 〈淸音字〉〈次淸音字〉에 屬하는 漢字의 漢字音

① 『兒學編』에서는 淸音으로, 『日語類解』에는 濁音으로 記載되어 있는 用例

『兒』-淸音, 『日』-濁音

獸(『兒』シウ20オ, 『日』下卷19オ.ジュウ(zyuu))

呑(『兒』トン36ウ, 『日』52ドン(don))

終(『兒』シュウ54ウ, 『日』下卷31ウ.シュウ(syuu))

充(『兒』シュウ56オ, 『日』29オ.ジュウ(zyuu))

위의 『韻鏡』의 〈淸音字〉〈次淸音字〉에 屬하는 漢字「獸」「呑」「終」「充」의 淸音形(漢音)은 旣存의 漢音=讀書音이라는 規範意識으로부터 『兒學編』에 讀書音으로 記載되어 있고, 『日語類解』에서는 濁音形으로 一般通用音化된 것이다. 그러나 『兒學編』에서의 「充」의 淸音形은 前述한 바와 같이 旣存의

---

199) 松井利彦(1969)「明治初期の漢音と吳音」(日本『國語國文』38卷 11号)에 의하면 明治初期에 同一한 熟字가 同一한 辭典內에서도 吳音읽기와 漢音읽기 등 몇 種類의 漢字音이 記載되었다는 事實과, 近世 漢學에서의 吳音과 漢音이 位相的으로 서로 다른 性格의 音으로 認識하는, 즉 漢音은 學問的이고 格式있는 漢字音으로, 吳音은 通俗的으로 認識되었다고 指摘하고 있다.

漢音=讀書音이라는 規範意識으로부터 漢音을 讀書音으로 記載된 것으로 보이나, 『日語類解』에서의 「充」의 濁音形은 一般通用音으로 判斷된다.

②『兒學編』과『日語類解』에 모두 濁音으로 記載되어 있는 用例

『兒』-濁音,『日』-濁音

蒸(『兒』ジョウ46ウ,『日』51オ.ジョウ(zyou))

『韻鏡』의 〈淸音字〉〈次淸音字〉에 屬하는 漢字「獸」「呑」「終」「充」은 淸音形(漢音)은 旣存의 漢音=讀書音이라는 規範意識으로부터『兒學編』에는 讀書音으로 記載되어 있고『日語類解』에서는 濁音形으로 一般通用音化 된 것이다. 또한 〈淸音字〉〈次淸音字〉에 屬하는 漢字 중,「充」의 漢字音은『兒學編』에는 淸音으로 記載되어 있으나『日語類解』에는 濁音이 記載되어 있다. 위의 用例「蒸」의 漢字는『兒學編』과『日語類解』에 모두 濁音으로 記載되어 있다. 이 중『日語類解』에서의 濁音形은 編纂當時의 意圖로 보아 通用音을 나타낸 것으로 보인다.『兒學編』에서의「蒸」의 濁音形은『韻鏡』의 〈淸音字〉〈次淸音字〉에 屬하는 漢字의 漢音과 吳音이 淸音임에도 불구하고 當時 漢學에서는 濁音形으로 읽혀지는 것에 대해 다자이슌다이(太宰春臺)의『倭讀要領』의「倭音正誤」에서 다음과 같은 記錄이 보인다[200] °

蒸　広韻煮仍切。倭音ショウ。清テ読ベシ。俗儒濁テ読ムハ非ナリ。
　　烝字是ト同音ナリ。(3丁ウ)

따라서 이러한『韻鏡』의 〈淸音字〉〈次淸音字〉에 屬하는 漢字의 漢字音이 濁音으로 記載되어 있는 漢字音은 다자이슌다이(太宰春臺)의『倭讀要領』「倭音正誤」의 記述에서 보는 바와 같이, 當時의 規範的인 讀書音은 淸音이

---

200) 吉川幸次郎(1969)『漢語文典叢書』(汲古書院)所收의 『倭読要領』參照。

지만「古來濁テ読習ハセリハ誤ナリ。然レドモ今改ガタシ。清テ読ムベシ」「俗儒濁テ読ムハ非ナリ」 등의 理由에서 濁音形도 當時의 讀書音으로 流布되었다는 事實을 알 수 있다. 이러한 濁音形의 讀書音이『日語類解』에서도 濁音形의 一般通用音으로 繼承받은 것으로 생각된다.

3)『韻鏡』의 〈清濁音字〉에 屬하는 漢字의 漢字音

①『兒學編』에서는 清音으로,『日語類解』에는 濁音으로 記載되어 있는 用例

『兒』-清音,『日』-濁音
奴(『兒』ト3才)奴(『日』16才.ド(do))

『韻鏡』의 〈清濁音字〉에 屬하는 漢字의 중,「奴」의 漢字音는 漢音은「ド」이고 吳音은「ノ」이다.『兒學編』의「奴」의 카타까나 表記에는 清音인「ト」로 記載되어 있다[201]. 따라서 본 장에서는 한글 音注보다 日本漢字音의 카타까나 表記를 基準으로 하여 清音「ト」로 看做하고 清音으로 分類하였다.『兒學編』에서의「奴」의 漢字音을 清音形「ト」로 看做한다면,「奴」의 漢音(「ド」)과 吳音(「ノ」)과 相異한「ト」의 日本漢字音을 어떤 基準에 의한 것인지 納得하기 어렵다. 그러나, 近世의 〈清濁音字〉의 清音形과 關聯해서 일찍이 마쓰이토시히고(松井利彦)가 延寶2年版『聚分韻略』과『倭玉篇』에 濁点이 없는 것을 清音形으로 간주하고 그 清音形을「清音は 〈濁字音〉では漢音であり、〈清音字〉〈次清音字〉では規範的な漢文訓讀音であるために、〈清濁音字〉に對しても清音は漢文訓讀音, 濁音は漢文訓讀音ならざる字音という類推が働き、その結果〈清濁音字〉の清音形が使用されることもあったのであろう。」라고 清音形을 讀書音으로 認定하고 있다[202]. 이와 같이 〈清濁音字〉의 吳音

---

201)「奴」의 한글 音注에는「노」로 記載되어 있다.

의 濁音形을 〈濁字音〉, 〈清音字〉〈次清音字〉와 같이 〈清濁音字〉에서도 清音形으로 類推해서 讀書音이 使用된 것으로 推定하고 있다. 이러한 用例는 小數이지만 〈清濁音字〉의 類推音으로 推定되는 清音形이 『兒學編』에 反映하여 讀書音을 나타낸 것으로 생각된다. 『日語類解』에서는 「ド」로 表記되어 濁音形인 漢音으로 通用音된 것으로 생각된다.

② 『兒學編』에서는 濁音으로, 『日語類解』에는 清音으로 記載되어 있는 用例

『兒』-濁音, 『日』-清音

染(『兒』ゼン46オ, 『日』下卷8ウ. セン(sen))

「染」의 漢字音은 『兒學編』에는 濁音形이 漢音으로 記載되어 있어 當時의 規範的인 讀書音=漢音이라는 意識에서 記載된 것으로 생각된다. 當時의 『韻鏡』의 〈清濁音字〉에 屬하는 漢字의 漢字音이 『小學示蒙句解』의 訓讀文에도 清音形보다 濁音形이 많이 보인 것으로 보아, 이 種類의 漢字音은 當時의 讀書音으로 濁音形이 優勢한 것으로 보인다[203]. 『日語類解』에는 清音形(吳音)인 「セン」으로 記載되어 있어 傳統的인 通用音은 吳音이라는 意識에서 記載된 것으로 추정된다.

이와 같이 『兒學編』에 보이는 日本漢字音은 讀書音을 많이 反映한 것으로 判斷되나, 『日語類解』의 日本漢字音은 著者 카나자와쇼우사부로의 意圖대로 當時의 一般通用音이 記載된 것으로 판단된다.

---

202) 松井利彦(1979) 「近世前半期の漢字音の清濁」(『國語國文』45-1』) 參照.
203) 日本早稻田大學出版部(大正15年)『漢籍國子解全書第7券』(早稻田大學出版部藏版) 所收의 『小學示蒙句解』를 參考했다.

3. 結語

　近代의 韓國에서 出版된 中國語·英語·日本語·韓國語의 4개국 對譯辭典인 『兒學編』과 近代의 代表的인 韓國語·日本語 對譯辭典인 『日語類解』의 淸濁音을 比較해 보았다.

　우선 『兒學編』과 『日語類解』의 日本漢字音을 『韻鏡』의 〈濁音字〉〈次淸音字〉〈淸音字〉〈淸濁音字〉에 屬하는 漢字로 分類하여 각각의 資料에 보이는 日本漢字音을 比較해 보았다.

　그 結果, 『韻鏡』의 〈濁音字〉에 屬하는 漢字 중, 同一 形態의 淸音과 濁音이 漢音과 吳音으로 對應되는 漢字로 『兒學編』에서는 淸音으로 記載되어 있고 『日語類解』에는 濁音으로 記載되어 있는 用例가 가장 많이 보인다. 따라서 『兒學編』에 보이는 淸音(漢音)의 日本漢字音은 傳統的인 讀書音을 反映한 것이고 『日語類解』에 보이는 濁音(吳音)은 一般通用音을 反映한 것으로 생각된다.

　또한 『韻鏡』의 〈濁音字〉에 屬하는 漢字의 漢字音이 『兒學編』과 『日語類解』에 모두 漢音인 淸音으로 記載되어 있는 用例가 보인다. 이러한 『兒學編』의 淸音形은 漢音=淸音으로 傳統的인 讀書音을 反映한 것이나, 『日語類解』에서의 淸音은 『兒學編』에서 보이는 바와 같이 元來는 讀書音이었으나 이러한 淸音形이 『日語類解』에서 그대로 通用音化된 것으로 判斷된다.

　『韻鏡』의 〈濁音字〉에 屬하는 漢字의 漢字音이 『兒學編』과 『日語類解』에 모두 濁音(吳音)으로 記載되어 있는 漢字音도 보인다.

　다자이슌다이(太宰春臺)의 『倭讀要領』 등의 資料에서 『韻鏡』의 〈濁音字〉에 속해 있는 漢字의 讀書音(漢文訓讀音)에 漢音인 淸音을 使用하는 것이 原則이지만, 漢音이외에 吳音과 慣用音도 許容하고 있다. 이러한 事實로 보아 〈濁音字〉의 一部 漢字에 吳音도 讀書音으로 許容된 것으로 判斷된다. 그러나 『日語類解』의 濁音形은 當時의 一般通用音을 나타낸 것으로 생각된다.

『韻鏡』의 〈淸音字〉〈次淸音字〉에 屬하는 漢字 중,『兒學編』에서는 淸音으로,『日語類解』에는 濁音으로 記載되어 있는 用例가 보인다. 이러한 漢字의 漢字音은 旣存의 漢音=讀書音이라는 規範意識으로부터『兒學編』에 讀書音으로 記載되어 있고『日語類解』에서는 濁音形으로 一般通用音化 된 것이다. 『兒學編』과『日語類解』에 모두 濁音으로 記載되어 있는 用例에는「蒸」의 漢字가 보인다.『兒學編』에서의「蒸」의 濁音形은『韻鏡』의 〈淸音字〉〈次淸音字〉에 屬하는 漢字의 漢音과 吳音이 淸音임에도 불구하고 當時 漢學에서는 濁音形으로 읽혀지는 것에 대해 太宰春臺의『倭讀要領』「倭音正誤」에서「古來濁テ読習ハセリハ誤ナリ。然レドモ今改ガタシ。淸テ読ムベシ」「俗儒濁テ読ムハ非ナリ」 등의 理由에서 濁音形도 當時의 讀書音으로 流布되었다고 할 수 있다. 이러한 濁音形의 讀書音이『日語類解』에서도 濁音形이 一般通用音으로 繼承된 것으로 생각된다.

『韻鏡』의 〈淸濁音字〉에 屬하는 漢字의 漢字音이『兒學編』에서는 淸音으로, 『日語類解』에는 濁音으로 記載되어 있는 用例「奴」가 보인다. 〈淸濁音字〉의 吳音의 濁音形을, 〈濁字音〉〈淸音字〉〈次淸音字〉와 같이 〈淸濁音字〉에서도 淸音形으로 類推해서 讀書音이 使用된 것으로 推定하고 있다. 이러한 用例는 소수이지만 〈淸濁音字〉의 類推音으로 推定되는 淸音形이『兒學編』에 反映하여 讀書音을 나타낸 것으로 생각된다.『日語類解』에서는「ド」로 表記되어 濁音形인 漢音으로 通用音化된 것으로 보인다.

『韻鏡』의 〈淸濁音字〉에 屬하는 漢字의 漢字音이『兒學編』에서는 濁音으로, 『日語類解』에는 淸音으로 보이는 用例에「染」이 있다.「染」의 漢字音은『兒學編』에는 濁音形이 漢音으로 記載되어 있어 當時의 規範的인 讀書音=漢音이라는 意識에서 記載된 것으로 생각된다.『日語類解』에는 淸音形 (吳音)인「セン」으로 記載되어 있어 傳統的인 通用音은 吳音이라는 의식에 의한 것으로 판단된다.

13장
『朝鮮偉國字彙』의 日本語와 日本漢字音 表記

1. 緒言

　『朝鮮偉國字彙』(1835年 메드하스트 寫)는 메드하스트에 의해 바타비아에서 出刊되었다고 전해진다[204].

　이 資料는 18世紀 初頭의 朝鮮人 洪舜明에 의해 出版된『倭語類解』와 漢字 學習書인「千字文」을 英語로 飜譯하고 索引을 添加한 資料이다.

　『朝鮮偉國字彙』에 內在된「倭語類解」에는 韓日對譯辭典인『倭語類解』의 日本語와 日本漢字音, 韓國語와 韓國漢字音을 그대로 轉寫하여 한글의 로마字 表記와 英語의 對譯을 添加한 資料이다[205].

　『朝鮮偉國字彙』(1835年 바타비아〈現 인도네시아의 자카르타〉에서 刊行)는『倭語類解』의 韓國語와 日本語의 發音을 로마字로 表記하고 그 意味를 英語로 飜譯한 最初의 辭典이다. 이 辭典은 英國의 宣教師 Walter Henry Medhurst 가 英譯해서 出版한 것으로 當時 西洋人들에게 韓國語와 日本語를 學習하는데 있어 唯一한 語彙集이며 西洋人에 의해 製作된 最初의 辭典이다. 따라서『倭語類解』의 英譯本인 Medhurst編著『朝鮮偉國字彙』의 日本語와 日本漢字音을『倭語類解』의 그것과 比較하여 그 關聯性을 考察할 必要性이 있다고 判斷된다. 이러한 日本語의 底本을 明確히 糾明함으로 인해 幕府말의 版에 따른 譯語移動, 西洋文物에 의한 漢字 譯語 등 近代 日本語의 成立過程과 對譯의 性格이 糾明될 것으로 생각되어 그 出發點으로 본 장에서는『倭語類解』와 英譯本『朝鮮偉國字彙』의 日本語와 日本漢字音의 表記를 比較하기로 한

---

204)『朝鮮偉國字彙』는 弘文閣에서 影印된 影印本을 使用했다.『朝鮮偉國字彙』는「倭語類解」의 上下의 英譯本과「千字文」을 添加하여 英語로 飜譯하고 그에 대한 索引을 붙인 것이다. 그러나 본 장에서는『倭語類解』의 한글, 日本語, 日本漢字音의 表記 比較를 위한 것이므로『朝鮮偉國字彙』는「倭語類解」의 上下의 英譯本과 한글 표기만을 硏究의 對象으로 한다.

205)『朝鮮偉國字彙』에는 朝鮮人 洪舜明에 의해 出版된『倭語類解』와 漢字 學習書인「千字文」을 英語로 飜譯하고 索引을 添加한 資料이다. 본 장에서는『朝鮮偉國字彙』에 內在된「倭語類解」만을 取扱하므로 以下에서는『朝鮮偉國字彙』에 內在된「倭語類解」의 資料를 指稱할 때는『朝鮮偉國字彙』라는 文獻으로 用語를 統一하기로 한다.

다. 그리고 Medhurst가 『朝鮮偉國字彙』의 刊行以後 英語와 中國語의 對譯辭
典인 『英華字典』(English and Chinese Dictionary, 2vols. 1847.48)을 編輯
出版하게 되는데 이 資料에 보이는 英語對譯과 漢字語彙에 『倭語類解』와 英
譯本『朝鮮偉國字彙』가 어떠한 影響을 주었을 것으로 推定되어 그 前段階로
『朝鮮偉國字彙』의 「倭語類解」와 『倭語類解』를 比較하기로 한다.

　본 장에서는 『朝鮮偉國字彙』에 보이는 日本語 訓과 日本漢字音의 한글
表記를 『倭語類解』의 日本語와 日本漢字音의 한글表記를 比較하여 『朝鮮
偉國字彙』의 編纂過程을 살펴본다.

2. 『朝鮮偉國字彙』와 『英和和英語彙集』「英和 部」의 日本 語 語彙 比較

　이하에서는 주로 W.H.Medhurst著『英和和英語彙集』의 「英和部」에 실려
있는 日本語를 『倭語類解』를 英譯化한 『朝鮮偉國字彙』의 日本語와 比較하
여 두 資料간의 聯關性이 있는지를 考察한다.

　『朝鮮偉國字彙』(1835年)는 英國의 宣敎師 Walter Henry Medhurst 가
英譯해서 出版한 것이므로 이 辭典에 의해 유럽인들에게 韓國語와 日本語
를 學習하는데 많은 影響을 미쳤을 것으로 생각된다.

　한편 『朝鮮偉國字彙』의 이전에 메드하스트의 『英和和英語彙集』(1830)
이 전해진다. 이 資料는 日本語의 英語對譯을 添附한 世界 最初의 英和, 和
英對譯 語彙集이다. 이 語彙集은 英國人 런던 傳導會(London Missionary
Socity)宣敎師 W.H.Medhurst에 의해 바타비아(인도네시아의 자카르타에
있는 네덜란드 領事館 呼稱)에서 執筆되었다. 그 후 유럽에 流布되어 유럽
인의 日本語 學習書로도 널리 使用되었고, 日本의 나가사끼(長崎)에 船載
되어 1857에서 1863년에 걸쳐 『英語箋』(英和3卷,和英4卷 全7卷)으로 復刻

出版되어 幕府 末期에 日本人의 英語學習에도 많이 이용된 資料이다. 本
資料는 幕府말의 當時 日本語의 語彙를 意味分類 中心으로 英語와 對譯하
고 있으며 當時의 日本語를 糾明하는데 重要한 資料이다. 또한 幕府말 當
時의 會話體 日本語 研究書『부라운 Colloquial Japanese』(1863)를 刊行한
美國 宣敎師 부라운과, 近世末과 近代의 過渡期 日本語에 至大한 影響을
끼친 日・英對譯書『和英語林集成』(初版1867)의 著者 헤본(J.C.Hepbura)이
參考로 한 資料이기도 하다. 『英和和英語彙集』의 著者인 메드하스트가 『
倭語類解』의 英譯本『朝鮮偉國字彙』를 編著했다는 点에서 그 日本語와 英語
의 基調는 韓日對譯辭典인 『倭語類解』와 英譯本『朝鮮偉國字彙』와도 상당
히 關聯이 있을 것으로 推定되며『英和和英語彙集』과 『朝鮮偉國字彙』의
著者가 W.H.Medhurst이므로 두 資料간의 語彙는 서로 關聯이 있을 것으
로 推定된다.

또한 本 研究에서는 韓國語, 日本語, 英語 對譯辭典인『朝鮮偉國字彙』(1835
년) 의 著者인 W. H. Medhurst가 編纂한『英和和英語彙集』(「英和部」)에 記載되
어 있는 日本語를『朝鮮偉國字彙』와 比較하여『英和和英語彙集』「英和部」에
記載되어 있는 日本語가『朝鮮偉國字彙』의 日本語와 어떠한 關係가 있는지도
考察해 본다.

우선 W.H.Medhurst著『英和和英語彙集』의 「英和部」에 記載되어 있는 日
本語를 살펴보면, W.H.Medhurst著의 英譯本인『朝鮮偉國字彙』와『倭語類
解』의 日本語가 一致하는 語彙가 다음과 같이 많이 보인다.

〈天文〉

1|Heaven|Ten|テン・天|　1|Sky|So-ra|ソラ|　1sun|Nis-si-yokf'|
ニツシヨク・日食|　1|Do.[Eclipse]　moon|Kwas-si-yokf'|クワツシヨ
ク・月食|1|Star|Ho-si|ホシ|2|East|Fi-ga-si|ヒガシ|　2|West|Ni-si|
ニシ|2|North|Ki-ta|キタ|2|South|Mi-na-mi|ミナミ[206]

|2|Lightning|I-na-bi-kar'|イナビカリ|2|Do.[Lightning] flash|I-na tsoo-ma|イナツマ|2|Cloud|Kfoo-mo|クモ|2|Rain|A-me|アメ| 2|Do.[Rain] constant|Na-ga a-me|ナガアメ| 2|Hail|A-ra-re|アラレ|2|Snow|Yukf'|ユキ|2|Hoar frost|Si-mo|シモ| 2|Dew|Tsoo-yu|ツユ|2|A mist|Ki-ri|キリ|3|A fog|Ka-zoo-mi|カズミ| 3|Wind|Ka-ze|カゼ| 3|A calm|Na-gi|ナギ| 3|Fire|Fi|ヒ|3|A spark|Fi ha-na|ヒハナ| 3|Earth|Tsoo-tsi, Tsi|ツチ○チ・地| 3|Earth-quake|Dsi sin, Nai|ヂシン○ ナイ・地震| 207)

〈身體〉

7|Forehead|Fi-ta-i|ヒタイ| 7|Eye|Me, Ma-na-ko|メ○ マナコ| 7|Eye-lid|Ma-boo-ta|マブタ|7|Eye-brow|Ma-yu|マユ| 7|Ear|Mi-mi|ミミ|7|Nose|Ha-na|ハナ|7|Cheeks|Ho-oo|ホウ| 7|Jaw|O-to-ga-i|ヲトガイ|7|Mouth|Kfoo-tsi|クチ| 7|Lips|Kfoo-tsi bir|クチビル| 7|Tongue|Si-ta|シタ| 7|Teeth|Ha, Ki-ba|ハ○キバ| 7|Gums|Ha gfoo-ki|ハグキ| 7|Neck|Kfoo-bi|クビ|7|Throat|No-do|ノド|7|Shoulder|Ka-ta|カタ| 7|Thorax|Moo-ne|ムネ|7|Bosom|Foo-to-ko-ro|フトコロ|8|Loins|Ko-si|コシ|lower|Oo-de|ウデ|8|Elbow|Fi-zi|ヒジ|8|Hand|Te|テ|8|Pulse|Tsi soo-dsi|チスヂ|8|Palm of the hand|Ta-na go-ko-ro|タナゴコロ| 8|Fist|Ko boo-si|コブシ| 8|Finger|Yu-bi|ユビ| 8|Fore finger|Fi-to sa-si yu-bi|ヒトサシ ユビ| 8|Little finger|Ko yu-bi|コユビ| 8|Do.[Little finger]|Be-ni sa-si yu-bi|ベニサシユビ| 8|Nail|Tsoo-me|ツメ| 8|Belly|Ha-ra|ハラ| 8|Buttock|Si-ri|シリ| 8|Knee|Fi-za|ヒザ| 8|Shin|Ha-gi|ハギ|8|Foot|A-si|アシ| 9|Sole of do.[the foot]|A-si no oo-ra|アシ ノウラ| 9|Beard|Fi-ge|ヒゲ| 9|Whiskers|Oo-wa fi-ge|ウワ ヒゲ|9|Bone|Ho-ne|ホネ|9|Back-bone|Se-bo-ne|セボネ|

---

206) 『朝鮮偉國字彙』와 『倭語類解』에는 「東(hi-ga-si)」「西(ni-si)」「南(mi-na-mi)」「北(ki-ta)」는 「方位」의 분류 항목에 기재되어 있다.

207) 『朝鮮偉國字彙』와 『倭語類解』에는 「地(tsoo-tsi)」「地震(tsi-sin)」는 「地理」의 분류항목에 기재되어 있다.

9|Veins|Gets' m'yakf'|ゲツミヤク・血脈|9|Viscera|Ha-ra wa-ta|ハラワタ|10|Heart|Sin-no-za-oo|シンノザウ・心臓| 10|Do.[Heart]|Ko-ko-ro|コヽロ|10|Do.[Stomach]|Kfoo-so-bookf'-ro|クソブクロ|10|Lungs|Ha-i no za-oo|ハイノザウ・肺臓| 10|Liver|Kan no za-oo|カンノ ザウ・肝臓|10|Do.[Liver]|Ki-mo|キモ|10|Kidneys|Zin no za-oo|ジンノザウ・腎臓|10|Milt|Fi-no-za-oo|ヒノザウ・脾臓|10|Blood|Tsi|チ|10|Do.[Urine]|I-ba-ri|イバリ| 10|Stool|Ta-i ben|タイ ベン・大便| 10|Do.[Stool]|Kfoo-so|クソ|

〈人倫〉

14|A Clans-man|To-oo se-i|トウセイ・同姓| 14|A family|Its' ke|イツケ・一家| 15|Grand-father|Dsi-dsi|ヂヽ| 15|Grand-mother|Ba-ba|バヽ|15|Father|Tsi-tsi|チヽ| 15|Do.15|Mother|Fa-fa|ハヽ| 15|Uncle|O-dsi|ヲヂ| 15|Aunt|O-ba|ヲバ|ミ|15|Younger brother|O-to-oo-to|ヲトウト| 15|Brethren|K'ya-oo-dai|キヤウダイ・兄弟|15|Younger do.[sister]|Imo-oo-to|イモウト| 15|Nephew|O-i[↓逆]|ヲヒ|[↓逆]15|Niece|Me-i[↑逆]|メヒ|[↑逆]15|Son|Moos'-ko|ムスコ| 15|Daughter|Moos'-me|ムスメ| | 16|Great grandson|Fimago|ヒマゴ| 16|Husband|Ot-to|ヲット| 16|Wife|Tsoo-ma, Yo-me|ツマ○ヨメ|16|Father-in-law|Si-oo-to|シウト| 16|Mother-in-law|Si-oo-to-me|シウトメ| 16|Son-in-law|Moo-ko|ムコ16|Daughter-in-law|Yo-me|ヨメ|16|Wife's brothe 16|Do.[Brother's wife]|A-ni yo-me|アニヨメ|

〈以下 두 資料間의 一致하는 日本語 語彙는 地面上 省略한다 〉

우선 W.H.Medhurst著『英和和英語彙集』의 「英和部」에 記載되어 있는 日本語를 살펴보면 W. H. Medhurst著의 英譯本인 『朝鮮偉國字彙』와 『倭語類解』의 日本語와 一致하는 語彙가 많이 보인다.

『英和和英語彙集』에 意味分類된 部설정 이외에도 『英和和英語彙集』에 意

味分類된 部 설정과 『朝鮮偉國字彙』의 部 分類에서도 一致하고 있으며 日本語 語彙가 두 資料에 一致하는 것이 많이 보인다. 따라서 메스워드의『朝鮮偉國字彙』는 『倭語類解』의 日本語와 韓國語를 英譯化한 것으로 이 資料와 상당히 關聯이 있을 것으로 생각된다. 이러한 資料는 近世末 英譯本은 蘭學(네덜란드)에서 시작되어 점차 英語와 日本語 對譯으로 編纂되면서 近代 日本語가 成立하는 過程을 거치게 된다.

　『英和和英語彙集』「英和部」의 底本에 관한 硏究는 일찍이 스기모또즈도무(杉本つとむ)에 의하면 奧平昌高編의 日蘭辭典(日本語와 네덜란드 對譯辭典)인 『蘭語譯撰』(1810년)을 底本으로 해서 編纂되었다고 한다.『英和和英語彙集』의 一部 日本語 語彙를 調査한 結果,『朝鮮偉國字彙』와 一致하는 日本語 語彙가 많이 보여 W. H. Medhurst著『英和和英語彙集』「英和部」가 『朝鮮偉國字彙』의 編纂過程에 影響을 주었을 可能性도 排除할 수 없다.

3. 『朝鮮偉國字彙』와 『倭語類解』의 日本語와 日本漢字音 比較

　『朝鮮偉國字彙』의 「倭語類解」 本文의 體裁는 旣存의 『倭語類解』와 거의 一致하고 있으나 標題語 漢字의 윗 部分에 標題語 漢字의 英語飜譯이 되어 있다. 그리고 標題語 漢字의 下段의 가장 윗 部分에 日本漢字音이 記載되어 있고 그 밑이 한글 訓과 韓國漢字音이 同時에 記載되어 있다. 그리고 제일 下段이 旣存의 『倭語類解』의 ○印 밑에 記載되어 있는 標題語 漢字에 대한 日本語 訓(때로는 日本漢字音이 記載되어 있다)의 한글이 記載되어 있고 그 右側에 각각의 로마字 表記로 記載되어 있다.

　『倭語類解』의 日本語와 日本漢字音의 記載方式을 그대로 引用하여 『倭語類解』에서의 「上의 日本漢字音」을 標題語에 대한 日本漢字音을 標題語

의 제일 위 칸에 記載하고 있고 두 번째 칸의 자리에는 朝鮮語의 音과
訓을 記載하고 있으며 제일 마지막 칸에는『倭語類解』에서의 日本語 訓
이 記載되어 있다[208].

　다음은『倭語類解』의 韓國語, 日本語, 日本漢字音의 表記와『朝鮮偉國字
彙』의「倭語類解」에 보이는 表記를 比較하여 각각의 表記의 差異点에 대해
논하기로 한다.

1) 『倭語類解』의　日本語가 『朝鮮偉國字彙』에서　漏落된　部分[209]

　　十一月(3ウ.시모즈기)十二月(3ウ.시와스)明後日(4ウ.묘우오니찌)熅熱
(6.무시아즈이)磧(8.즈미이시)灣(9ウ.호도리미스)滑(11.스베루)親舊(13ウ.
후루나시미)雇工(15ウ.히요우)掌(17.데노하라)陰囊(18.후구루다마)喧(21.
가마비스시)暢(21.기미요우)驚(21.다마아루)感(21ウ.간스루)戀(21ウ.나즈
까시우)寬(23.유다가나)詳(23.즈마비라가)怒(23.이가루)哀(23.아와례시)樂
(23.다노시무)좁(23ウ.아부사가)懶(24.뿌쇼우나)白(25.고도와리)分付(25
ウ.무시즈계)喉(26.소소나구)適(28.다마다마)竈口(33.가마도우구지)誦(37
ウ.소라니요무)鍾(43.가네즈쓰미)沐浴(44.미아라이)早飯(46ウ.아사이이)
夕飯(46ウ.이우이이)淡(48ウ.아와이)咽塞(49.논또즈마루)飽(49.아구)泄瀉
(50.샤스루)足疯(50ウ.아시나예)黃疸(50ウ.기나루야마이)癬(51.하다계)闔
(51ウ.나이관)堤堰(58ウ.이세기)結實(59.미노루)不實(59.미나라스)磨(59
ウ.스리)鍊(64ウ.네루-비루)壓車(66.와다사네도리-와다사비도리)暈船(75.
후네노요이)蠹(83ウ.무우메구)無窮(104ウ.사이옌나이)

　위의 用例는『倭語類解』의 日本語 部分에 2개 이상이 記載되어 있는 用
例가『朝鮮偉國字彙』의「倭語類解」에는 1개가 漏落된 用例가 대부분이다.

---

208) 『倭語類解』에서의 「下의 日本漢字音」이 記載되어 있는 경우도 있다.

209) 『倭語類解』에서는 又云으로 해서 또한 다른 日本語를 記載하고 있는데 비해『朝鮮偉國字彙』에서
　　는 그것이 漏落되어 있는 部分이다.

이와 같이 『朝鮮偉國字彙』의 「倭語類解」에 旣存의 『倭語類解』의 日本語가 漏落된 理由는 『朝鮮偉國字彙』의 「倭語類解」에 日本語 記載 空間이 不足하여 漏落된 것으로 判斷된다.

그러나 위의 用例 중, 「十一月(3ウ.시모즈기)」「十二月(3ウ.시와스)」「明後日(4ウ.묘우꼬니찌)」의 用例들은 當時 많이 使用되는 用例만 提示하고 그렇지 않은 用例는 一部 漏落시킨 것으로 判斷된다.

2) 『倭語類解』의 日本語가 『朝鮮偉國字彙』와 差異가 있는 用例

旱(5즈도-스도)暴風(2.하야셰-히야셰)三月(3ウ.산과쯔-신과쯔)朗(6.호아라까-호이라까)喧和(6.노또가-노쏘가)曝(6ウ.호스-후스)午(7.무마-우마)彎路(8.마와리미지-미와리미지?)島(9.시마-시미)派(9ウ.미스마다-미스미다)滑(11.나메라까-니메라까)下(11ウ.시다-지다)再從(13.사이쥬우데이-시이쥬우데이)戲子(15.사룽가구-사루아구)醜(19ウ.미니꾸시-미니구시)勇(22ウ.이사무-이시무)鬪(39. 겐과-계과, 이사가이-이시가이)袖(46.사시이루모노-사시이루모누)紐(46.쏘단-쏘다)襪(46.다비-다바)滓(47.가스-간스)夢泄(50ウ.모우소우-모우스우)疥(51.히셴아사-히셴아시)刹(52ウ.고데라-고데리)僧(53.슌계-슐계)尺(55.샤구-샹구)倍(56.빠이-빠이)隋(57.스이고구-스이고구)趙(57ウ.쇼우고구-쇼우고구)稻(60.모미-모이)麥(60ウ.빠구-삐구)松?(61.다간나-다간)乾柿(62ウ.구시아기-구지아기)棠(63.아마나시-이마나시)西瓜[210](63ウ.스이꽈)無孔珠[211](64.아고야노다마)硫黃[212](65.유오우)油綠(66ウ.이루쟈-미루쟈)輪圖(69.신빠리-시애리)千里鏡(69.도우몌아네-모우몌아네)蓋之(70.가이시-가이사)草簾(71.아기다와라-아기다으ㅏ라)挾刀(72ウ.약도우-약모우)斫(73,게스루-계스루)繾(73.다쓰나-다즈나)鞦韆(76.삐샤오-애사오)鷉(77.하이다가-하이다)鶺鴒(77.이시다다기-이시다라기)鵟

---

210) 『朝鮮偉國字彙』에는 「스이과」로 표기되어 있다.
211) 『朝鮮偉國字彙』에는 「마고야노다마」로 표기되어 있다.
212) 『朝鮮偉國字彙』에는 「유으우」로 표기되어 있다.

(77.우우이스-우우아스)刷羽(78.하무시도루-하우시도루)驏馬(78ウ.긴누기
와마-긴두기와마)駞(78ウ.다구따-리구따)雄(80.오스-오수)小八梢(81ウ.미
나다고-마나다고)根(84ウ.너-네)茵(86ウ.고모-고므)芭蕉(86ウ.빠쇼우-삐쇼
우)尊(88ウ.다가이-다기이)盛(89ウ.사가예루-시가예루)衰(89ウ.오도로예-
오로로예)始(90ウ.하싀메데-하싀예데)終(90ウ.시마우-시아우)初(90ウ.하
싀메-하싀메)速(90ウ.스미야가-스미아가)猜(91.소네무-소비우)妬(91.네다
무-대마무)羨(91.우라야마시이-우라아마시이)苦(91ウ.구로우-구르우)軟
(92ウ.야와라우-아와라우)弊(92ウ.소우사-소우시)列(93.나라삐-나리삐)定
(93ウ.사다메데-사마메데)頌(95.이이후라스-이이후랏)豫(95ウ.가네데-가
너데,아즈가리-이즈가리)僅(98.와스가-와스기)刻(98ウ.기사무-기싀무)怊悵
(100.이다와시-이다와싀)恍然(100ウ.하례야가-히례야가)自然(100ウ.시셴-
시셰)崇尚(102.달도삐-달모삐)周旋(102ウ.가이호우-가이후우)顒望(102ウ.
마지와스로우-아지와스로우)附囑(103.다요리-구요리)方張(103ウ.호우죠
우-호우)區區(106ウ.마지마지-마지마자)

위의 用例는 『倭語類解』에 記載되어 있는 바른 日本語 表記 部分이 『朝
鮮偉國字彙』에서는 한글의 無知에 의해 잘못 옮긴 것으로 생각된다.

다음에 나타내는 用例는 『朝鮮偉國字彙』에 記載되어 있는 한글 表記와
로마字 表記가 틀린 것으로, 한글 表記는 旣存의 『倭語類解』의 表記와 다
른 發音을 나타낸 것이고 로마字 表記는 旣存의 『倭語類解』의 發音을 나타
낸 것이다.

早(스도tsoo-to)暴風(히야셰ha-ya-zey)三月(신과쯔san-kwatsɯ)曝(후스
ho-soo)彎路(미와리미지ma-wa-ri-mi-tsi)

위의 用例의 로마字 表記는 『倭語類解』의 發音과 一致하나 한글 表記는
『倭語類解』의 發音과 一致하지 않는 틀린 發音을 나타낸 것이다. 이와 같
이 한글의 틀린 表記는 한글 文字의 無知에서 起因된 것으로 推定된다.

다음 用例는『朝鮮偉國字彙』에 記載되어 있는 한글 表記가 로마字로 表記된 것으로, 한글 表記와 로마字 表記가 旣存의『倭語類解』의 發音과 틀린 表記를 나타낸 것이다.

朗(호이라까ho-gi-ra-kka)喧和(노뇨가no-nno-ka)

위의 用例는 로마字 表記와 한글 表記 모두가『倭語類解』의 發音과 一致하지 않는 것이다.

이와 같이 두 種類의 한글 表記가『倭語類解』의 發音과 一致하지 않는 것은 한글 表記에 대한 認識 부족에 의한 것으로 생각된다.

3)『倭語類解』의 日本漢字音이『朝鮮偉國字彙』와 差異가 있는 用例

昨夕(5ウ.사구세기-시구세기)壬(7.신-싀)卯(7.뙨우-뙨)峯(7.호우-후우?)륵?(8.레기-려기)郊(8.교우-고우)莊 (19.소우-쇼우)愎(24ウ후구-호구)去(29.교-고) 方物(36ウ.호우모쯔-후우모쯔) 八字(41ウ.하쯔싀-히쯔싀)熄(49ウ.소구-쇼구)法(53ウ.호우-후우)絞(54ウ.고우-고으)隋(57.스이-스이)韓(57ウ.간-긴)趙(57ウ.쇼우-스우)臼(59ウ.규우-겨우)納(59ウ.또우-노우)遮日(69샤싀쯔-쟈싀쯔)煙竹(69.옌지구-연지구)神仙爐(70ウ.신셴로-신션로)碇(74데이-더이)煙燻(75.옌군-연군)鞦韆(76.시우셴-사우셴)騅馬(78ウ.스이빠-즈이빠)楸(84.시우-사우)花帶(86.과데이-과태이)叢(87.소우-소우)寵(89ウ.죠우-쇼우)榮(89ウ.예이-이이)逆(91ウ.계기-예기)平(93.헤이-해이)建(95ウ.견-겐)賴(97.라이-다이)躊躇(100.쥬죠-쥬쇼)這漢(100ウ.죠간-쇼간)襯着(103.신샤구-신샤구)

위의 用例는『倭語類解』의 日本漢字音과『朝鮮偉國字彙』의 日本漢字音 表記가 差異가 있는 用例이다.

다음에 나타내는 表記는『朝鮮偉國字彙』의 日本漢字音의 한글 表記가 로
마字 表記와 一致하지 않는 용례이다. 그러나 漢字音의 로마字 表記가 旣存
의『倭語類解』의 日本漢字音 表記와 一致하는 것이 다음과 같이 보인다.

昨夕(5ウ.시구셰기saku-sey-ki)壬(7.신-싀zin)峯(7.호우-후우ho-oo)郊(8.
교우-고우kyo-oo)莊 (19.소우-쇼우so-oo)

다음 表記는『朝鮮偉國字彙』의 日本漢字音의 한글 表記와 로마字 表記가
一致하고 있으나 旣存의『倭語類解』의 日本漢字音 表記와는 一致하지 않은
表記이다.

卯 (7.뽀우-뽀bo)去(29.교-고ko)

이와 같이『朝鮮偉國字彙』의 日本漢字音의 한글表記가『倭語類解』의 日
本漢字音 表記와 一致하지 않은 表記가 大部分이다.『倭語類解』의 日本漢字
音 表記는 日本漢字音의 吳音・漢音・慣用音 등의 漢字音을 바르게 表記된
用例이지만,『朝鮮偉國字彙』의 日本漢字音의 한글 表記에는 旣存의『倭語
類解』의 日本漢字音과 다른, 日本漢字音의 性質上, 存在하지 않는 漢字音으
로 表記되어 있다. 이것은『朝鮮偉國字彙』의 日本漢字音의 한글 表記가『倭
語類解』의 日本漢字音을 옮기는 過程에서 한글 表記의 認識 부족으로 인해
起因된 誤記로 判斷된다.

4) 日本漢字音이 缺如된 것

羨(91.센)剪(98ウ.센)

위의 表記는『朝鮮偉國字彙』의 日本漢字音의 한글 表記와 로마字 表記가
缺如된 用例이다.『朝鮮偉國字彙』의「倭語類解」上下를 통틀어서 2개의 用例에
불과하기 때문에 不注意에 의해 發生된 것으로 推定된다. 以外에도『朝鮮偉國
字彙』의「倭語類解」에는 旣存의『倭語類解』에 分類된 〈日本官名〉의 25개의
標題語와 〈信行所經地名〉의 92개의 標題語가 缺如되어 있다.

以外에도『倭語類解』의 한글 表記와『朝鮮偉國字彙』의「倭語類解」의 한
글 表記의 差異를 提示하면 다음과 같다.

5)『倭語類解』와『朝鮮偉國字彙』의 韓國語 表記의 差異

終日(5.죵일-죠일)百種(4.빅죵-빅죠)順風(1ウ.슌풍-슌풍)電(2ウ.우릐박-
무릐박)亥(7.희-히)峯(7ウ.묏봉오리봉-묏봉오리보)怪石(8.괴셕-과셕)土(8.
흙토-흙로)隅(11ウ.우-으)穎悟(22ウ.영오-여오)剛(23.굳셀강-근셀강)拙(24.
졸흘졸-조로올졸)譽(25ウ.길릴예-기릴예)誘(26.유-우)聊(28ウ.료-로)답(40.
마기답-바기답)鏃(40ウ.살믿족-살맏족)下船宴(42.하션연-히션연)儲(59ウ.
져축져-져츄져)荔지(62ウ.려지-러지)棗(63.대쵸조-대쵸죠)榛(63.개옴진-개
옴신)五味子(63ウ.오미즈-으미즈)鉛(64ウ.연연-면연)紋(65ウ.어르누글문-
어르누글무)紗(65ウ.깁사-김사)梭(66.북사-븍사)匙(70.술시-슬시)煎鐵(70.
젼텰-견렬)甌(70ウ.시르즁-시로즁)桶(70ウ.통통-롱롱)燭臺(71.쵹ᄃ-쵸ᄃ)
網(71ウ.그믈망-고블망)簣(71ウ.삼태궤-삼래궤)筷(72.홈홍-홍홍)鉅(72.톱
거-롭거)木欠(72ウ.가래흠-가래흠)鑽之(73.찬지-찬저)雙六(75ウ.쌍륙-쌈
륙)鷹(76ウ.매응-매옹)鶬鶊(77.쵸료-츠료)豺(79.승량이싁-승랑이싁)麝(79.
샤향노로샤-사향노로샤)貂(79.돈피툐-돈피료)狂(79ウ.죡졉이광-죡졉이팡)
鬣(80.갈기렵-갈기립)嘶(80.울싁-울식)鼈(81ウ.쟈라별-쟈라벌)蝘(82.도마

ㅂ얌언-도마ㅂ얌연)虸蠖(쳑화-척화)椵(84.피나모가-과나모가)梢(84ウ.나
모쓷쇼-나모씀쇼)躑躅(85ウ.쳑쵹-쳑쵹)枯(86ウ.ㅁ를고-ㄷ를고)厚(87ウ.둔
터올후-둔러올후)添(88ウ.보탤텀-보델렴)尊(88ウ.노플존-노플즌)翁(89.하
라비옹-하라미)非(90.그를비-그를리)曲(90.구블곡-구블곡)妄(90.망녕될망-
망덩될망)古(90ウ.녜고-데고)舊(90ウ.녜구-데구)暫(90ウ.잠깐잠-잠샌잠)嫌
(91.혐의혐-함의혐)忌(91.쩌릴긔-씨릴긔)猥(91.외람외-외람외오ㆍㅣ)妬(91.
투긔투-루긔투)煩(9ウ.번거번-번거런)驗(91ウ.효험험-효힘험)合(91ウ.합
홀합-함홀함)遞(92.귈톄-귈례)奪(92.아슬탈-아슬랄)乏(92.핍진홀핍-곱진홀
핍)重(92ウ.겹즁-겸즁)頹(92ウ.문허질퇴-문허질릐)散(92ウ.흣틀산-흣를산)
橫(93.빈길횡-빈길횡)擇(93ウ.귈 홀 틱-귈 홀 틱)逃(93ウ.도망도-모망도)業
(94.업업-엄엄)科(94.과거과-과기과)探(94.더듬을탐-더듬을람)折(94.쩌끌
졀-머골졀)捕(94ウ.잡을포-잠올포)負(94ウ.질부-질무)戴(94ウ.닐듸-닐ㄷ
ㅏ)引(94ウ.혈인-힐인)償(95.샹줄샹-샹출샹)賑(95ウ.진휼진-진홀진)顯(95
ウ.낟타날현-남라날현)致(95ウ.니뢸치-니릴치)交(95ウ.사괼교-사필교)報
(96.갑흘보-갑홀보)豫(96ウ.미리예-긔리예)乾(97.ㅁ를간-ㅁ롤간)群(98.묻
군-믈군)通(98.ㅅㅁ출통-ㅅㅁ츌롱)夥(98만을화-만올화)抑勒(101ウ.억륵-
억특)曖昧(101ウ.의미-의듸)任意(104.임의-임와)改撰(104ウ.긔찬-기찬)業
已(104ウ.업이-엄이)

위의 用例 중, 다음에 提示하는 用例는 로마字 發音은 旣存의 『倭語類解』
와 一致하나 한글 表記가 一致하지 않는 용례이다.

　　　終日「죠일」(tsyong-ir) 百種「빅죠」(pɒik-tsyong) 順風「슌풍」(syoon) 峯
「묏봉오리보」(pong) 怪石「과셕」(koi-syok) 土(로 tho) 등 多數

이와 같은 用例는 日本語의 한글 表記가 틀리게 表記되어 있으나 한글의
로마字 部分은 『倭語類解』에 記載되어 있는 發音을 記載하고 있어 日本語
의 한글表記와 한글의 로마字 表記의 差異가 많이 보인다. 따라서 『朝鮮偉
國字彙』의 저자인 메드하스트는 『倭語類解』에 記載되어 있는 한글을 옮기

는 과정에서 한글의 無知에 기인된 것으로 判斷된다. 또한 刊行時에 잘못 刻印된 것, 미스프린트 등도 推定된다.

다음에 나타내는 用例는 旣存의 『倭語類解』에서의 바른 表記가 틀리게 된 한글 표기와 로마字 表記이다.

穎悟「여오」(yo-u)拙「조로올졸(tsor-har tsor)譽「기릴예」(ki-rir ey)誘「우」(oo)聊「로」(ro) 등 多數

이와 같은 用例는 한글表記가 잘못된 表記로 로마字 表記도 旣存의 『倭語類解』의 表記와 一致하지 않는 表記이다. 이러한 表記는 旣存의 『倭語類解』의 바른 表記와는 差異가 있는 것으로 『朝鮮偉國字彙』의 著者인 메드하스트가 틀리게 적은 表記이다.

4. 結語

以上, 『倭語類解』에 記載되어 있는 日本語와 日本漢字音의 한글 表記를 『朝鮮偉國字彙』에 記載되어 있는 日本語와 日本漢字音의 한글 表記와 로마字 表記를 比較해 보았다. 그 結果, 『朝鮮偉國字彙』에 記載되어 있는 日本語・日本漢字音의 로마字 表記와 한글 表記의 差異点에서는 『倭語類解』의 日本語가 『朝鮮偉國字彙』에서 漏落된 部分, 日本漢字音이 缺如된 것, 『倭語類解』의 日本語가 『朝鮮偉國字彙』와 差異가 있는 用例, 『倭語類解』의 日本漢字音이 『朝鮮偉國字彙』와 差異가 있는 用例 등이 보인다. 『朝鮮偉國字彙』에 日本語가 漏落된 用例는 거의 大部分이 『倭語類解』의 日本語 部分에 2개 以上이 記載되어 있는 用例가 大部分이다. 이와 같이 『朝鮮偉國字彙』의 「倭語類解」에 旣存의 『倭語類解』의 日本語가 漏落된 理由는 『朝鮮偉國字彙』의 「倭語類解」에 日本語 記載 空間이

不足하여 漏落된 것으로 判斷된다. 또한『朝鮮偉國字彙』에 日本漢字音이 缺如된 用例에 대해서는 全體的으로 2개의 用例에 불과하기 때문에 單純한 부주의에 의한 것으로 判斷된다. 以外에도『朝鮮偉國字彙』에는 旣存의『倭語類解』에 分類된〈日本官名〉과〈信行所經地名〉에 記載되어 있는 117개의 標題語 漢字가 모두 缺如되어 있다. 缺如된 理由에 대해서는 不分明하다.

　『倭語類解』의 日本語가『朝鮮偉國字彙』와 差異가 있는 用例에 2種類가 보인다.『朝鮮偉國字彙』의 日本語의 한글表記에는 旣存의『倭語類解』의 表記와 다른 發音을 나타내고, 로마字 表記는 旣存의『倭語類解』와 동일한 發音을 나타낸 것이 보인다. 또한, 한글 表記와 로마字 表記가 旣存의『倭語類解』의 發音과 틀린 表記가 보인다. 이러한 日本語의 틀린 한글 表記는 한글 文字에 대한 無知로 인해 起因된 것으로 判斷된다.

　以外에도『朝鮮偉國字彙』와『倭語類解』의 韓國語 表記의 差異점에 있어서는 로마字 發音은 旣存의『倭語類解』와 一致하나 한글表記가 一致하지 않는 것, 로마字 發音과 한글表記가『倭語類解』와 一致하지 않는 것 등이 보인다. 이것은『倭語類解』에 記載되어 있는 한글을 옮기는 과정에서 잘못 誤記된 것으로 判斷된다.

14장
『兒學編』과 『倭語類解』의 讀書音

1. 緒言

　일본 중세의 기요하라센겐(清原宣賢)의 서술부분과 근세의 다자이슌다이(太宰春臺)의 『倭讀要領』(享保13년간. 1728년), 야마모토쇼우이찌(山本蕉一)의 『童子通』(天保15년간) 등의 기록에 의하면 한학에서 한자를 읽을 때의 일본한자음은 한음으로 읽어야 한다는 원칙이 있었다는 사실을 알 수 있다[213]. 그러나 시대가 내려옴에 따라 근세의 다자이슌다이(太宰春臺)의 『倭讀要領』「倭音正誤」에 보이는 기술과 같이 「俗儒에서 사용하는 한자음, 또는 옛날부터 사용되던 한자음」 등의 이유에 의해 濁音形인 吳音과 慣用音도 독서음으로 허용하고 있다는 記述이 보인다[214]. 이러한 일본 국내 자료에서조차 漢學에서의 讀書音이 자료에 따라 한자음 읽기에 차이가 보인다[215].

　조선자료 중, 최초의 한일대역사전인 『倭語類解』에는 당시의 일반통용음과 다른 讀書音이 많이 기재되어 있다는 사실을 일찍이 필자가 논한 바 있다[216]. 『倭語類解』에 기재되어 있는 일본한자음의 성격이 일반통용음과 동시에 한문훈독음(讀書音)도 많이 기재되어 있다는 사실을 논한 拙稿(1993a)가 있고[217], 『倭語類解』에 기재되어 있는 일본한자음의 기재위치에 따라 독서음(한문훈독음)이 기재되어 있다는 사실을 논한 拙稿(1993b)가 있다[218].

　한편 또 다른 한글자료인 『兒學編』은 이 자료와 거의 동시대의 자료의 일본한자음을 비교한 결과, 일본 한자음의 성격상, 상당한 차이가 보인다

---

213) 松井利彦(1976)「『近世前半期の漢字音の淸濁』」(京都大學『國語國文』 45-1)
214) 吉川幸次郎(1969)『漢語文典叢書』(汲古書院)所収の『倭読要領』參照。
215) 한학에서의 讀書音이라는 명칭에 대해서 한문훈독음 등의 명칭도 있으나 본 장에서는 편의상 讀書音으로 통일해서 부르기로 한다.
216) 拙稿(1993a)「『倭語類解』における日本漢字音の性格」(日本 東北大學『言語學論集』 第2集)參照.
217) 拙稿(1993a)
218) 拙稿(1993b)「『倭語類解』の日本漢字音とその記載方法との關聯について」(日本 岡山大學『岡大國文論考』21號)참조.

는 사실을 밝히고『兒學編』에 기재되어 있는 일본한자음도 독서음의 성격
이 있다는 사실을 논한 바 있다[219]. 또한『兒學編』과 유사한 근대의 한글
자료인『日語類解』(1912 카나자와쇼우샤부로 金澤庄三郎著)의 일본한자음
과 비교한 결과,『兒學編』에 실려 있는 일본한자음은 당시의 일반통용음
을 거의 대부분 반영하고 있는『日語類解』의 일본한자음과 상당한 차이를
보이고 있고, 동시에『兒學編』의 일본한자음이 지금까지 중세, 근세의 讀
書音의 자료와 상당히 일치한다는 사실을 근거로 하여 讀書音으로 추정했
다[220]. 이와 같이『倭語類解』와『兒學編』에는 독서음이 기재되어 있으나,
이러한 독서음에는 각각 어떠한 성격의 한자음이 기재되어 있으며, 그 차
이점은 어떠한 것이 있는지 전혀 연구되어 있지 않다. 따라서 독서음이 기
재된 근세의 조선자료『倭語類解』와 근대의 한글자료인 『兒學編』의 일본
한자음을 분석하여 각각의 독서음에 어떠한 차이가 있는지 살펴본다[221].
또한 이러한 독서음이 각각 어떻게 반영되고 있는가를 알기 위해 일본 국
내의 독서음 관련 기술을 고려하여 조선자료 및 한글자료에서의 독서음의
반영실태도 엿볼 수 있을 것으로 생각된다. 이 두 자료의 독서음을 비교함
으로 인해 근세·근대의 시대 차이에 의한 독서음 차이나 자료에 따른 독
서음 차이 등도 향후 연구대상이 될 것으로 생각된다.

---

219) 拙稿(2001)「『兒學編』의 日本漢字音에 관하여」(일본근대학회『일본근대학연구』제3집). 이
　　논문에서는『兒學編』의 일본한자음은『日語類解』와 비교한 결과,『日語類解』의 한자음과
　　많은 차이가 보이며『倭語類解』에서 독서음으로 취급되는 한자음과 일치하는 것이 많이
　　보인다는 사실을 제시하여『兒學編』의 일본한자음은 독서음이 기재되었다고 논했다.『兒
　　學編』의 자료는 京都大學文學部國語學國文學研究室編(1970)『兒學編·日語類解·韓語初步』(日本
　　京都大學國文學會)를 사용했다.
220) 拙稿(2001)참조.
221) 근세의『왜어유해』는 당시의 조선이라는 국명을 사용하였기에 일반적으로 조선자료라
　　는 명칭을 사용하고 있으나 근대의『아학편』은 편의상 한글자료라는 명칭을 사용했다.
　　이 두 자료에 대해서는 모두 한국 국내에서 발간된 자료로 명칭에 대해서는 큰 의미적
　　차이를 두지 않는다.

2. 『倭語類解』와 『兒學編』의 日本漢字音의 淸濁과 『韻鏡』에 의한 分類

　이하에서는 『兒學編』의 日本漢字音과 『倭語類解』의 日本漢字音을 『韻鏡』의 〈濁音字〉〈次淸音字〉〈淸音字〉〈淸濁音字〉에 속하는 漢字의 각각의 청탁음을 중심으로 비교하여 讀書音의 淸濁音을 보다 세부적으로 조사하고자 한다222).

1) 『韻鏡』의 〈濁音字〉에 屬하는 漢字의 漢字音

① 『倭語類解』와 『兒學編』에서 淸音인 漢音으로 기재되어 있는 용례

〈『倭』-淸音, 『兒』-淸音〉

電(『倭』3.テン(ten).上)電(『兒』テン　6ウ)

沈(『倭』20.チン(tʃin).上)沈(『兒』チン52オ)

童(『倭』28.トウ(tou).上)童(『兒』トウ　2ウ)

獨(『倭』30.205.トク(toku).上)獨(『兒』トク57ウ)

動(『倭』57.トウ(tou).上(注)223))動(『兒』トウ52オ)

房(『倭』62.ホウ(hou).上)房(『兒』ハウ21ウ)

學(『倭』73.カク(kaku).上)　學(『兒』カク1オ)

鈍(『倭』80.トン(ton).上)鈍(『兒』トン50ウ)

淡(『倭』96.135.203(淡薄タンハク(tanhaku)).タン(tan).上)淡(『兒』タン

---

222) 『倭語類解』에 기재되어 있는 일본한자음 중, 「상의 일본한자음」의 일본한자음만을 독서음의 대상으로 간주한다.

223) 「動」 등의 일본한자음의 청음과 탁음이 한음과 관용음으로 구분되어 있으나 본고에서는 탁음형을 오까모또(岡本勳)의 「日本漢字音に於ける頭子音の淸濁」(『國語國文』412호)에 따라 오음으로 취급했다.

51ウ))

陳(『倭』114.117.137.チン(t∫in).上)陳(『兒』チン40オ)

盤(『倭』138.ハン(han).上)盤(『兒』ハン26オ)

轉(『倭』149.テン(ten).上)轉(『兒』テン47オ)

乘(『倭』150.シヨウ(syou).上)乘(『兒』ショウ40ウ)

犢(『倭』156.トク(toku).上)犢(『兒』トク17ウ)

樹(『倭』166.シユ(syu).上)樹(『兒』シュ14ウ)

丈(『倭』189.チヨウ(t∫ou).上)丈(『兒』チャウ61ウ)

위의 「電」「沈」「童」「獨」 등의 한자음을 『韻鏡』의 〈濁音字〉에 속하는 한자로 일본한자음은 淸濁音으로 漢音과 吳音이 대응하는 한자이다.

이러한 『韻鏡』의 〈濁音字〉에 속하는 한자의 한자음은 중세의 博士家의 기요하라센겐(淸原宣賢)은 『蒙求抄』(1529년)에 淸濁音을 기준으로 해서 淸音인 漢音을 원칙적인 讀書音으로 간주하고 있다. 또한 근세의 다자이 슌다이의 『倭讀要領』에서도 淸音인 漢音을 讀書音으로 사용하는 것을 원칙으로 하고 있다.

이와 같이 『倭語類解』와 『兒學編』에 보이는 淸音形인 漢音은 중세의 한학에서는 漢音=讀書音이라는 의식에서 전통적이고 규범적인 독서음으로 간주되어 왔다. 따라서 위의 두 자료에 보이는 『韻鏡』의 〈濁音字〉에 속하는 청음형은 전통적인 독서음을 잘 반영하고 있는 것으로 판단된다.

이 두 자료에 보이는 淸音은 각각의 동시대의 자료에 보이는 일본한자음의 濁音(일반통용음)과는 차이를 나타내고 있다. 특히 『韻鏡』의 〈濁音字〉에 속하는 한자의 한자음 중, 淸音과 濁音이 漢音과 吳音으로 대응하는 한자음이 讀書音을 淸音으로 간주하는 것이 가장 많다. 그러나 濁音은 일반통용음으로 간주하는 것이 거의 대부분을 차지하고 있다.

이러한 한자음이 근대와 오늘날에 이르러서는 淸音形인 讀書音이 일반통용음으로 고정되어 사용되기도 하고, 일부는 옛날에 사용되던 濁音形이 근대를 거쳐 오늘날에 이르기까지 濁音形을 그대로 일반통용음으로 사용하고 있다.

②『兒學編』에서는 淸音인 漢音으로, 『倭語類解』의 「상의 漢字音」이 淸音인 漢音으로, 『倭語類解』의 「하의 漢字音」에는 濁音인 吳音으로 기재되어 있는 用例.

〈『倭』-淸音(상), 濁音(하), 『兒』-淸音〉

上(『倭』22.シヨウ(syou).上)上弦(『倭』7.ジヨウゲン(zyougen).下)上船宴(『倭』83..ジヨウセンエン(zyousenen).下)上(『兒』シヨウ34ウ)

閑談(『倭』50.カンタン(kantan).上)弄談(50.ロウタン(routan).上・ゾウダン(zoudan)〈冗談〉下)談(『兒』タン44ウ)

祠堂(『倭』104.シトウ(sitou).上)堂上官(『倭』70.ドウシヨウクワン(dousyoukwan).下)權現堂(『倭』219.ゴンケントウ(gonkentou).下)堂(『兒』タウ21ウ))

同生(『倭』24.トウシヨウ(tousyou).上)同婿(『倭』25.トウセイ(tousei).上)同官(『倭』26.ドウクワン(doukwan).下)同(『兒』トウ54ウ)同謀(『倭』112.トウボウ(toubou).上)

田(『倭』116.テン(ten).上)田夫(『倭』28.テンフ(tenhu).上・デンプ(denbu).下)田(『兒』テン9ウ)同(『倭』179.トウ(tou).上)

傳(『倭』183.テン(ten).上)傳喝(『倭』50.テンカツ(tenkatsu).上)傳令(『倭』72.テンレイ(tenrei).下)傳語官(『倭』213.デンゴクワン(dengoukwan).下)傳(『兒』テン39ウ)

위의 한자음은 『倭語類解』의 일본한자음의 성격을 분석했을 때, 『倭語類解』의 일본한자음의 기재 위치에 따라 한자음의 성격의 구분 가능하다고 논한 적이 있다. 즉 표제어 한자의 「상의 위치에 있는 일본한자음」은 讀書音의 성격이 강하고, 「하의 위치에 있는 일본한자음」은 일반통용음일 가능성이 높다고 언급한 바 있다[224]. 그것도 『韻鏡』의 〈濁音字〉에 속하는 한자의 한자음 중, 淸音과 濁音이 漢音과 吳音이 대응하는 한자음이 그 대부분을 차지하고 있고 ①에서 언급한 바와 같이 淸音은 讀書音을 나타내고 있고 濁音은 일반통용음을 반영하고 있다고 생각된다. 따라서『兒學編』의 漢音(淸音)은『倭語類解』의 淸音과 같이 전통적인 讀書音을 반영한 것으로 추정된다.

『倭語類解』에 淸音으로 기재된 것은 讀書音이며『倭語類解』의 濁音形은 한자음의 기재 상, 일반통용음을 반영한 것이므로, 실제로『倭語類解』에서의 讀書音을 반영한 것은 淸音形(漢音)이다225). 따라서『倭語類解』의 淸音形은『兒學編』의 淸音形과 동일한 讀書音을 반영한 것이므로, 전술한 ①의 분류와 같이『倭語類解』와『兒學編』에 淸音이 기재되어 있는 형태이다.

③『兒學編』에 모두 漢音인 淸音으로 記載되어 있으나『倭語類解』에는 吳音인 濁音으로 記載되어 있는 用例.

〈『倭』-濁音, 『兒』-淸音〉

字(『倭』26. ジ(zi). 上)字(『兒』シ 39ウ)

讀(『倭』74. ドク(doku). 上)讀(『兒』トク 40オ)

寺(『倭』104. ジ(zi). 上)寺(『兒』シ 21ウ)

위의『兒學編』의 청음형은 ①과 ②에서 분석 한 바와 같이 전통적이고

---

224) 拙稿(1993b)「『倭語類解』の日本漢字音とその記載方法との關聯について」(日本 岡山大學『岡大國文論考』21號)참조.

225) 拙稿(1993b)에서『倭語類解』의 일본한자음은 한자음 중, 원칙적인 체재가 아닌 예외적인 체재에서 두 종류의 일본한자음이 기재되어 있는 체재가 있는데, 이 체재는 한자음의 기재 위치에 따라 한자음의 성격이 차이가 있다는 사실이다. 즉 표제어 한자의 좌측 하단에 기재되어 있는「상의 일본한자음」이라고 지칭하고, 그 밑의 ○하단에 원칙적인 체재에서는 표제어 한자의 훈(일본어)가 기재되어야 할 위치에 표제어 한자에 대한 또 다른 일본한자음이 기재되어 있는데 이를「하의 일본한자음」으로 지칭하고, 이 두 종류의 일본한자음의 성질이 차이를 보이고 있다는 것에 주목했다. 이 두 종류의 일본한자음을 분석한 결과,「상의 일본한자음」위치의 일본한자음은 독서음을 반영하고 있고,「하의 일본한자음」위치의 일본한자음은 일반통용음을 반영하고 있다고 논한 바 있다.

규범적인 讀書音을 반영한 것이다. 그리고 『倭語類解』의 濁音形(吳音, 慣用音)은 원칙적이고 전통적인 讀書音은 淸音이지만, 다자이의 『倭讀要領』의 「倭音說」에서 보이는 바와 같이 『韻鏡』의 〈濁音字〉에 속하는 한자 중, 극히 일부 한자에서만 읽혀지는 것으로, 俗儒(『왜독요령』의 저자 다자이 슌다이〈太宰春臺〉가 속해있는 流派와는 다른 流派를 지칭함)에는 濁音形도 讀書音으로 사용된다는 사실을 언급하고 있다. 또한 옛날부터 사용되어 왔다는 사실을 거론하며 바꾸기 어렵다고 언급한 기술 등의 이유에 의해 근세에 濁音形도 讀書音으로 許容되는 기록이 보이는 것으로, 극히 일부의 한자음에 濁音形도 讀書音으로 사용된 적이 있다는 사실을 말해주고 있다. 따라서 실제로 濁音形도 讀書音으로 사용된 것으로 보이며, 『倭語類解』-濁音, 『兒學編』-淸音과 같이 차이가 보이는 것은 『韻鏡』의 〈濁音字〉에 속하는 한자의 漢音을 전통적인 讀書音으로 반영한 것과 탁음형도 독서음으로 허용한 유파의 차이 등의 이유에 의해 한자음에 차이가 보인다.

④ 『倭語類解』에서는 淸音인 漢音으로, 『兒學編』에는 濁音인 吳音으로 보이는 用例.

〈『倭』-淸音, 『兒』-濁音〉
善(『倭』46.セン(sen).上)善(『兒』ゼン32ウ)
藏(『倭』118.ソウ(sou).上)藏(『兒』ゾウ56オ)
杖(『倭』107.チヨウ(tʃou).上)杖(『兒』ジヤウ27オ)

전술한 ③에서 본 『倭語類解』에서는 濁音形이, 『兒學編』에서는 淸音形이 기재되어 있는 것과는 반대되는 용례이다. 즉 『倭語類解』에서는 淸音形이, 『兒學編』에서는 濁音形이 기재되어 있는 용례이다. 『倭語類解』의 淸音形은 전통적이고 규범적인 讀書音을 반영한 것이고 『兒學編』의 濁音形(吳音, 慣用音)은 전통적인 讀書音은 淸音이지만, 다자이(太宰春臺)의 「倭音說」에서 보이는 바와 같이 상황에 따라 濁音形도 讀書音으로 허용하는 기술이 보이므로 讀書音으로 간주된다. 그러나 이러한 『韻鏡』의 〈濁音字〉에 속하는 한자의 한자음으로 濁音이 사용된 용례는 『倭語類解』나 『兒學編』에서는 극히 숫자가 적다.

⑤ 『兒學編』에서는 濁音인 吳音으로 『倭語類解』의 「上의 日本漢字音」에는 淸音인 漢音으로, 『倭語類解』의 「下의 漢字音」에는 탁음인 吳音으로 기재되어 있는 用例[226].

〈『倭』-淸音(상), 濁音(하), 『兒』-濁音〉

時(『倭』10.11ジ(zi).上)時病(『倭』99.シヘイ(shihei).上)時節(『倭』7,ジセツ(zisetsu).下ジ)時(『兒』ジ33ウ)

前(『倭』21.セン(sen).上)在前(『倭』197.サイゼン(saizen).下)前(『兒』ゼン34ウ)

十(『倭』109.シウ(siu).上)十月(『倭』6.シウケツ(siuketsu).上・ジウガツ(ziugatsu).下)十一月(『倭』6.シウイチケツ(siuitʃiketsu).上・ジウイチガツ(ziuitʃigatsu).下)十二月(『倭』6.シウニケツ(siuniketsu).上・ジウニガツ(ziunigatsu).下)十(『兒』ジウ61ウ)

事(『倭』176.177.シ(si).上)通事(『倭』71.ツウジ(tsuuzi).下)事(『兒』ジ48ウ)

---

226) 『倭語類解』에는 일본한자음이 기재되어 있는데 원칙적인 체제에서는 맨 위에 표제어 한자가 있고 그 표제어 한자의 바로 좌측 하단에 일본한자음이 대부분 기재되어 있다. 그러나 『왜어유해』의 일본한자음의 기재위치에 따라 전술한 원칙적인 체재 이외에, 표제어 한자 좌측 하단이 아닌 그 밑의 ○표시의 하단에, 원칙적인 체재에서 기재되어 있는 표제어 한자에 대한 일본어(한자의 훈)가 기재되어야 할 위치에 일본한자음이 기재되어 있는 1자 1음 체재(필자에 의하면 예외적인 체재(1)), 원칙적인 체재에서의 일본한자음이 기재되어 있고, 동시에 ○표시의 하단에 또 다른 일본한자음이 기재되어 있는 1자 2음 체재(필자에 의하면 예외적인 체재(2))가 있다. 위의 「상의 일본한자음」은 원칙적인 체재에서 기재되어 있는 일본한자음을 지칭하고, 「하의 일본한자음」은 ○표시의 하단에 기재되어 있는 일본한자음을 지칭한다.

위의『倭語類解』의 일본한자음의 기재위치가「上의 일본한자음」에 기
재되어 있는 청음은 전통적인 독서음을 나타내고 있고,『倭語類解』의 일
본한자음의 기재위치가「下의 일본한자음」에 기재되어 있는 탁음은 일반
통용음을 나타내고 있다. 그러나『兒學編』에서의 탁음과는 성격이 다르
다.『兒學編』의 탁음은 유파의 차이나 다른 이유에 의해 탁음형도 독서음
으로 허용되고 있는 한자음이다.

위의 용례 중, 일본 근세의 漢籍國字解인『小學示蒙句解』(나까무라테카사
이〈中村惕齊註〉1690年)의 한문훈독문에 붙여진 讀書音에는「時」「前」의 한
자음은 淸音만이 기재되어 있으나,「事」등의 한자에는 훈독문에 淸音과 濁
音이 동시에 기재되어 있는 것으로 보아, 한자 용례에 따라 당시에 濁音形도
讀書音으로 허용된 것으로 보인다.

중세의 한학에서 사용된『蒙求抄』(1529 淸原宣賢 抄者)에서 讀書音을 淸音
으로 읽어야 된다는 사실을「時」의 한자에도 다음과 같이 지적하고 있다.

(前略)同時ハ濁テハ.キマヌソ.（三卷13ウ）

위의 용례와 같이「同」「時」의 한자는 탁음으로 읽어서는 안된다는 사
실을 지적하고 있는 것으로 보아, 당시 이미「同」「時」의 한자음을 讀書音
으로 濁音을 많이 읽었다는 사실을 역으로 상상할 수 있다.

따라서『倭語類解』의 淸音形과『兒學編』의 濁音形이 차이가 보이는 것
은 전술한 바와 같이 유학의 유파의 차이 등에 의해 濁音形도 讀書音으로
허용되어, 전통적이고 규범적인 한학에서는 讀書音으로 淸音形(漢音)이 원
칙적으로 사용되었으나 濁音形도 讀書音으로 허용된 것으로 추정된다.

여기서 중요한 사항은『兒學編』에 기재되어 있는 탁음과『倭語類解』의
「하의 일본한자음」위치에 기재되어 있는 濁音은 형태상으로는 동일하나
자료의 특성상 엄밀히 구분되어야 한다고 생각한다. 즉『兒學編』의 濁音

은 讀書音으로 간주된 한자음이고, 『倭語類解』의 「하의 일본한자음」의 濁
音은 일반통용음으로 간주된 한자음으로 생각된다.

⑥ 『倭語類解』와 『兒學編』에 모두 吳音인 濁音으로 記載되어 있
는 용례.

〈『倭』-濁音, 『兒』-濁音〉

順流(『倭』19.ジユンリウ(zyunriu).上)順風(『倭』2.ジユンフウ
(zyunhuu).上・ジユンプウ(zyunbuu).下)順(『倭』45.ジユン(zyun).上)順
(『兒』ジユン50オ)

純朴(『倭』45.ジユンハク(zyunhaku).上・シユンボク(syunboku).下)
純直(『倭』45.ジユンチヨク(zyuntʃoku).上)純(『兒』ジユン52オ)

전통적인 讀書音보다는 유파나 다자이(太宰)가 표현한 俗儒 또는 「古來濁テ
読習」 등의 이유에 의해 讀書音이 濁音으로 정착되었다고 생각된다.

위의 한자는 『韻鏡』의 〈濁音字〉에 속하는 한자로 淸音과 濁音이 漢音과
吳音으로 대응되는 한자이다.

「順」의 한자의 한자음은 『小學示蒙句解』의 자료에 의하면 훈독문에 「順」과
동일한 한자에 淸音부호가 1예, 濁音부호가 3예로 오히려 濁音부호가 더
많이 기재되어 있다. 마쯔이(松井)에 의하면, 그 원인으로 講釋音에 끌려서
발생된 현상으로 추정하고 있다[227]. 그러나 훈독문에 濁音形이 기재된 원인은
명확하지는 않지만, 濁音인 吳音으로 읽는 표시인 濁音부호가 기재되어 있다
는 사실은 濁音形이 讀書音을 반영하고 있다는 사실을 알 수 있다. 따라서
위의 「順」「純」등의 한자의 한자음은 濁音이 讀書音으로 허용된 경우로 생각
할 수 있다.

---

227) 松井利彦(1971)「近世漢學における漢字音の位相」(『國語國文』40-5)참조. 본고에서는 『소학시
　　몽구해』에 보이는 「講釋音」을 일반통용음으로 취급했다.

⑦ 『兒學編』에서는 濁音인 吳音으로, 『倭語類解』의 「上의 日本漢字音」에는 濁音인 吳音으로, 『倭語類解』의 「下의 漢字音」에는 淸音인 漢音으로 기재되어 있는 用例.

〈『倭』-濁音(상), 淸音(하), 『兒』-濁音〉

分(『倭』109.ブン(bun).上・フン(hun).下)分付(『倭』50.ブンフ(bunhu).上)分執(112.ブンシウ(bunsiu).上)分揀(『倭』204.ブンカン(bunkan).上)分明(『倭』206.ブンメイ(bunmei).上・フンミョウ(bunmyou).下)分(『兒』ブン61ウ)

전술한 ⑥과 같이 『倭語類解』와 『兒學編』에서 濁音으로 기재된 것은 동일하다. 다만 ⑥과 차이가 있는 것은 『倭語類解』의 「하의 일본한자음」 위치에 淸音이 추가로 기재되어 있는 차이가 있다. 『倭語類解』에서의 「하의 한자음」 위치에 기재된 淸音은 『倭語類解』의 기재 위치로는 일반통용음으로 간주한다.

『韻鏡』의 〈濁音字〉에 속하는 한자의 한자음 중, 淸音과 濁音이 漢音과 吳音으로 대응되는 한자의 경우는 위에서도 언급한 바와 같이 淸音은 讀書音으로, 濁音은 일반통용음으로 규정했다. 그러나 위의 한자의 한자음은 『倭語類解』의 기재위치에도 지금까지 분석한 한자음과 반대로 上의 위치에는 濁音이, 下의 위치에는 淸音이 기재된 것과, 『兒學編』에서도 濁音으로 기재된 것을 고려하면, 濁音은 讀書音으로, 淸音은 일반통용음으로 생각할 수 있다. 이러한 용례는 상당히 특별한 용례이며, 『韻鏡』의 〈濁音字〉에 속하는 한자음의 성질이 淸濁音의 기준 하에서 고려하면, 이제까지의 讀書音은 漢音인 淸音으로 인정되고 濁音인 吳音은 一般通用音으로 간주되었으나, 위의 용례는 반대로 濁音이 讀書音으로, 淸音은 일반통용음으로 취급되었는지 의문이 남는다. 이러한 문제를 규명해 보는 것도 의미가 있을 것으로 생각된다.

탁음이 『倭語類解』나 『兒學編』에서 讀書音으로 간주된 유일한 용례로 생각되며, 「分」의 濁音이 讀書音의 성격이 강한 용례로 허용되는 경우도 있다고 판단된다.

2) 『韻鏡』의 〈清音字〉〈次清音字〉에 屬하는 漢字의 漢字音

① 『兒學編』과 『倭語類解』에 清音으로 기재되어 있는 용례

〈『倭』-清音, 『兒』-清音〉

呑(『倭』97. トン(ton). 上)呑(『兒』トン36ウ)

獸(『倭』155. シウ(siu). 上)獸(『兒』シウ20オ)

終(『倭』180. シウ(siu). 上)終(『兒』シュウ54ウ)

張大(『倭』199. チヨウタイ(tʃoutai). 上)張(『兒』チャウ53ウ)

위의 『韻鏡』의 〈清音字〉〈次清音字〉의 한자음은 漢音과 吳音이 모두 清音形이다. 하지만 『倭讀要領』의 자료에 의하면 「俗儒」에서의 사용과 「古來濁テ読習ハセル」 등의 이유로 당시에는 濁音形도 일부 통용되고 있다는 사실을 보여준다.

전통적이고 규범적인 讀書音은 〈清音字〉〈次清音字〉로 분류된 한자의 한자음에도 清音=讀書音으로 간주된 것으로 생각된다.

원래 『韻鏡』의 〈清音字〉〈次清音字〉에 속하는 한자의 한자음은 『倭讀要領』 등의 자료에 의하면 원칙적인 讀書音으로는 清音形을 간주하고 있는 記述이 보인다.

② 『兒學編』에는 淸音이 기재되어 있고 『倭語類解』에는 濁音이 기재되어 있는 용례

⟨『倭』–濁音, 『兒』–淸音⟩

充(『倭』175. ジュウ(zyuu). 上)充(『兒』シュウ56才)

「充」의 한자의 한자음은 『兒學編』에서는 淸音으로 기재되어 있으나, 『倭語類解』에서는 濁音으로 기재되어 있다. 「充」의 한자음을 당시의 讀書音과 관련해서 근세의 다자이(太宰)의 『倭讀要領』의 「倭音正誤」의 기술을 보면 다음과 같다.

充　広韻ニ昌終ノ切。倭韻シウ。淸テ読ベキヲ。古來濁テ読習ハセル
　　ハ誤ナリ。然レドモ今改ガタシ。(19丁才)

『倭讀要領』의 기술에 보이는 바와 같이 「充」의 讀書音은 한학의 규범적이고 전통적인 淸音으로 읽는 것이 바람직하나, 옛날부터 濁音으로 학습하면서 전해내려 온 것은 잘못되었다는 것을 지적하면서 지금은 고치기 어렵다는 사실을 논하고 있다. 따라서 讀書音으로 濁音이 잘못된 것이라고 지적하면서도 讀書音으로 허용하고 있다.

위의 『兒學編』에 보이는 淸音形은 학학에서의 전통적이고 규범적인 讀書音을 반영한 것으로 보이며, 근대에 이르러서도 상당히 전통적인 讀書音을 고수하는 流派나 『兒學編』의 편찬시의 협력한 일본인 유학자의 영향에 의한 것으로 판단된다. 만약 편찬시 일본 자료를 참조로 했다면 상당히 규범적인 讀書音을 반영한 자료에 의한 것으로 추정된다. 『倭語類解』의 濁音形은 다자이슌다이(太宰春臺)의 기술과 같이 전해 내려온 관습에 따라 讀書音을 반영한 것으로 생각된다.

③『兒學編』과『倭語類解』에 탁음이 기재되어 있는 용례

〈『倭』-濁音, 『兒』-濁音〉

蒸(『倭』95.ジョウ(zyou).上)蒸(『兒』ジョウ46ウ)
分(『倭』109.ブン(bun).上・フン(hun).下)分付(『倭』50.ブンフ(bunhu).
　上)分執(112.ブンシウ(bunsiu).上)分揀(『倭』204.ブンカン(bunkan).
　上)分明(『倭』206.ブンメイ(bunmei).上・フンミョウ(bunmyou).
　下)分(『兒』ブン61ウ)228)

　「蒸」의 한자는『韻鏡』의〈淸音字〉에 속하는 한자이다.〈淸音字〉에 속
하는 한자는 일본한자음의 漢音과 吳音이 모두 淸音이다. 그러나「蒸」의
한자음은『倭語類解』와『兒學編』에는 탁음으로 기재되어 있다. 이러한 탁음
형은 근세의 유학자 다자이슌다이(太宰春臺)의『倭讀要領』에「蒸」의 讀
書音에 관련된 기술을 보면 다음과 같다229).

　　蒸　広韻煮仍切。倭音ショウ。淸テ読ベシ。俗儒濁テ読ムハ非ナリ。
　　　丞字是ト同音ナリ。(3丁ウ)

　「蒸」의 讀書音으로『兒學編』과『倭語類解』에는 濁音을 반영하고 있다.
다자이의 記述대로 원칙적으로는 淸音으로 읽어야 할 것을 俗儒에서 濁音
으로 읽는 것은 바르지 못하지만, 濁音도 俗儒에서 讀書音으로 행해지고
있다는 사실을 언급하고 있어「蒸」의 濁音形도 讀書音으로 널리 행해지고
있었다는 사실을 알 수 있다.
　이외에도『韻鏡』의〈淸音字〉〈次淸音字〉에 속하는 한자의 한자음이 讀書音
으로 濁音形을 반영하고 있는 자료로는 다자이슌다이(太宰春臺)의『倭讀要領』

---

228)「分」은 複聲字이다.
229) 吉川幸次郎(1969)『漢語文典叢書』(汲古書院)所収の『倭読要領』參照。

에도 조금 보인다. 『倭讀要領』에는 〈淸音字〉〈次淸音字〉에 속하는 한자의
한자음이 濁音形으로 보이는 용례는 위에 제시한 ②의 「蒸」과 「遵」「襄」「鞭」등
을 제시하고 있어 당시의 『韻鏡』의 〈淸音字〉〈次淸音字〉에 속하는 한자의
濁音形이 讀書音으로 사용되고 있었다는 사실을 입증해 주고 있다.

「分」은 복성자로 『韻鏡』의 〈濁音字〉에 속함과 동시에 〈淸音字〉에도 속한
다. 〈濁音字〉에 속하는 한자는 淸音이 漢音이고 濁音이 吳音이다. 그러나
〈淸音字〉에 속하는 한자는 濁音은 漢音, 淸音은 吳音이다. 『倭語類解』에서도
『韻鏡』의 〈濁音字〉에 속하는 한자의 한자음이 『倭語類解』의 원칙적인 체재이
외에 일본한자음이 2개가 기재되어 있는 예외적인 체재에서는 「上의 한자음」
위치에는 淸音인 漢音이 대부분 기재되어 있고, 「下의 한자음」위치에는 濁音
인 吳音이 기재되어 있다. 그러나 「分」의 경우에는 「上의 한자음」위치에는
濁音이, 「下의 한자음」위치에는 淸音이 기재되어 있다. 이 「分」의 한자는
『韻鏡』의 〈淸音字〉에 속하는 한자로 간주해서, 濁音을 漢音으로, 淸音을 吳音
으로 간주해서 漢音(濁音)=讀書音으로 기재한 것으로 생각된다. 『兒學編』에
서도 濁音을 漢音으로 간주하여 漢音(濁音)=讀書音이라는 의식에서 기재된
것으로 판단된다.

3) 『韻鏡』의 〈淸濁音字〉에 屬하는 漢字의 漢字音

① 『兒學編』은 淸音이 기재되어 있고 『倭語類解』에는 濁音이 기
재되어 있는 용례

〈『倭』-濁音, 『兒』-淸音〉

奴(『倭』30. ド(do). 上)奴(『兒』ト 3ォ 한글 음주 노)

위의 「奴」한자에 관해서는 졸고(2006)에서 논한 바와 같이 「奴」의 일본
한자음은 漢音이 「ド」이고, 吳音이 「ノ」이다. 『倭語類解』에서는 漢音인 「ド」

로 기재되어 있고, 『兒學編』에서는 吳音도 漢音도 아닌 「ㅏ」으로 기재되어 있다[230]. 『倭語類解』에서는 『韻鏡』의 〈淸濁音字〉에 속하는 한자「奴」의 한 자음이 濁音形인 漢音「ㅏ」을 기재하고 있어 讀書音=漢音이라는 전통적이고 규범적인 讀書音을 기재한 것으로 생각된다. 그러나 『兒學編』에서는 「ㅏ」로 기재되어 있어 아마도 『韻鏡』의 〈濁音字〉에 속하는 한자의 한자음이 淸音形 =漢音, 濁音形=吳音 또는 慣用音이라는 개념을 유추해서 淸音形=漢音이라는 의식에 의거하여 淸音形인 「ㅏ」로 기재한 것으로 판단된다.

② 『兒學編』과 『倭語類解』에 濁音이 기재되어 있는 용례.

〈『倭』-濁音, 『兒』-濁音〉

染(『倭』133.ゼン(zen).上)染(『兒』ゼン46オ)
輭(ゼン51オ)

「染」의 일본한자음은 濁音形인 「ゼン」이 漢音이고, 淸音形인「セン」이 吳 音이다. 『韻鏡』의 〈濁音字〉에 속하는 한자가 淸音形이 漢音이고, 濁音形이 吳音인 것과는 반대되는 형태이다. 『倭語類解』와 『兒學編』에는 漢音인 濁 音形「ゼン」으로 기재되어 있다. 따라서 중세와 근세의 전통적이고 규범적 인 한학에서의 讀書音=漢音이라는 의식에서 濁音形이지만 漢音을 讀書音 으로 간주하여 기재된 것으로 생각된다.

이상과 같이 『倭語類解』와 『兒學編』에 각각 기재되어 있는 讀書音에 淸 濁音이 다소 차이가 보인다. 이러한 사실은 두 자료가 성립하는 과정에서

---

230) 『兒』에는 「奴」의 일본한자음에 「ㅏ」외에 한글 음주 「노」가 기재되어 있다는 사실을 졸고(2006) 「『兒學編』과 『日語類解』의 일본한자음의 청탁음」(『동북아 문화연구』 11.동 북아시아문화학회)에서 밝힌바 있다. 이 「奴」의 오음형인 「ノ」에 해당되는 한글 음 주로 「노」는 당시의 일반통용을 기재한 것인지에 대해서도 명확히 알 수 없다. 한글 음주의 기재는 성립 이후에 기재된 것인지 그 기재 의도에 대해서도 불분명하다.

유학의 유파의 차이나 讀書音에 대한 인식 차이 등의 원인에 의해 발생된 것으로 판단된다.

3. 結語

『倭語類解』와『兒學編』의 일본한자음을 비교해 보았다. 그 결과『韻鏡』의 〈濁音字〉에 속하는 한자의 경우에는『倭語類解』와『兒學編』의 일본한자음이 기본적으로는 중세의 전통적이고 규범적인 讀書音에 漢音인 淸音을 우선적으로 사용하는 것을 원칙으로 했기 때문에, 대부분『倭語類解』와『兒學編』에는 淸音形이 대부분이다. 그러나 특히 주목해야 할 사항은 두 자료에 보이는 濁音形이라고 할 수 있다.

1) 『倭語類解』에는 淸音形이 기재되어 있고,『兒學編』에는 濁音形이 보이는 용례「善」「藏」「杖」 등이 보인다.
2) 『倭語類解』에는 濁音形이 기재되어 있고,『兒學編』에는 淸音形이 기재되어 있는 용례「字」「讀」「寺」 등이 보인다. 이것은 다자이슌다이(太宰春臺)의『倭讀要領』의 지적대로, 한학의 유파의 차이(다자이의 지적으로는 俗儒에 의한 것 또는 옛날부터의 전해 내려온 한자음) 등의 이유에 의한 독서음의 허용 정도 차이, 또는 인식 차이 등에 의한 것으로 추정된다.
3) 두 자료에 동일하게 濁音形이 보이는「順」「純」등의 용례도 보인다. 이러한 두 자료에 동일하게 濁音形(吳音)이 보이는 사실과, 濁音도 讀書音으로 사용했다는 사실을 언급한 중세·근세의 자료의 기술로 보아 濁音形이 讀書音으로 많이 행해졌을 것으로 추정된다.

위의 1), 2)에 유형에 보이는 한 자료에는 淸音이, 다른 자료에는 濁音이 기재된 것은 유파의 차이, 또는 讀書音의 인식 차이에 의해 생긴 것으로 보인다.

『韻鏡』의 〈淸音字〉〈次淸音字〉에 속하는 한자의 경우에도『韻鏡』의 〈濁音字〉와 마찬가지로『倭語類解』와『兒學編』의 일본한자음이 전통적이고 규범적인 독서음에 한음인 청음을 사용하는 것이 원칙이기 때문에『倭語類解』와『兒學編』에는 淸音形이 대부분이다. 그러나,「充」의 한자음은『兒學編』에는 淸音이 기재되어 있고『倭語類解』에는 濁音이 기재되어 있는 용례이다. 이러한 한자음은 근세의 유학자 다자이의『倭讀要領』의 기술에 보이는 바와 같이「充」의 讀書音은 한학의 규범적이고 전통적인 淸音으로 읽는 것이 바람직하나, 옛날부터 濁音으로 학습하면서 전해내려 온 것은 잘못이라고 하면서도 지금은 고치기 어렵다는 사실을 언급하고 있다. 따라서 讀書音으로 濁音이 잘못된 것을 지적하면서도 讀書音으로 허용하고 있다.

「燕」은 〈淸音字〉에 속하는 한자이며 그 〈淸音字〉에 속하는 한자의 일본한자음은 漢音과 吳音이 모두 淸音이다. 그러나「燕」의 한자음은『兒學編』과『倭語類解』에 濁音으로 기재되어 있다.

이러한 濁音形의 한자음은 일본한자음에 존재하지 않은 한자음이나 근세의 유학자 다자이의『倭讀要領』에 의하면「燕」의 한자음이 讀書音으로 淸音이지만, 俗儒에서 탁음으로 읽는 것은 바르지 못하다고 지적하고 있다. 이 記述로 보아 濁音도 俗儒에서 讀書音으로 행해지고 있다는 사실을 알 수 있고 당시에「燕」의 濁音形도 讀書音으로 널리 행해지고 있었다는 사실을 알 수 있다.

『韻鏡』의 〈淸濁音字〉에 속하는 한자의 경우는「奴」와「染」의 용례가 보인다.

「奴」의 경우는『倭語類解』에는 濁音이 기재되어 있고『兒學編』에는 淸音이 기재되어 있다.

「奴」의 한자음은『倭語類解』에서는 濁音形인 漢音「ド」을 기재하고 있어

讀書音=漢音이라는 전통적이고 규범적인 讀書音을 기재한 것으로 생각된다. 그러나 『兒學編』에서는 淸音인 吳音「ト」로 기재되어 있어 『韻鏡』의 〈濁音字〉에 속하는 한자의 한자음이 淸音形=漢音이라는 개념을 유추해서 讀書音으로 淸音形인 「ト」를 기재한 것으로 추정된다.

또한 「染」의 일본한자음은 漢音이 濁音形인 「ゼン」이고 吳音이 淸音形인 「セン」이다. 「染」의 한자음이 『兒學編』과 『倭語類解』에는 모두 漢音인 濁音形「ゼン」으로 기재되어 있어 전통적이고 규범적인 한학에서의 讀書音= 漢音이라는 의식에 의해 濁音形을 讀書音으로 간주하여 기재한 것으로 생각된다.

15장
結論

1. 緒言

　본 책에서는 조선자료를 통한 중세·근세의 일본어 연구와, 그 연구의
연계를 위해 근대 한글자료를 통하여 일본어의 음운·어법·표기 등을 살펴
보았다. 연구방법으로는 중·근세 자료『捷解新語』의 原刊本(1676)·重刊本
(1748)·改修本(1781)에 보이는 일본어 부정 중지법「いで」용법의 변천과
발음 및 표기에 대해 공시적·통시적 연구 방법을 통해 살펴보았다. 그리고
『倭語類解』의 標題語 漢字 성격을 알기 위해『倭語類解』(1809年 전후 刊行)와
같은 性格이며 他 外國語 類解書인 中國 漢語의『譯語類解』(1690), 滿洲語의
『同文類解』(1748), 蒙古語의『蒙語類解』(1768)의 標題語 漢字를 비교했다.
그 결과,『倭語類解』의 標題語 漢字는 他 類解書의 影響을 받았을 可能性이
있을 것으로 판단되어 그 관련성을 추정했다. 또한 근세 한국어·일본어
최초의 대역어휘집인『倭語類解』(1809년 前後刊)의 일본어와 일본한자음의
출처를 알기 위해 당시의 일본 국내자료의 사전류와 그 이전의 사전류의
일본어와 일본한자음을 비교하여 그 관련을 시도했다.

　근대자료인 『日語類解』와 저본으로 사용된 『倭語類解』, 『倭語類解』
(1809년 전후간행)의 사본인『和語類解』(1837),『倭語類解』의 로마자 표
기 및 의미를 영역한『朝鮮偉國字彙』(1835) 등의 일본어를 비교하여 일본
어의 음운·어법·표기 등의 역사적인 변천을 살펴보는 통시적인 연구 방
법과『倭語類解』의 일본한자음과 근대자료인『日語類解』(1912),『兒學編』
(1908)의 일본한자음의 역사적 변천을 분석하는 통시적 연구 방법 등을
행하였다.

　또한 공시적인 연구방법으로는 편찬시기가 비슷한『日語類解』와『兒學
編』의 일본한자음 등을 비교하고『日語類解』의 어법과 근대의 일본 국내
자료를 비교하여 근대 한글자료의 일본어 연구를 행하고자 했다.

　연구자료는 중·근세의『捷解新語』(原刊本·重刊本·改修本)와 근세의『

倭語類解』 등의 조선자료를 사용하여 당시의 일본어와 일본한자음 및 표제어 한자를 규명하고자 했다. 또한 근대의 한글자료인『和語類解』와『日語類解』,『兒學編』 등의 자료를 사용하여『和語類解』와『日語類解』의 계보를 이어주는 간본『倭語類解』의 중요성에 대해 논했다.

2.『捷解新語』의「いで」의 表記와 發音 및 用法

일본 中世의 무로마찌(室町)時代에 口語用法으로 널리 使用된 否定中止法 接續助詞인「いで」를 한글資料 중, 당시의 口語를 상당히 많이 反映하고 있는『捷解新語』의 原刊本・改修本・重刊本을 中心으로 해서 크리스탄 資料 및 日本 國內資料 등 當時의 資料를 分析하여「いで」의 表記 및 發音과 用法을 糾明하고자 했다.

그 結果,「いで」의 表記와 發音에 대해서는 原刊本의「いんて」의 かな表記 및 한글音注「인데」와 改修本과 重刊本의「いて」表記 및 한글音注「이데」는 당시의「いで」의 發音을 反映한 것으로 推定된다. 그러나 原刊本에 보이는「いんて」의「ん」表記는 濁音前鼻音을 나타낸 表記가 아니고, 當時의「いで」의 濁音前鼻音이 撥音과 거의 類似한 發音이었다는 것으로 인해 같은 不定(打ち消し)의 意味를 가진 不定(打ち消し)助動詞「ん」을 類推하게 되어「いんて」로 잘못 表記된 것으로 推定했다.

「いで」의 用法에 대해서는 原刊本에 보이는「いで」의 前接語와 改修本・重刊本에 보이는 前接語에 많은 差異를 보이고 있다. 즉 原刊本에서는 動詞의 未然形에 接續되는 것이 많고,「まるせいんて」와 같은「まるする」가 接續되는 用例가 3例밖에 보이지 않으나, 改修本・重刊本에서는 動詞의 未然形에 接續되는 用例는 減少하는 대신에「まする」「なさる」「ござる」등과 같은 鄭重語, 尊敬語, 謙讓語가 接續되는 用例가 많이 增加되는 것으로 보아 改修本과 重刊本의

改修의 鄭重化를 상당히 反映하고 있다는 事實도 알 수 있었다.

「いで」의 한글 對譯에서는 原刊本의 「아니＋用言」의 形을 改修本·重刊本의 양쪽에, 또는 重刊本에서만 「-디(지) 아니」의 形으로 改修하고 있다. 이것은『捷解新語』의 改修本과 重刊本에서의 日本語文 語順으로 對譯하여 對譯에 充實하려고 하는 改修方針을 엿 볼 수 있다. 그리고 尊敬法과 謙讓法에 대한 한글 對譯의 有無 등의 差異가 3本을 통해 볼 수 있었다. 또한 原刊本의 한글 對譯을 改修本과 重刊本에서 口蓋音化된 表記 등이 많이 보여 全體的으로 당시의 韓國語 變遷을 많이 反映하고 있다는 事實도 엿 볼 수 있었다.

특히『捷解新語』의 原刊本과 改修本·重刊本의 3本을 통한 否定中止法 接續助詞「いで」用法의 變遷은 日本語의 原刊本의 俗語體系, 改修本과 重刊本에서의 敬語體系의 반영을 알 수 있었다. 한글 對譯에서도 原刊本과 改修本·重刊本의 對譯을 比較해 본 結果, 改修本·重刊本에서의 口蓋音化 現象, 母音의 變化, 子音의 變化 등의 音韻體系와 文法 變化 등은 당시의 韓國語의 狀態와 變遷을 잘 나타내고 있는 것으로 생각된다.

3. 類解書의 標題語 漢字 比較

倭語類解』의 標題語 漢字의 성격을 알기 위해『倭語類解』와 성격이 비슷한 中國 漢語의『譯語類解』(1690), 滿洲語의『同文類解』(1748), 蒙古語의『蒙語類解』(1768)와 같은 당시의 他 外國語 類解書의 標題語 漢字를 비교했다. 그 結果,『倭語類解』의 標題語 漢字는『蒙語類解』와『同文類解』의 標題語 漢字와 많이 一致하고 있고 類似한 標題語도 많이 보이고 있다는 事實을 알았다. 또한 一部『倭』의 標題語 漢字 중,『蒙』과『同』에 보이지 않고『譯』의 標題語 漢字와 一致하는 것도 조금 보이고 있어『倭語類解』의 標題語 漢字는『譯』과

『蒙』·『同』의 標題語 漢字 및 한글을 많이 參照한 것으로 判斷된다. 그러나
『倭語類解』의 標題語 漢字가 다른 외국어 유해서에 보이지 않는 것도 많이
확인되었다. 타 유해서에 보이지 않는 표제어 한자 중,『倭語類解』에 單字(1음
절)의 표제어 한자가 많이 보이는 것이 특징이다.

　　또한『倭語類解』의 標題語 漢字 중, 漢字의 部首別로 分類된 〈飛禽〉部와
〈樹木〉部, 〈昆蟲〉部의 標題語 중, 다른 類解書에는 보이지 않는『倭語類解』에
만 記載되어 있는 標題語가 當時 日本 國內에 널리 利用된『倭玉篇』에 보이는
單字의 標題語 漢字와 一致하는 것이 많이 보이고 있고 一部 複合語인 2字類의
標題語 漢字와도 一致하는 것으로 보아,『倭語類解』의 一部 標題語 漢字 成立에
『倭玉篇』類의 文獻으로부터 影響을 받았을 可能性을 示唆해준다.

4. 『倭語類解』의 日本語와 日本漢字音의 出處 試圖

　　『倭語類解』에 記載되어 있는 日本語와 日本漢字音이 어떠한 經路로 編纂되었
으며 日本語 語彙 出處는 어느 資料에 影響을 받았는지를 糾明하고자 했다.
　　『倭語類解』의 日本語와 日本漢字音은 標題語 漢字를 媒介로 해서 나타냈
기 때문에 標題語 漢字의 性格을 調査했다.『倭語類解』와 當時 四學(漢學·
淸學·蒙學·倭學)의 다른 類解書의 標題語 漢字를 比較한 結果,『倭語類解』
의 標題語 漢字가 다른 類解書에는 보이지 않는 標題語 漢字가 壓倒的으로
많이 보이고 있다. 그중,『倭語類解』에는 다른 類解書에는 많이 보이지 않
는 單字(1音節)의 標題語 漢字가 많이 포함되어 있다.『倭語類解』의 單字 標
題語 漢字는 다른 類解書에는『倭語類解』의 單字 標題語를 포함한 2字類의
標題語 漢字가 상당히 많이 포함되어 있다. 그러나『倭語類解』의 標題語 漢
字와 다른 四學의 類解書와 一致하는 標題語도 보이고 있는 것으로 보아『
倭語類解』의 標題語 漢字 成立에 다른 類解書를 參考했을 가능성이 높다고

할 수 있다. 또한 다른 類解書에는 보이지 않는 單字(1音節)의 標題語 漢字와『倭語類解』에 獨自的으로 보이는 標題語 漢字 중, 當時의 日本 文獻인『慶長15年本(1610) 倭玉篇』類의 標題語 漢字가 一致하는 것이 많이 보이는 것으로 보아,『倭語類解』의 標題語 漢字 成立에 日本 文獻과의 關聯도 推定된다. 특히『倭語類解』에 보이는 標題語 漢字와 單字(1音節)의 標題語 漢字가『慶長15年本 倭玉篇』과 상당히 많이 一致한다. 2字類 標題語 漢字에서도 東京大學 所藏本『長亨3年本(1489) 影寫本 倭玉篇』의 用例와 一致한다. 이러한『倭玉篇』과 一致하는 單字와 2字類의 標題語 漢字가 다른 類解書에 보이지 않는 것이 많이 보이는 것으로 보아,『倭語類解』의 標題語 漢字는 日本의『倭玉篇』類의 資料로부터도 採取했을 것으로 推定된다.

또한『倭語類解』의 日本語와 日本漢字音을『慶長15年本(1610) 倭玉篇』의 그것과 比較해 본 結果, 두 資料의 日本語와 日本漢字音이 거의 一致하는 것이 상당히 많이 보이고 있고, 두 資料가 日本漢字音은 一致하지만 日本語가 一致하지 않는 用例, 日本漢字音은 一致하지 않지만, 日本語가 一致하는 用例 등이 보인다. 2字類의 標題語 漢字語에도 東京大學國語國文學硏究室 所藏本인『長亨3年本(1489) 倭玉篇』과 다른 本에서도 日本語와 日本漢字音이 많이 일치하는 것으로 보아,『倭語類解』의 日本語와 日本漢字音이『倭玉篇』類의 資料로부터 影響을 받았을 것으로 생각된다.

따라서『倭語類解』의 標題語 漢字는 全體的으로 當時의 旣存의 다른 類解書의 바탕 하에 構成이 되었으며 日本의『倭玉篇』類의 資料도 參考가 된 것으로 생각된다.『倭語類解』에 記載되어 있는 日本語와 日本漢字音은『倭玉篇』類와 一致하는 것이 많이 보이는 것으로 보아, 慶長15年本, 내지는 東京大學 所藏本 등과 같은 類似文獻에 의해 影響을 받은 것으로 생각된다.

5. 『日語類解』의 음운과 표기

　『日語類解』의 일본어 모음음절 ア列音·イ列音·オ列音(a i o)은 『倭語類解』와 일치하고 있으나 『倭語類解』의 일본어 ウ列音[ɯ] 표기는 『日語類解』에서는 원순모음인 [u](우)의 표기로 되어 있다. 또한 『倭語類解』에서는 エ列音의 표기 [-yəi]는 『日語類解』에서는 대부분 [-əi]로 표기되어 있다. 『日語類解』의 [u](우)의 표기 등은 실제의 발음을 표기하는 것보다 편의상 표기의 통일을 의도한 것으로 판단된다.

　『日語類解』의 탁음 표기는 ガ행은 짜자씨쑤쩨꼬, ザ행은 싸씨쑤쩨쏘, ダ행은 짜씨쑤쩨, バ행은 쌔세쌕쩨쌧로 각각 표기되어 있다. 이러한 표기는 저자가 『日語類解』의 서두의 〈例言〉에서 기술하고 있는 바와 같이 실제의 탁음 발음 표기보다는 표기의 기준을 정한 것으로 생각된다.

　『日語類解』의 일본어의 반탁음 표기는 [ㅂ](p)의 앞 음절의 받침인 종성 [ㅂ](p)로 표기되어 있는 것이 일반적이다.

　촉음 표기는 『日語類解』에 거의 대부분 한글 음절 표기의 받침에 해당되는 [ㅅ](s)로 받침으로 표기되어 있다. 그러나 촉음의 다음 음절이 カ行이 올 경우에는 [ㄱ](k)이 받침으로 표기되어 있다.

　カ行合拗音 표기는 에도어(江戸語)의 음운상 특징의 하나로 「カ」와 「クワ」, 「ガ」와 「グワ」의 구분사용을 동경어에서 명치시대 전기까지는 지식층 사이에 규범의식으로서 잔존했다는 사실로 보아, 『日語類解』에서의 「カ」와 「クワ」, 「ガ」와 「グワ」의 구분사용이 이러한 규범의식을 나타내고 있어 大正期(1900년대초) 동경어의 특징을 잘 반영하고 있는 것으로 생각된다.

　長音표기는 ウ열장음과 オ열장음의 요음 표기가 『日語類解』의 요음의 가나를 분리해서 표기하고 있어, 이러한 표기는 한글의 음절 문자를 풀어 정확한 발음을 나타내기 위한 수단으로 이용했을 가능성이 많다.

6. 『日語類解』의 일본어 어법

『日語類解』와 『倭語類解』의 두 자료 어법을 비교한 결과, 동사에서는 『倭語類解』의 상2단·하2단이 『日語類解』에서는 상1단·하1단으로 수정되어 있고, 『倭語類解』의 ナ行 變格동사는 『日語類解』에는 ナ行 五段동사로 각각 수정되었다.

또한 『倭語類解』의 單字 한자어의 サ変복합동사가 『日語類解』에서는 상1단 동사로 바뀐 용례가 보인다. 『倭語類解』의 1개 한자의 サ変복합동사는 카미가다어(上方語)를, 『日語類解』에서의 상1단 동사는 에도어(江戶語)를 각각 반영한 것으로 판단된다.

또한 동사의 연모음이 『倭語類解』의 [-ou]와 [-au]의 양 형태를 『日語類解』에서는 동경어를 중심으로 한 [-au] 계통으로 전부 수정한 것으로 판단된다.

형용사에서는 『倭語類解』의 シク활용 종지형 「-し」와 シク활용 연체형 「-しき」가 『日語類解』에서는 「-しい」로 수정되어 있고, 『倭語類解』에서의 ク활용 종지형 「-し」와 ク활용 연체형 「-き」가 『日語類解』에서는 「-い」로 수정되어 있다. 이와 같이 『日語類解』에서는 이미 근대어의 용법으로 모두 수정해서 나타내고 있다.

형용동사에서는 『倭語類解』의 표제어 한자에 해당되는 일본어의 형용동사가 어간만이 기재되어 있으나, 『日語類解』에서는 형용동사의 연체형인 「어간+な」의 형태로 수정해서 기재하고 있다. 『日語類解』의 편찬시기의 사용빈도에 의한 것으로 생각된다. 『日語類解』의 연체형 「어간+な」의 형태 등의 표기는 『日語類解』의 편찬시기의 일본어를 반영한 것으로 판단된다.

7. 『日語類解』의 일본어 기재 방법

『日語類解』에 표제어 한자에 기재되어 있는 일본어가 어떠한 기준에 의해 기재되었는가를 알기위해 저본인『倭語類解』의 일본어와 비교하여 두 자료의 일본어의 변화와 이동을 살펴보고 그 원인에 대해서 분석하고자 했다. 그 결과,『倭語類解』와『日語類解』의 두 자료의 일본어가 일치하는 것과 일치하지 않고 것이 존재한다. 일치하지 않는 일본어에는 일본어의 기재 상, 원칙적인 체재와 예외적인 체재 등 여러 가지 체재에 따라 분류할 수 있으나, 전반적으로 두 자료의 일본어가 일치하지 않는 이유로는 『倭語類解』의 표제어 한자에 대한 일본어가『日語類解』시기에는 이미 통용되지 않아서 새로운 일본어가 사용되었기 때문으로 생각된다. 또 다른 이유로는『倭語類解』의 편찬시기에는 가마가다어(上方語)를 중심으로 편찬되었고『日語類解』의 일본어는 이미 에도어(江戶語)를 중심으로 한 동경어(東京語)를 대상으로 편찬되었기 때문에 가마가다어(上方語)계통의 일본어를 수정할 필요가 있었다고 생각된다.

8. 『日語類解』의 일본한자음의 성격

『日語類解』에 기재되어 있는 일본한자음이 어떠한 성격의 한자음이 기재되었는지를 알기 위해 저본인『倭語類解』의 일본한자음과 비교하였다. 그 결과,『日語類解』에 기재된 일본한자음이 가장 많이 수정된 것은『倭語類解』에서의 원칙적인 체재에 기재된 일본한자음(「上」의 한자음)이다. 그 중에서도『倭語類解』의 漢音이『日語類解』에서는 뭇音으로 수정된 용례가 가장 많이 보이고 있다. 특히 漢音에서 뭇音으로 수정된 것 중,『韻鏡』의 〈濁音字〉에 속하는 한자의 清音形(한음)의 한자음이나 「妻(セイ)」 등의 한음

계통의 한자음이 『日語類解』에서는 뭇音으로 수정된 것이 많이 보인다. 이러한 특수한 일본한자음은 『倭語類解』에서는 讀書音으로 취급되었기 때문이며 『日語類解』에서는 일반적으로 통용된 일반통용음을 중심으로 수정되었기 때문으로 생각된다.

9. 나에시로가와 사본 『和語類解』의 일본어 誤記 표기

　『倭語類解』와 『和語類解』의 본문의 일본어 표기를 비교하여 『和語類解』의 원본을 추정하는 연구이다. 간본과 사본의 일본어를 비교한 결과, 두 자료에 보이는 일본어 표기의 가장 두드러진 차이는 간본의 탁음표기가 사본에는 청음으로 표기된 용례이다. 이는 간본에는 탁음을 표기하는 「伊路波間音」이 명확히 제시되어 있는 반면, 사본에는 간본과 같은 명확한 탁음 표기가 제시되어 있지 않고 탁음표기를 「ㄱ」(k)「ㅅ」(s)「ㄷ」(t)「ㅂ」(p)와 같은 한글 문자에 「ㄱ"」「ㅅ"」「ㄷ"」「ㅂ"」과 같이 우측 상단에 2개의 점(탁점)으로 나타내고자 했기 때문에 발생한 것으로 추정된다. 그 외에 간본의 장음 표기가 사본에는 단음으로 표기된 용례, 간본의 바른 일본어 표기가 사본에서는 오용된 표기 등이 보이고 있으나 그 숫자가 많지 않아 단순히 옮겨 적을 때의 실수로 추정된다. 또한 촉음을 나타내는 표기에서는 『倭語類解』에는 일본어의 촉음 표기가 「ㄷ」으로 표기되어 있고 사본 『和語類解』에는 「ㅅ」으로 표기되어 있는 경우가 대부분이다. 이것은 간본과 사본의 두 자료에 보이는 한글 훈에서도 많이 나타나는 현상으로 한글 표기의 변화에 의한 것으로 생각된다. 이와 같이 두 자료에 보이는 일본어 표기를 비교한 결과, 여러 표기의 차이가 있으나 사본 『和語類解』와 간본 『倭語類解』의 연계성을 발견할 수 있었다. 따라서 사본 『和語類解』의 원본은 현존하는 간본 『倭語類解』계통으로 판단된다.

10. 『兒學編』의 일본한자음

　『兒學編』은 近代 韓國에서 出版된 中國語·英語·日本語·韓國語의 4개국 對譯辭典이다. 近代에 增訂된 『兒學編』의 日本漢字音은 『韻鏡』의 〈濁音字〉에 屬하는 漢字 중, 淸音과 濁音이 同一형태로 漢音과 吳音으로 對應하는 漢字의 漢字音이 淸音(漢音)으로 많이 記載되어 있다. 『兒學編』과 비슷한 時期에 편찬된 『日語類解』에 記載되어 있는 濁音形(吳音)의 日本漢字音과는 많은 差異를 보이고 있다. 따라서 『兒學編』에 記載되어 있는 〈濁音字〉의 淸音形(漢音)은 當時 漢學의 讀書音과 같은 位相的인 漢字音과 相當히 關聯이 있을 것으로 推定된다.

　또한 『兒學綿』의 淸音形은 『倭語類解』의 淸音形(漢音)인 讀書音(主로 漢音)系統과 一致하는 漢字音이 많이 보이고 있다. 〈濁音字〉의 이러한 種類의 漢字音은 近世 漢學에서의 傳統的이고 規範的인 讀書音이 漢音이고, 漢音=淸音이 讀書音(漢文訓讀音)이라는 漢字音의 認識에 따라 『兒學編』의 淸音形(漢音)은 傳統的인 讀書音을 反映한 것으로 생각된다.

　〈淸音字〉〈次淸音字〉의 濁音形의 漢字音도 漢學의 讀書音과 關聯이 있을 것으로 推定되며, 〈淸濁音字〉에서도 漢音이 많이 보이고 있다. 〈淸濁音字〉에서는 吳音과 漢音이 아닌 淸音形의 類推音도 보이고 있어 〈濁音字〉의 規範的인 讀書音이 漢音=淸音이라는 認識에 따라 淸音으로 類推하여 記載한 것으로 보인다. 이 淸音形의 漢字音은 讀書音을 記載하고 있다는 事實을 傍證하고 있다고 생각된다.

11. 『兒學編』의 일본어와 일본한자음의 誤記 표기

　『兒學編』에 記載되어 있는 日本語 訓(日本語)에서는 原語인 日本語의 濁

音을 淸音으로 記載하고 있는 表記가 壓倒的으로 많아 보이고 있고, 短音의 長音表記와 類似한 카타까나(片假名)에 의한 誤記 表記 등이 보인다. 또한 日本漢字音의 誤記 表記에는 日本語 訓에서와 마찬가지로 濁音을 淸音으로 表記한 用例가 많이 보이고 있다. 이러한 濁音을 淸音으로 誤記된 表記는 日本語의 有聲音과 無聲音의 區分이 되지 않는 韓國語 話者에 의한 誤記로 判斷된다. 또한 日本漢字音의 誤記 表記 中, 또 다른 特徵은 拗長音 表記를 短音으로 表記된 用例이다. 이러한 表記는 韓國語에 익숙지 않은 音韻 現象에 의해 起因된 것으로 推定된다. 그 외 日本漢字音의 誤記 表記에는 類似 漢字의 音符 類推에 의한 誤記 表記, 類似한 카타까나 文字에 의한 誤記 表記 등도 보인다.

이와 같이 『兒學編』에 記載되어 있는 日本語와 日本漢字音의 誤記 表記에는 全體的으로 淸音과 濁音, 拗長音 등 韓國語와 日本語의 音聲·音韻의 構造 差異에 의한 誤記 表記가 두드러지게 많이 보인다. 이러한 誤記 表記는 現在 日本語의 敎育的인 觀點에서도 活用될 수 있을 것으로 생각된다.

12. 『日語類解』와 『兒學編』의 청탁음

근대 사전인 『兒學編』과 『日語類解』의 日本漢字音 淸濁音을 『韻鏡』의 〈濁音字〉〈次淸音字〉〈淸音字〉〈淸濁音字〉에 屬하는 漢字로 分類하여 각각의 資料에 보이는 日本漢字音을 比較해 보았다.

『韻鏡』의 〈濁音字〉에 屬하는 漢字 中, 同一 形態의 淸音과 濁音이 漢音과 吳音으로 對應되는 漢字가 『兒學編』에 청음의 한자음이 가장 많이 보이고 있는데 이 한자음은 傳統的인 讀書音을 反映한 것이다. 그러나 〈濁音字〉에 屬하는 漢字 中, 同一 形態의 淸音과 濁音이 漢音과 吳音으로 對應되는 漢字가 『日語類解』에는 탁음형(吳音)이 많이 보인다. 당시의 一般通用音

을 反映한 것으로 생각된다. 또한 〈濁音字〉에 屬하는 漢字 중,『日語類解』의 청음형과『兒學編』의 탁음형도 각각 조금씩 보인다.『日語類解』의 청음형은 독서음이었던 것이 그대로 통용음화 된 것으로 판단된다. 그러나『兒學編』의 탁음형은 다자이슌다이의『倭讀要領』에서 오음과 관용음도 독서음으로 허용한 기술에서와 같이 오음인 탁음형도 독서음으로 허용된 것으로 생각된다.

　『韻鏡』의 〈淸音字〉〈次淸音字〉에 屬하는 漢字 중,『兒學編』에서는 淸音으로,『日語類解』에는 濁音으로 記載되어 있는 用例가 보인다. 이러한 漢字音은 旣存의 漢音=讀書音이라는 規範意識으로부터『兒學編』에는 讀書音이 記載되어 있고『日語類解』에서는 濁音形으로 一般通用音化 된 것이다.『兒學編』과『日語類解』에 모두 濁音으로 記載되어 있는 用例에는「蒸」의 漢字가 보인다. 이러한 濁音形의 讀書音이『日語類解』에서는 濁音形의 一般通用音을 繼承받은 것으로 생각된다.

　『韻鏡』의 〈淸濁音字〉에 屬하는 漢字의 漢字音이『兒學編』에서는 淸音으로 記載되어 있는 用例는 〈淸濁音字〉의 吳音의 濁音形을 淸音形으로 類推해서 讀書音으로 使用된 것으로 推定하고 있다.

　『韻鏡』의 〈淸濁音字〉에 屬하는 漢字의 漢字音이 淸音으로 記載되어 있는 漢字가『兒學編』에서는 濁音인 한음으로 기재되어 있는 것은 當時의 規範的인 讀書音=漢音이라는 意識에서 記載된 것으로 생각된다.

13. 『朝鮮偉國字彙』의 日本語와 日本漢字音 表記

　『朝鮮偉國字彙』에 기재되어 있는 일본어와 일본한자음의 한글 표기와 로마자 표기를『倭語類解』의 그것과 비교하였다. 그 결과『倭語類解』의 일본어가『朝鮮偉國字彙』에 누락된 부분과 일본한자음이 누락된 것이 있

다.『倭語類解』의 일본어가 주로 표제어 한자에 대한 일본어가 2개 이상
인 경우,『朝鮮偉國字彙』에 1개만 기재되어 있고 다른 용례는 누락되어 있
다. 누락된 원인은 아마 한글의 로마자 표기 등의 지면 상, 공백 부족에
의한 것으로 판단된다.

또한,『倭語類解』의 日本語와 日本漢字音이『朝鮮偉國字彙』와 差異가 있
는 用例 등과 한글 表記와 로마字 表記가 旣存의『倭語類解』의 發音과 틀린
表記가 보인다. 이러한 日本語의 틀린 한글 表記는 한글 文字에 대한 無知
에 의해 起因된 것으로 判斷된다.

14.『兒學編』과『倭語類解』의 독서음

『兒學編』과『倭語類解』의 日本漢字音을『韻鏡』의 〈濁音字〉〈次淸音字〉
〈淸音字〉〈淸濁音字〉로 분류해서 일본한자음을 조사했다.『韻鏡』의 〈濁音
字〉에 속하는 한자의 경우에는『倭語類解』와『兒學編』의 일본한자음이 기
본적으로는 중세의 전통적이고 규범적인 讀書音인 淸音(漢音)을 우선적으
로 사용하는 것을 원칙으로 했기 때문에, 대부분 淸音形으로 기재되어 있
다. 그러나 특히 주목해야 할 사항은 두 자료에 보이는 濁音形이다.

1)『兒學編』에는「善」「藏」「杖」의 濁音形이 기재되어 있다.
2)『倭語類解』에는「字」「讀」「寺」의 濁音形이 기재되어 있다.
3)『兒學編』과『倭語類解』의 두 자료에「順」「純」은 濁音形(吳音)이 기재
   되어 있다.

이러한 탁음형은 다자이슌다이(太宰春臺)의『倭讀要領』의 지적대로, 한
학의 유파의 차이, 옛 부터 전해 내려온 한자음 등의 이유에 의해 독서음
허용 정도 차이, 또는 인식 차이에 의한 것으로 추정된다.

『韻鏡』의 〈淸音字〉〈次淸音字〉에 속하는 한자의 경우에도 중세의 전통적이고 규범적인 독서음에 漢音인 淸音을 우선적으로 사용하는 것이 원칙이기 때문에 대부분 『倭語類解』와 『兒學編』에는 淸音形이 대부분이다.

그러나, 『倭語類解』의 「充」의 濁音형은 전통적인 讀書音은 淸音이나, 讀書音으로 濁音形도 허용되었기 때문으로 생각된다.

「蒸」은 〈淸音字〉에 속하는 한자이며 漢音과 吳音이 모두 淸音이다. 그러나 『兒學編』과 『倭語類解』의 「蒸」의 濁音形은 『倭讀要領』의 기록에 俗儒에서 사용하는 탁음의 오용을 지적하고 있다는 사실로 보아 濁音形도 讀書音으로 널리 행했다는 것을 알 수 있다.

『韻鏡』의 〈淸濁音字〉에 속하는 한자의 경우는 「奴」와 「染」의 용례가 보인다.

「奴」의 한자음은 『倭語類解』에서는 濁音形인 漢音「ド」을 기재하고 있어 讀書音=漢音이라는 전통적이고 규범적인 讀書音을 기재한 것으로 생각된다. 『兒學編』에서는 淸音인 吳音「ト」로 기재되어 있어 『韻鏡』의 〈濁音字〉에 속하는 한자의 한자음이 淸音形=漢音이라는 개념을 유추한 讀書音「ト」를 기재한 것으로 추정된다.

또한 「染」의 한자음이 『兒學編』과 『倭語類解』에는 모두 漢音인 濁音形「ゼン」으로 기재되어 있어 중세와 근세의 전통적이고 규범적인 讀書音=漢音이라는 의식에 의해 濁音形을 기재한 것으로 생각된다.

참고문헌

〈국내자료〉

〈文獻〉

『譯語類解』(1690)(亞細亞文化社 影印本1974)

『同文類解』(1748)

『蒙語類解』(1768)

『倭語類解』(1809년전후 刊行)

『譯語類解』는 서울大學校 中央圖書館 所藏 古圖書本의 影印本 亞細亞文化
　　　社(1974)를, 『同文類解』는 서울大學校 奎章閣本의 影印本 연세大學
　　　校 東方學研究所(1956)를, 『蒙語類解』는 奎章閣本의 影印本 서울大
　　　學校 古典叢書(1971)를 각각 使用했다.

白斗鉉(1992)『國語學叢書19 嶺南 文獻語의 音韻史 研究』(國語學會 太學社)

宋敏(1968)「「方言集釋」의 日本語 ハ행음 轉寫法과 「倭語類解」의 刊行時期」
　　　(李崇寧博士頌壽紀念論叢)

성희경(1997)「『참회록』에 있어서의 티르데 마크 표기에 대하여」(『일본학보』
　　　제39집 한국일본학회)

성희경(1998)『『倭語類解』의 日本漢字音 淸濁에 관해서』(『日本學報』41. 韓
　　　國日本學會)

성희경(1999)「『日語類解』의 日本漢字音의 性格과 記載方法에 대하여」(『日
　　　本學報』 43. 韓國日本學會)

성희경(2001)『捷解新語』의 「いで」의 表記와 發音 및 용법에 관하여(『일본학
　　　보』 46. 한국일보학회)

성희경(2001)「『兒學編』의 日本漢字音에 관하여」(日本近代學會『日本近代學研究』제3집)

성희경(2002)「『倭語類解』에 記載되어 있는 日本語와 日本漢字音의 出處에 관한 연구」(『일본학보』53.한국일본학회)

성희경(2002)「增訂版『兒學編』에 보이는 日本語와 日本漢字音의 誤用 表記에 대하여」(동북아시아 문화학회『동북아 문화연구』제2집)

성희경(2006)「『兒學編』과『日語類解』의 日本漢字音 淸濁音에 대하여」(『동북아문화연구』11. 동북아시아문화학회)

성희경(2007)「근세 근대의 한글자료에 보이는 일본한자음의 청탁음에 관하여」(『일본어문학』제39집. 일본어문학회)

성희경(2009)「『日語類解』의 日本語 기재방법에 대하여」(『동북아문화연구』20. 동북아시아문화학회)

성희경(2010)「『日語類解』의 일본어 표기와 음운에 대하여」(『동북아문화연구』제24집)

성희경(2011)「『日語類解』의 일본어 표기와 음운에 대하여」(『동북아문화연구』제28집)

安秉禧·李珖鎬(1990)『中世國 語文法論』(學研社)

연규동(1996)『근대 국어 어휘집 연구-유해류 역학서를 중심으로-』(서울대학교 박사학위논문)

鄭光(1978)「類解類譯學書에 對하여」(『국어학』7)

鄭光(1987)「「倭語類解」의 成立과 問題點-國立圖書館本과 金澤舊藏本과의 비교를 통하여」(『덕성어문학』제4집)

鄭光·韓相權(1985)「司譯院과 司譯院譯學書의 變遷硏究」(『덕성여대논문집』제14집)

鄭光(1988)『諸本集成 倭語類解〈解說, 國語索引影印, 本文 索引〉』(太學社)

鄭光(1988)『司譯院 倭學 硏究』(太學社)

鄭光·安田章(1991)『改修 捷解新語(解題·索引·本文)』(太學社)

洪思滿(1994)「『倭語類解』와『日語類解』의 한자자석 비교」『우리말 연구』(외골 권사 화갑 기념논문)

홍사만(2012)『왜어유해와 일어유해의 어휘 연구』(박이정출판)

韓美敬(1995)『「捷解新語」における敬語研究』(박이정출판)

〈일본 및 국외자료〉

〈文獻〉

天草版伊曾保物語 新村博士校改造社飜字版

『下學集』(室町中期 15世紀 後半에서 16世紀 中半 筆寫, 江戸初期刊行)

『和玉篇』(大永4년1524 筆寫)

『倭玉篇』(弘治5년1559 筆寫)

『享祿5年寫 玉篇略(倭玉篇))』

  東京大學 所藏本『長亨3年本(1489) 影寫本 倭玉篇』

〈靑嘉堂文庫所藏『倭玉篇』(중세 第4類(イ)種本)

〈靑嘉堂文庫所藏『倭玉篇』(중세 第4類(ロ)種本)

  東京大學 所藏本 『伊勢家本 古寫本 倭玉篇』

池上禎造(1954)「言語生活研究の一意義」(『国語國文』4月號)

大塚高信(1934)『コイヤ-ド著 日本大文典』(坂口書店)

大塚光信(1963)「懺悔録のことば考證」(『國語國文』32-6)

大塚光信校注(1966)『コリャ-ド羅西日對譯辭書』(臨川書店)

大塚光信(1967)「コリャ-ドの日本語辭書について-自筆稿本を中心として」
        (山田忠雄『本邦辭書論叢』に所收)

大塚光信・小島幸枝校注(1985)『コリャ-ド自筆 西日辭書』(臨川書店)

大塚光信(1985)『コリヤ-ド ざんげろく 私注』(臨川書店)

大塚光信校注(1986)『コリャ-ド『懺悔録』』(岩波文庫)

大槻文彦『國語調査委員會 口語法別記』

大友信一(1957)「「捷解新語」による國語音の研究」(東北大學文學部『文化』
        21-4)

大友信一(1959)「『桑韓筆語』による國語音の研究」(『文藝研究』33)

奥村和子(1997) 「ハングル『兒學編』の日本語表記ー表記から音韻へー」(日

本『女子大文學』48)

岡本勳(1968),「日本漢字音に於ける頭子音の淸濁(上)」(『國語國文』37-12)

岡本勳(1991),『日本漢字音の比較音韻史的研究』(櫻楓社)

小倉進平(1964),『朝鮮語學史』(日本 刀江書院)

加藤知己(2000년)『幕末の日本語研究-W.Hメドーハスト英和和英語彙集-複
　　製と研究・索引』(三省堂)

加藤彰彦,飛田良文編(1983)『常用漢字辭典』(櫻楓社)

金澤庄三郎(1903),『日語類解』(三省堂書店. 日本 京都大學國文學會(編)所載)

金田吉彦(1968)「「いで」の成立と用法」(『國語國文』35-5)

川瀨一馬(1955)『古辭書の研究』(1955,講談社)

川瀨一馬(1978)『古辭書槪說』(雄松堂書店)

北原保雄외 4인(1982)『日本文法事典』(일본 有精堂)

京都大學文學部編(1957)『捷解新語 國語索引』(京都大學國語國文學研究室)

京都大學文學部編(1958)『倭語類解 本文, 國語, 漢字索引』(日本 京都大學
　　文學部國語學國文學研究室編)

京都大學文學部編(1960)『重刊改修 捷解新語 國語索引』(京都大學國語國文
　　學研究室)

京都大學文學部國語學國文學研究室編(1970)『兒學編・日語類解・韓語初步』
　　(日本 京都大學國文學會)

京都大學文學部編(1972)『三本對照 捷解新語 本文篇』(京都大學國語國文學
　　研究室)

京都大學文學部編(1973)『三本對照 捷解新語 釋文・索引・解題篇』(京都大
　　學國語國文學研究室)

京都大學文學部編(1987)『改修 捷解新語』(京都大學國語國文學研究室)

笹野堅校訂(1944)『能狂言 大藏虎寬本』岩波文庫版 上中下3卷

佐藤喜代治編(1983)『國語學研究事典5版』(明治書院)

こまつひでお(1970),「不濁点」(『國語學』第80集)

佐藤喜代治(1962),「近世における漢語の語形變化」(『文化』26卷3号)

佐藤武義(1995)『槪説日本語の歷史』(朝倉書店)

佐藤亨(1973),「近世初期の漢語の語形」(『文藝研究』73)日

島正三編(1966)『コリャ-ド羅西日對譯辭書・同索引』(文化書房書院)

杉本つとむ(1967)「メドーハスト『英和和英語彙集』について」(杉本つとむ『
　　　近代日本語新研究』櫻楓社所收)成暿慶(1988)「朝鮮資料に於ける日
　　　本漢字音の性格-『倭語類解』に中心して-」(日本　國語學會春期學術發
　　　表　東京　明治大學校)

成暿慶(1988)「朝鮮資料に於ける日本漢字音の性格-『倭語類解』を中心とし
　　　て-」(日本　國語學會春期學術發表　東京　明治大學校)

成暿慶(1991)「『倭語類解』の刊本と寫本の體裁比較-苗代川寫本『和語類解』
　　　の原本復元の試みから-」(日本『東北大學文學部日本語學科論集』第
　　　1集)

成暿慶(1993a)「『倭語類解』における日本漢字音の性格」(日本　東北大學『言
　　　語學論集』 第2集).

成暿慶(1993b)「『倭語類解』の日本漢字音とその記載方法との關聯につい
　　　て」(日本　岡山大學『岡大國文論考』21號)

成暿慶(1995)『コリャ-ド著『羅西日對譯辭書』のティルデ表記について』(日
　　　本　東北大學　言語學研究會『言語學論集』 제4호)

成暿慶(1995)『『倭語類解』の日本漢字音の研究』(日本 東北大學　博士學位論
　　　文)

鄭光(1978)「司譯院　譯書の外國語の轉寫に就いて(日本『朝鮮學報』89)

土井忠生(1934)「近古の國語」(『國語科學講座』5卷)

土井忠生譯(1955)『ロドリゲス　日本大文典』(三省堂)

土井忠生編(1980)『邦譯日葡辭書』(岩波書店)

中田祝夫(1966) 『倭玉篇研究竝びに索引』(1966, 風間書房)

中田祝夫編 古辭書體系(1979)『合類節用集』(勉誠社)

中田祝夫,小林祥次郎(1973)『書言字孝節用集研究幷びに索引』(風間書院).

中村榮孝(1961)「『捷解新語』の成立　改修および『倭語類解』の成立に時期つ
　　　いて」(『朝鮮學報』19)

中田祝夫・北恭昭共編(1981)『倭玉篇慶長十五年版研究並びに索引　影印篇

　　　索引篇』(勉誠社刊)

日本　朝鮮學會編(1966)「第17回　朝鮮學會　資料展示目錄」(『朝鮮學報』 第42
　　　輯)参照

日本　文化廳(1978)『ことばのシリーズ8 和語漢語』所收의 飛田良文「漢語の
　　　讀み方と同音語」

來田隆(1971)「抄物に於ける 「淸」「濁」注記について」(『國語學』第84集)

飛田良文(1968)「明治大正における漢音吳音の交替」(『近代語の研究』第2
　　　集)

橋本進吉(1932)『國語に於ける鼻母音』(方言2-1橋本進吉著作集第4冊『國語
　　　音韻の研究』所收)

濱田敦(1955)「国語音韻体系に於ける長音の位置」『国語学』22輯

濱田敦・土井洋一・安田章(1959),「倭語類解考」(『國語國文』28-9)

濱田敦(1970)『朝鮮資料による日本語研究』(岩波書店)

濱田敦(1978)『續 朝鮮資料による日本語研究』(臨川書店)

濱田敦(1986)『国語史の諸問題』(和泉書院刊)

福島邦道(1993)『日本館譯記攷』(笠間書院)

ヘボン(1867)『和英語林集成』初版 日本　東北大學圖書館 狩野文庫所藏

ヘボン(1872)『和英語林集成』第 2 版 日本　東北大學圖書館 狩野文庫所藏

ヘボン(1867)『和英語林集成』第 3 版 日本　東北大學圖書館 狩野文庫所藏
　　　(1980年 日本　講談社學術文庫 影印本)

松井利彦(1969)「明治初期の漢音と吳音」(日本『國語國文』38卷　11号)参

松井利彦(1971)「近世漢學における漢字音の位相」(『國語國文』40-5)

松井利彦(1976) 「『近世前半期の漢字音の淸濁』」(日本京都大學『國語國文』
　　　45-1)

松村明(1977)『近代の國語-江戶から現代まで-』(櫻楓社) 早稻田大學出版部
　　　(大正15年),『漢籍國子解全書第7卷』(日本早稻田大學出版部藏版)所
　　　收の山本蕉逸著『童子通』

メドーハスト(1830)『英和和英語彙集』(인도네시아 바타비야 BATABVIA)

Medhurst(1835)『朝鮮偉國字彙』(인도네시아 바타비야 刊)

森田武(1985)『室町時代語論攷』(三省堂)

早稻田大學出版部(大正15年)『漢籍國子解全書第7卷』(日本早稻田大學出版部藏版)所收の山本蕉逸著『童子通』

早稻田大學出版部(大正15年), 『漢籍國子解全書第7卷』(日本早稻田大學出版部藏版) 所收の中村惕齋著『小學示蒙句解』

吉川幸次郎外(1969)『漢語文典叢書』(汲古書院) 收錄의 太宰春臺著『倭讀要領』

安田　章(1980)『朝鮮資料と中世國語』(笠間書院)

安田　章(1990)『外國資料と中世國語』(三省堂)

安田　章(1996)『國語史の中世』(三省堂)

柳田征司(1985)「音韻史における中世」(『日本語學』5月號)

山口明穗・鈴木英夫・坂梨隆三・月本正幸(1997)『日本語の歷史』(일본東京大学出版会)